# ANNO 4

*„De Witt Clinton"*
*eine der ersten in den USA gebauten Dampflokomotiven (1831)*

**Herausgegeben von**
Dr. Ulrich Baumgärtner

**Erarbeitet von**
Dr. Ulrich Baumgärtner, Dieter Bode, Dr. Hans-Jürgen Döscher, Dr. Herbert Rogger, Hubertus Schrapps, Dr. Christine Stangl, Stefan Stadler, Dr. Wolf Weigand, Isabel Zeilinger

**Fachliche Beratung**
Dr. Wolfgang Piereth

westermann

Druck A[1] / Jahr 2006
Alle Drucke der Serie A sind im Unterricht parallel verwendbar.

Redaktion: Dieter J. Bode, Dorle Bennöhr
Herstellung: Nicole Hotopp
Typografie: Thomas Schröder
Satz: pva, Druck und Mediendienstleistungen GmbH, Landau
Druck und Bindung: westermann druck GmbH, Braunschweig

ISBN 978-3-14-**110988**-7
alt: 3-14-**110988**-5

# Inhalt

# Inhalt

# Inhalt

## Methodenseiten im Überblick:



## Vertiefungen im Überblick:

# 1. Um Einheit und Freiheit 1815–1848

Hambacher Fest, 1832

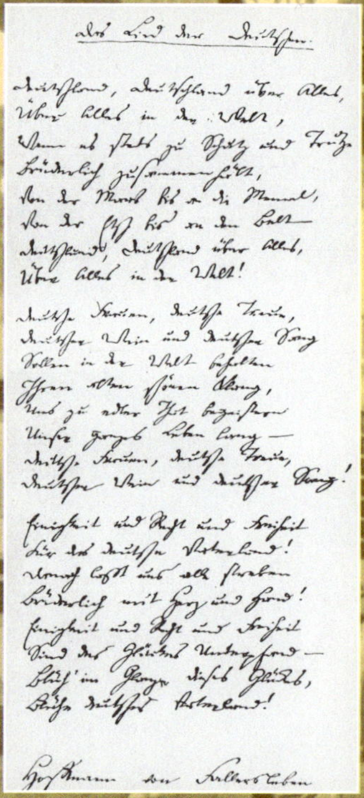

Das Lied der Deutschen, 1841

Barrikadenkampf in Berlin, 1848

Paulskirche

Wartburgfest, 1817

Heilige Allianz, 1815

**M 1** **Fürst Metternich (1773–1859)**
Zeitgenössisches Gemälde

# Neuordnung Europas auf dem Wiener Kongress

## Ein Friedenskongress

Nichts erscheint heute selbstverständlicher als der Frieden in Europa. Das war zu Beginn des 19. Jahrhunderts anders: Erst mit dem Sturz Napoleons bot sich die Chance eines dauerhaften friedlichen Miteinanders. Die europäische Allianz aus England, Russland, Österreich und Preußen ließ Frankreich als Großmacht bestehen. Die Herrscher verloren trotz ihrer eigenen Machtinteressen nie den Gesichtspunkt des europäischen Gleichgewichts aus den Augen. Die Neuordnung Europas nach dem Friedensschluss sollte auf dem Wiener Kongress gestaltet werden.

Von September 1814 bis Juni 1815 tagten die Teilnehmer des Kongresses in Wien. Vor allem der gesellschaftliche Rahmen der Konferenz mit seinen Festen und Jagden, den Intrigen und Liebesaffären der Monarchen ist im Bewusstsein der Öffentlichkeit bis heute verankert.

## Grundsätze der Neuordnung …

Trotz aller gesellschaftlichen Wirrungen erreichte die Konferenz wichtige Ergebnisse. Das lag vor allem am österreichischen Staatskanzler Fürst Metternich (1773–1859). Metternich wollte eine „Restauration", das heißt eine weit gehende Wiederherstellung der alten vorrevolutionären Verhältnisse in Europa. Sie waren durch die Französische Revolution in Politik und Gesellschaft in Frage gestellt.

Ein weiterer Grundsatz seiner Politik war die „Legitimität" der Herrschaft. Metternich ging davon aus, dass nur die Herrschaft legitim, also rechtmäßig sei, die sich auf die alten fürstlichen Familien stützte. Er vertrat somit die Idee des Gottesgnadentums.

**M 2** **Sitzung des Wiener Kongresses**
Satire von Josef Zutz, kolorierte Radierung, um 1815

**M 3** **Heilige Allianz**
Symbolische Darstellung der Allianz zwischen Zar Alexander I., Kaiser Franz I. und König Friedrich Wilhelm III., zeitgenössisches Bild

Darüber hinaus waren sich die Kongressteilnehmer einig in ihrem Kampf gegen politische Freiheit oder nationale Einheit. Der Grundsatz der wechselseitigen Verpflichtung gegen die Revolution wird als „Solidarität" bezeichnet.

### … und ihre Umsetzung

Die drei Grundsätze „Restauration", „Legitimität" und „Solidarität" wurden aber nicht vollkommen in die Tat umgesetzt. Die Veränderungen, die in Europa seit 1789 stattgefunden hatten, waren zu tief greifend. Dies galt sowohl für die territorialen Gegebenheiten als auch für die Regierungsformen.
Nur dort, wo der Fürst über die nötige Macht verfügte, ließ sich eine absolute Regierung wieder aufrichten. Zudem bestand das wichtigste Ziel des Wiener Kongresses darin, ein politische Gleichgewicht in Europa herzustellen, und das konnte nur mit Staaten erreicht werden, die politisch überlebensfähig waren. Das hatte zur Folge, dass Bayern, Württemberg und Baden ihre territorialen Gewinne weitgehend behalten durften. Preußen gewann Teile Sachsens und große Gebiete am Rhein. Österreich erhielt Gebiete in Norditalien, verzichtete aber auf Besitzungen in Südwestdeutschland. Russland erhielt Teile Polens, die man als Kongresspolen bezeichnete, da der Wiener Kongress dies Gebilde geschaffen hatte.

Um ihrem Kampf gegen die Ideale der Französischen Revolution Ausdruck zu verleihen, schlossen der preußische König, der österreichische Kaiser und der Zar die „Heilige Allianz". Sie verpflichteten sich zu gegenseitigem Beistand im Falle revolutionärer Erhebungen.

### Der Deutsche Bund (8.6.1815)

Entsprechend den Grundsätzen des Wiener Kongresses entstand kein deutscher Nationalstaat, den sich viele erhofft hatten, sondern nur ein lockerer Zusammenschluss: der Deutsche Bund. Dieser Staatenbund von zunächst 34 Fürsten* und vier Freien Städten besaß keine zentrale Regierungsgewalt. Sein einziges Organ war der Bundestag in Frankfurt, ein Gesandtenkongress, der die Politik koordinieren sollte. Die einzelnen Staaten waren grundsätzlich gleichberechtigt und blieben souverän, mussten also keine Rechte an eine übergeordnete Instanz abgeben. Preußen und Österreich gehörten überdies nur mit einem Teil ihres Gebietes dem Bund an. Zudem waren auch der König von England für Hannover, der König von Dänemark als Landesherr in Holstein und der König der Niederlande als Regent in Luxemburg Mitglieder im Deutschen Bund.

Bremen
Frankfurt
Hamburg
Lübeck
(bald 37 + 4)

Mehr als dieses Bündnis war aufgrund der beginnenden Rivalität zwischen Preußen und Österreich und wegen des Widerstands der süddeutschen Staaten nicht möglich. Zudem hätte ein deutscher Nationalstaat in der Mitte Europas das mühsam erreichte Machtgleichgewicht empfindlich gestört, das nicht zuletzt für England traditionell bedeutsam war.

Trotz aller Kritik an der Neuordnung ist bemerkenswert, dass der Deutsche Bund den Föderalismus, das heißt die Eigenständigkeit der einzelnen deutschen Staaten, festigte und dass Europa in der Folgezeit eine außergewöhnlich lange Friedenszeit erlebte.

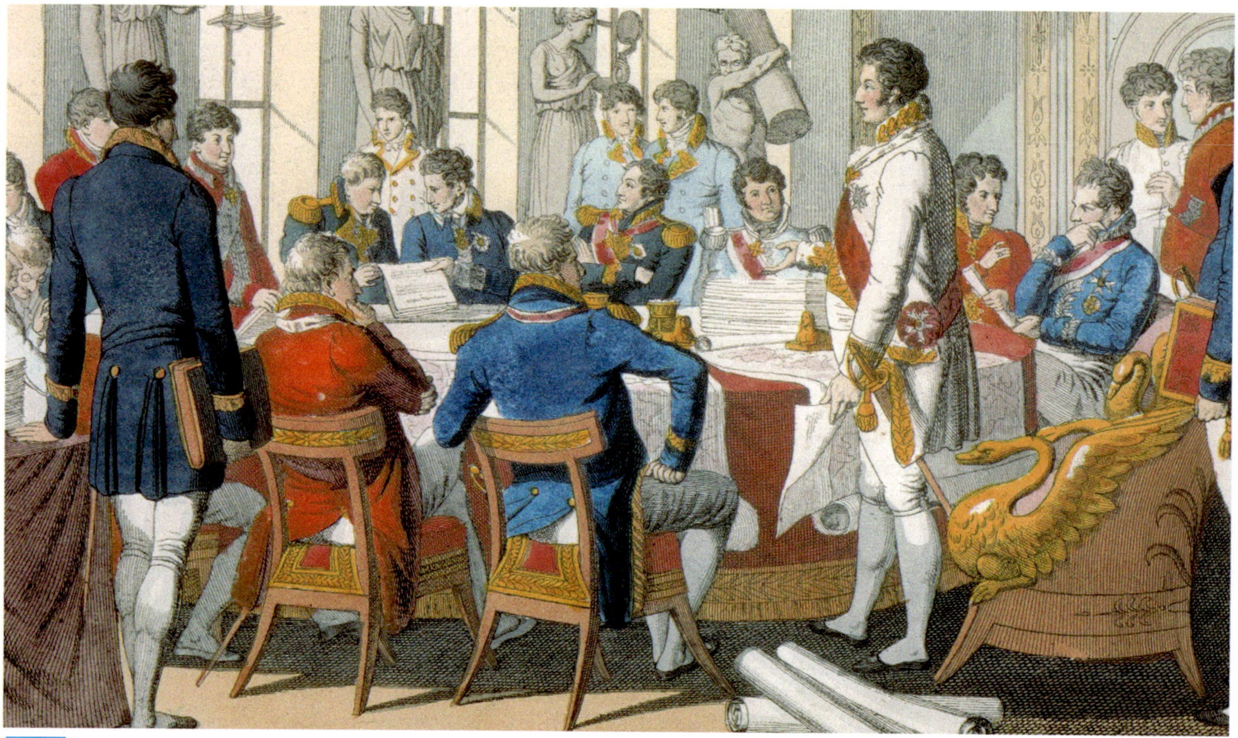

**M 4** **Bundestag in Frankfurt am Main**
Das Bild zeigt die erste Sitzung des deutschen Bundestags im Jahr 1815. Die Gliedstaaten waren durch weisungsgebundene Bevollmächtigte vertreten. Den Vorsitz führte Österreich. Jedes Land hatte im Plenum mindestens eine Stimme, die größten Staaten bis zu vier. Beschlüsse bedurften grundsätzlich einer Mehrheit von zwei Dritteln der abgegebenen Stimmen, besonders wichtige Entscheidungen erforderten Einstimmigkeit.

## M 5 Der Deutsche Bund

*Auszug aus der Gründungsurkunde des Deutschen Bundes vom 8. Juni 1815:*

Art. 1. Die souveränen Fürsten und freien Städte Deutschlands mit Einschluss ihrer Majestäten des Kaisers von Österreich und der Könige von Preußen, von Dänemark und der Niederlande [...] vereinigen sich zu einem beständigen Bunde, welcher der deutsche Bund heißen soll.

Art. 2. Der Zweck desselben ist Erhaltung der äußeren und inneren Sicherheit Deutschlands und der Unabhängigkeit und Unverletzbarkeit der einzelnen deutschen Staaten.

Art. 3. Alle Bundesglieder haben als solche gleiche Rechte; sie verpflichten sich alle gleichmäßig, die Bundesakte unverbrüchlich zu halten. [...]

Art. 11. Alle Mitglieder des Bundes versprechen, sowohl ganz Deutschland als jeden einzelnen Bundesstaat gegen jeden Angriff in Schutz zu nehmen und garantieren sich gegenseitig ihre sämtlichen unter dem Bunde begriffenen Besitzungen.

Bei einmal erklärtem Bundeskrieg darf kein Mitglied einseitige Unterhandlungen mit dem Feinde eingehen, noch einseitig Waffenstillstand oder Frieden schließen. Die Bundesglieder behalten zwar das Recht der Bündnisse aller Art, verpflichten sich jedoch, in keine Verbindungen einzugehen, welche gegen die Sicherheit des Bundes oder einzelner Bundesstaaten gerichtet wären.

Die Bundesglieder machen sich ebenfalls verbindlich, einander unter keinerlei Vorwand zu bekriegen, noch ihre Streitigkeiten mit Gewalt zu verfolgen, sondern sie bei der Bundesversammlung [in Frankfurt] anzubringen.

Zit. nach: W. Lautemann, M. Schlenke (Hg.), Geschichte in Quellen, Das bürgerliche Zeitalter 1815–1914, München 1980, S. 23 ff.

## M 6 Bewertung des Deutschen Bundes

*a) Der Deutsche Bund wurde im Laufe der Zeit von Historikern unterschiedlich beurteilt. Heinrich von Treitschke schrieb in seiner 1879 erschienenen und weit verbreiteten „Deutschen Geschichte im Neunzehnten Jahrhundert":*

So entstand die Bundesakte, die unwürdigste Verfassung, welche je einem großen Kulturvolk von eingeborenen Herrschern auferlegt ward, ein Werk, in mancher Hinsicht noch kläglicher als das Gebäude des alten Reichs in den Jahrhunderten des Niedergangs. Ihr fehlte jene Majestät der historischen Größe, die das Reich der Ottonen noch im Verfalle umschwebte. Blank und neu stieg dies politische Gebilde aus der Grube, das Werk einer kurzlebigen, in sich versunkenen Diplomatie, die aller Erinnerungen des eigenen Volkes vergessen hatte; kein Rost der Jahrhunderte verhüllte die dürftige Hässlichkeit der Formen. Von Kaiser und Reich sang und sagte das Volk; bei dem Namen des Deutschen Bundes hat niemals ein deutsches Herz höher geschlagen. [...] Die neue Bundesakte wusste gar nichts mehr von einem deutschen Volke; sie kannte nur Bayern, Waldecker, Schwarzburg-Sondershausener Untertanen jener deutschen Fürsten, welche nach Gefallen zu einem völkerrechtlichen Vereine zusammengetreten waren. Die Nation musste den Becher der Demütigung bis zur Hefe leeren; jene württembergische Mahnung: „man werde doch nicht aus verschiedenen Völkerschaften sozusagen eine Nation bilden wollen", hatte vollständig recht behalten. Die Deutschen standen außer jeder Beziehung zu der Bundesgewalt, waren nicht einmal verpflichtet, ihr zu gehorchen [...].

Heinrich von Treitschke, Deutsche Geschichte im Neunzehnten Jahrhundert, Erster Teil, Leipzig, 1927, S. 690 f.

*b) Der Bielefelder Historiker Hans-Ulrich Wehler schreibt 1987 im zweiten Band seiner „Deutschen Gesellschaftsgeschichte", einem Standardwerk der Geschichtswissenschaft, über den Deutschen Bund Folgendes:*

Die ungeschriebenen Spielregeln des europäischen Staatensystems, die Interessenlagen sowohl der deutschen Einzelstaaten als auch der außerdeutschen Großmächte, nicht zuletzt aber die jahrhundertealten Traditionen einer lockeren, international garantierten Föderation der deutschen Staaten und Herrschaftsverbände bestimmten den Erfahrungshorizont der politisch handelnden Akteure. Insofern setzte sich mit innerer, interessenadäquater [mit den Interessen übereinstimmender] Konsequenz die staatenbündische Lösung durch. In veränderter Form knüpfte der neugegründete Bund an Kooperationsformen des alten Reichs und des Rheinbunds an, obwohl es in die Irre führt, in ihm nur eine Ausweitung und Verlängerung der Rheinbundverfassung in die neue Zeit hinein zu sehen. Der Heterogenität [Ungleichartigkeit] der Bundesmitglieder, zu denen Großmächte und Zwergstaaten, konstitutionelle Monarchien und Stadtrepubliken gehörten, entsprach der Staatenbund als allgemein akzeptable, zweckmäßige Verfassungsform. Sie wurde auch dem Stabilitätsprinzip und Sicherheitsbedürfnis der post[=nach] revolutionären deutschen und europäischen Staatengemeinschaft am ehesten gerecht, da diese Lösung der deutschen Frage – wie seit 1648 – unter die Garantie der umliegenden Staaten gestellt und damit ein potenzieller Krisenherd entschärft wurde.

Hans-Ulrich Wehler, Deutsche Gesellschaftsgeschichte, Bd. 2, München 1987, S. 325.

## Aufgaben

1. a) Erläutere, was man unter dem „Wiener Kongress" versteht.
   b) Welche drei Grundsätze leiteten den Wiener Kongress und was bedeuten sie?
   → Text
2. a) Welche Monarchen schlossen sich zur Heiligen Allianz zusammen?
   b) Welchem Zweck diente die Heilige Allianz?
   → Text, M3
3. Fasse den Inhalt der Gründungsurkunde des Deutschen Bunds mit eigenen Worten zusammen. Inwiefern entsprechen die Regelungen den Prinzipien des Wiener Kongresses, inwiefern nicht?
   → M5
4. Vergleiche die beiden Stellungnahmen zum Deutschen Bund. Welche Aspekte bilden jeweils den Schwerpunkt der Argumentation?
   → M6

M 1

# Der Wiener Kongress verändert Europas Landkarte

**Vom Heiligen Römischen Reich zum Deutschen Bund**
Die Umgestaltung Europas durch Napoleon und den Wiener Kongress lässt sich gut an dieser Geschichtskarte ablesen. Sie zeigt die politische Situation nach 1815 in Mitteleuropa, wo sich die größten territorialen Veränderungen vollzogen. Zieht man eine Karte aus der Zeit um 1780 – also vor der Französischen Revolution – hinzu, lässt sich der Wandel im Einzelnen verfolgen.

Als erstes fällt auf, dass es kein „Heiliges Römisches Reich Deutscher Nation“ mehr gibt, sondern der „Deutsche Bund“ – ein lockerer Staatenbund – an seine Stelle getreten ist. Das von Napoleon zum Einsturz gebrachte alte Reich mit über 300 Territorien – Herzogtümer, Grafschaften, Reichsstädte, Fürstbistümer, Reichsabteien – ließ sich nicht mehr beleben und war endgültig versunken.

Der neue Deutsche Bund zählte nur noch 38 Mitglieder (34 Fürstentümer, 4 Freie Städte), die durch Mediatisierungen und Säkularisationen unter Napoleon kräftig gewachsen waren. Profitieren konnten besonders Bayern, Württemberg und Baden, während Preußen erst durch den Wiener Kongress große Gebiete im Westen erwarb.

Hinzugewonnen haben auch die Habsburger, die nach Verlust der deutschen Kaiserkrone 1806 Österreich zum „Kaiserreich“ erhoben. Sie konnten sich das „Lombardo-venetianische Königreich“ in Oberitalien einverleiben, das aus den einst von Napoleon eroberten Staaten Mailand und Venedig bestand.

Von den Staaten des Deutschen Bundes erlitt nur einer große Verluste: das Königreich Sachsen. Der sächsische König hatte es versäumt, rechtzeitig von Napoleon zur gegnerischen Koalition umzuschwenken, so dass der Wiener Kongress fast 60% seines Territoriums den Preußen zuschlug. Dort hießen diese Gebiete künftig „Provinz Sachsen“.

**Mitteleuropas Staatenwelt**

Völlig verschwunden ist in Ostmitteleuropa der Staat Polen, der bereits 1795 nach mehrfacher Teilung an Preußen, Österreich und Russland gefallen war. Russland verleibte sich den Löwenanteil des Landes ein, das man nun „Kongresspolen“ nannte, weil es ein vom Wiener Kongress gebildetes Königreich unter Herrschaft des russischen Zaren war.

Obwohl Frankreich unter Napoleon eine Krieg stiftende Rolle gespielt hatte, konnte es dank einer geschickten Diplomatie seinen vorrevolutionären Besitzstand wahren und in den Kreis der europäischen Großmächte zurückkehren.

Großbritannien, das mit dem Königreich Hannover in Personalunion verbunden war, ist auf der Karte nicht mehr sichtbar. Es festigte seine Stellung als Handels- und Kolonialmacht und konnte das „Gleichgewicht der Kräfte“ – Balance of Power – auf dem europäischen Kontinent verwirklichen: ein Hauptziel englischer Diplomatie.

Ein völlig neuer Staat im europäischen Mächtekonzert ist Belgien. Das Land bildete ursprünglich den katholischen Süden der Vereinigten Niederlande, doch bestand ein tiefer Gegensatz zum protestantischen Norden. 1831 trennte sich der südliche Landesteil gewaltsam ab und erklärte sich zum souveränen Staat Belgien.

## Fragen an die Geschichtskarte

**1. Veränderungen in Deutschland**

a) Welche territorialen und politischen Veränderungen vollzogen sich in Deutschland?
b) Welche deutschen Staaten profitierten am meisten davon?
c) Welcher deutsche Staat hatte territoriale Einbußen? Warum?
d) Welche zwei Staaten sind im Deutschen Bund die mächtigsten? Welche Probleme zeichnen sich dadurch ab?

**2. Veränderungen im übrigen Mitteleuropa**

a) Welches politische Schicksal erlitt Polen?
b) Welcher neue Staat entstand nach 1815 in Mitteleuropa?
c) Das Kaiserreich Österreich wurde endgültig ein Vielvölkerstaat. Zähle einige seiner Völker auf.
d) Welche Probleme könnten sich dadurch für Österreich im Deutschen Bund ergeben?

**3. Neue und alte Großmächte**

a) 5 Mächte zählten nach 1815 zu den europäischen Großmächten. Welche waren das?
b) Welches politische Ziel verfolgte England in Europa?

# Liberale und nationale Bewegung in Deutschland

### Ein politischer Mord ...

Am 23. März 1819 erstach der Theologiestudent Carl Ludwig Sand den erfolgreichen Schriftsteller August von Kotzebue, bekannt als Gegner der deutschen Einheit, in dessen Mannheimer Wohnung. Er wollte damit einen angeblichen russischen „Spion und Vaterlandsverräter" beseitigen, um den Weg für Deutschlands Einheit und Freiheit zu ebnen. Sand, der für seine Tat hingerichtet wurde, galt als Symbolfigur und Märtyrer der Nationalbewegung, die die politische Einheit Deutschlands forderte. Wie war es dazu gekommen?

**M 1 Hinrichtung** des Attentäters Carl Ludwig Sand am 20. Mai 1820 in Mannheim. Sand wurde 1795 in Wunsiedel geboren und studierte seit 1814 evangelische Theologie in Tübingen, zeitgenössische Abbildung.

### ... und die Hintergründe

Aus Enttäuschung über den Deutschen Bund machten vor allem Studenten Front gegen die Restauration und das so genannte System Metternich. Ihre politische Einstellung war durch die Befreiungskriege gegen Napoleon geprägt. Da sie sich als Deutsche fühlten, schlossen sie sich 1815 nicht mehr nach regionalen Gesichtspunkten in Landsmannschaften wie Mecklenburger, Hessen oder Franken zusammen, sondern organisierten sich nun als eine nationale deutsche Burschenschaft.

Auch die Erwartungen der Studenten auf Gewährung von Freiheitsrechten wie Presse- oder Versammlungsfreiheit und auf politische Mitbestimmung hatten sich nicht erfüllt. Zwar sah Artikel 13 der Bundesakte für alle Staaten des Deutschen Bundes landständische Verfassungen vor, doch wollten die Fürsten ihre Macht von gewählten Volksvertretern nicht einschränken lassen.

Die Bürger, die Freiheitsrechte und Mitbestimmung forderten, galten als Vertreter des Liberalismus, was vom lateinischen Wort „liber" (= frei) abgeleitet ist. Immerhin erließen einige deutsche Fürsten in ihren Ländern Verfassungen, wie zum Beispiel 1816 der Herzog von Sachsen-Weimar, unter dem Johann Wolfgang von Goethe ein Ministeramt bekleidete, oder der König von Bayern, der seine „Verfassungsurkunde" 1818 ausstellte. Preußen und Österreich als größte deutsche Staaten ließen jedoch bis 1848 keine Verfassungen zu.

### Ein nationales Fest ...

Für den 18. und 19. Oktober 1817 lud die Jenaer Burschenschaft Gleichgesinnte aus ganz Deutschland zu einem Fest auf die Wartburg. Sie wollten dort den vierten Jahrestag der Leipziger Völkerschlacht und den 300. Jahrestag der Reformation feiern. Luther galt mit seiner Bibelübersetzung, die eine einheitliche hochdeutsche Sprache förderte, als Vorkämpfer nationaler Einheit. 500 Teilnehmer aus elf Universitäten - unter ihnen Sand - kamen zusammen.

Am Abend entzündeten die Studenten ein Feuer und verbrannten symbolisch als „un-deutsch" und reaktionär bezeichnete Schriften wie den Code civil, einen Zopf sowie Uniformstücke, um gegen Fürstenwillkür zu protestieren.

### ... und die Reaktion

Das Wartburgfest ließ die Polizeibehörden in Preußen und Österreich aufmerksam werden: Teilnehmer wurden verhört, Polizeiakten angelegt. Der Mord an Kotzebue zwei Jahre später bot Metternich die Gelegenheit zur systematischen Überwachung und Verfolgung national und liberal Eingestellter. Dazu zählten vor allem Studenten, Professoren, Journalisten und Schriftsteller.

Metternich berief im gleichen Jahr die Karlsbader Konferenzen ein. Dort wurden Beschlüsse gefasst, die für den ganzen Deutschen Bund Gültigkeit hatten und alle liberalen und nationalen Bestrebungen unterdrückten. Betroffen waren vor allem Universitäten, Professoren und Studenten, denn die Freiheit der Lehre wurde eingeschränkt. Die Burschenschaften und die von Friedrich Ludwig Jahn (1778–1852) angeregten national eingestellten „Turnvereine" wurden verboten, Presse und Bücher unterlagen der Zensur. Oppositionelle verunglimpfte man als „Demagogen", das heißt als Volksverhetzer.

### Revolution in Europa

Europaweit herrschte Unzufriedenheit mit den restaurativen politischen Zuständen. Das zeigte sich 1830: In Paris entbrannte die Julirevolution, weil Pressefreiheit und Wahlrecht eingeschränkt werden sollten. Die Abgeordneten setzten Louis Philippe (1773–1850) als „Bürgerkönig" anstelle des geflohenen Königs ein.

Von Paris sprang der Funke der Revolution auf das Königreich der Vereinigten Niederlande über. Katholiken und Liberale des einst habsburgischen Südens erhoben sich, setzten den König ab und erklärten ihren Landesteil zum souveränen Staat Belgien. Die revolutionäre Welle erfasste 1831 auch Italien. Aufstände erstickte Österreich mit Waffengewalt. Deshalb gründete der Genuese Giuseppe Mazzini (1805–1872) den Geheimbund „Junges Italien", der sich die nationale Einheit Italiens zum Ziel setzte.

In Polen vertrieben patriotische Offiziere und Intellektuelle die Russen, der polnische Reichstag erklärte den Zaren für abgesetzt. Nach der Niederschlagung des Aufstands verlor Polen jegliche Autonomie. Über 9000 polnische Freiheitskämpfer flohen nach Westeuropa und galten vielen Deutschen als Vorbild für den eigenen Freiheitskampf.

In Deutschland gab es Aufstände in Hannover, Hessen-Kassel, Sachsen sowie im Herzogtum Braunschweig.

**M 2** **Die Freiheit führt das Volk an**
Gemälde von Eugène Delacroix aus dem Jahr 1830, Ausschnitt

**M 3 Wartburgfest**
Studenten verbrennen die Wiener Bundesakte und den Schnürleib einer preußischen Ulanenuniform, zeitgenössische Abbildung.

**M 4 Eine auf der Wartburg gehaltene Rede**

*Aus der Ansprache des Studenten Heinrich Herrmann Riemann als Vertreter der Jenaer Burschenschaft auf dem Wartburgfest am 18. Oktober 1817:*

Vier lange Jahre sind seit jener Schlacht [bei Leipzig] verflossen; das deutsche Volk hatte schöne Hoffnungen gefasst, sie sind alle vereitelt; alles ist anders gekommen, als wir erwartet haben; viel Großes und Herrliches, was geschehen konnte und musste, ist unterblieben; mit manchem heiligen und edlen Gefühl ist Spott und Hohn getrieben worden. Von allen Fürsten Deutschlands hat nur einer sein gegebenes Wort gelöst, der, in dessen freiem Lande wir das Schlachtfest begehen. Über solchen Ausgang sind viele wackere Männer kleinmütig geworden, meinen, es sei eben nichts mit der viel gepriesenen Herrlichkeit des deutschen Volkes, ziehn sich zurück vom öffentlichen Leben, das uns so schön zu erblühen versprach, und suchen in stiller Beschäftigung mit der Wissenschaft Entschädigung dafür. Andere sogar ziehn vor, in ferneren Weltteilen, wo neues Leben sich regt, ein neues Vaterland zu suchen.

Nun frage ich euch, die ihr hier versammelt seid in der Blüte eurer Jugend, mit allen den Hochgefühlen, welche die frische junge Lebenskraft gibt, euch, die ihr dereinst des Volkes Lehrer, Vertreter und Richter sein werdet, auf die das Vaterland seine Hoffnung setzt, euch, die ihr zum Teil schon mit den Waffen in der Hand, alle aber im Geist und mit dem Willen für des Vaterlandes Heil gekämpft habt; euch frage ich, ob ihr solcher Gesinnung beistimmt? Nein! Nun und nimmermehr!

In den Zeiten der Not haben wir Gottes Willen erkannt und sind ihm gefolgt. An dem, was wir erkannt haben, wollen wir aber auch nun halten, solange ein Tropfen Bluts in unsern Adern rinnt; der Geist, der uns hier zusammengeführt, der Geist der Wahrheit und Gerechtigkeit, soll uns leiten durch unser ganzes Leben, dass wir, alle Brüder, alle Söhne eines und desselben Vaterlandes, eine eherne Mauer bilden gegen jegliche äußere und innere Feinde dieses Vaterlandes, dass uns in offner Schlacht der brüllende Tod nicht schrecken soll, den heißesten Kampf zu bestehen, wenn der Eroberer droht; dass uns nicht blenden soll der Glanz des Herrscherthrones, zu reden das starke freie Wort, wenn es Wahrheit und Recht gilt; dass nimmer in uns erlösche das Streben nach Erkenntnis der Wahrheit, das Streben nach jeglicher menschlichen und vaterländischen Tugend.

Mit solchen Grundsätzen wollen wir einst zurücktreten ins bürgerliche Leben, fest und unverrückt vor den Augen als Ziel das Gemeinwohl, tief und unvertilgbar im Herzen die Liebe zum einigen deutschen Vaterlande. Du Mann Gottes [Luther], du starker Fels der Kirche Christi, der du mit eisernem Mut gegen die Finsternis ankämpftest, der du auf dieser Burg den Teufel bezwangst, nimm unser Gelübde an, wenn dein Geist noch in Gemeinschaft mit uns steht! Euch, Geister unserer erschlagenen Helden […], die ihr euer Herzblut vergossen habt für des deutschen Landes Herrlichkeit und Freiheit […].

Verderben und Hass der Guten allen denen, die in niedriger schmutziger Selbstsucht das Gemeinwohl vergessen, die ein knechtisches Leben einem Grab in freier Erde vorziehn, die lieber im Staube kriechen, als frei und kühn ihre Stimme erheben gegen jegliche Unbill, die, um ihre Erbärmlichkeit und Halbheit zu verbergen, unserer heiligsten Gefühle spotten, Begeisterung und vaterländischen Sinn und Sitten für leere Hirngespinste, für überspannte Gedanken eines krankhaften Gemütes ausschreien! Ihrer sind noch viel; möchte bald die Zeit kommen, wo wir sie nicht mehr nennen dürfen! […]

Deutsche Geschichte in Quellen und Darstellung, hrsg. von Wolfgang Hardtwig und Helmut Hinze, Bd. 7, Stuttgart 1997, S. 66 ff.

**M 5** **Der Denker-Club**
Anonyme Karikatur, um 1820

## Aufgaben

1. a) Welche Gründe im engeren wie im weiteren Sinn führten zum Mord an Kotzebue?
   b) Nimm Stellung, ob eine Person wie Kotzebue als positive Figur in der Geschichte gesehen werden kann.
   → Text
2. Erarbeite aus dem Text der Rede, warum sich die Studenten 1817 auf der Wartburg trafen.
   → M4
3. Bearbeite die Quelle zum Wartburgfest.
   a) Welche Ansprechpartner nennt der Redner?
   b) Gegen wen richtet sich seine Ansprache?
   c) Welche Ziele nennt der Redner?
   d) Wie sollen sie erreicht werden?
   → M4
4. a) Entziffere die Aufschriften der Karikatur. Welche Funktionen haben sie?
   b) Vergleiche die Aussagen der Texttafeln in der Karikatur mit den Gesten der Clubmitglieder.
   c) Was will der anonyme Autor mit seiner Karikatur aussagen?
   → M5

# Auf dem Weg zur Revolution

## Das Hambacher Fest

Am 27. Mai 1832 versammelten sich über 30 000 Bürger, Arbeiter und Bauern an der Ruine des Schlosses Hambach bei Neustadt a. d. Haardt. Wie war es in einer Zeit, in der es keine Massentransportmittel und keine elektronischen Medien gab, zu einem derartigen Volksauflauf gekommen?

Hambach lag in der Rheinpfalz, die erst durch den Wiener Kongress an Bayern gefallen war. Über ein Jahrzehnt hatte sie zur französischen Republik gehört, sodass die Bevölkerung mit politischen Freiheitsrechten vertraut war. Die wenig liberale bayerische Verfassung entsprach daher nicht den Vorstellungen der Einwohner.

Als im April 1832 in einigen Blättern Aufrufe zu einer Verfassungsfeier am Hambacher Schloss erschienen, nutzen das zwei liberale Journalisten: Johann Georg Wirth (1798–1848) und Jakob Siebenpfeiffer (1789–1845), die Begründer des „Press- und Vaterlandsvereins". Sie luden in Flugblättern zu einem Volksfest „Der deutsche Mai", weil sie die Verfassung nicht feiern wollten, die ihre Grundrechte missachtete. Aus Angst vor revolutionären Umtrieben zunächst verboten, ließ die Obrigkeit dieses Fest schließlich doch zu.

Wie befürchtet, entwickelte sich die Veranstaltung zu einer politischen Demonstration: Um die Verbundenheit mit den polnischen Aufständischen des Jahres 1830 zu zeigen, hissten die Teilnehmer die polnische Flagge. Auch zogen sie die schwarz-rot-goldene Fahne auf und forderten die Gründung eines deutschen Nationalstaates. Er sollte auf einer Verfassung und der Volkssouveränität basieren und in ein friedliches und geeintes Europa eingebettet sein. Aus Angst vor einer revolutionären Bewegung reagierten die deutschen Staaten auf diese Demonstration äußerst scharf und verfolgten alle tatsächlichen oder vermeintlichen Anhänger der liberalen Nationalbewegung.

**M 1 Zug zum Hambacher Schloss**
Collage nach einem kolorierten Stahlstich von 1832

M 2 **Frankfurter Wachensturm** am 3. April 1833. Nach Niederschlagung des Putschs gelang einigen die Flucht, die anderen erhielten lange Strafen. Die Freie Stadt Frankfurt wurde mit Bundestruppen belegt, was einer Besetzung gleichkam, zeitgenössische Abbildung.

### Der Frankfurter Wachensturm

Demonstrierten Liberale beim Hambacher Fest für die Umgestaltung Deutschlands, so glaubten einige Revolutionäre die politischen Veränderungen im Handstreich herbeiführen zu können. Sie hofften, dass die Revolution losbrechen werde, wenn in Frankfurt - dem Sitz des Deutschen Bundestags - ein erfolgreicher Aufstand stattfände. Dabei zählten sie auf die Mithilfe der unzufriedenen ärmeren Bevölkerung Frankfurts und der hier untergekommenen polnischen Flüchtlinge. Etwa 50 Männer besetzten im April 1833 die Frankfurter Hauptwache, doch kam niemand den Revolutionären zu Hilfe, sodass die Aktion in wenigen Stunden zusammenbrach.

### Die Göttinger Sieben

Als Königin Viktoria 1837 den englischen Thron bestieg, konnte sie im Königreich Hannover - das damals in Personalunion mit England verbunden war - nicht regieren. Das verbot das deutsche Fürstenrecht, das eine weibliche Erbfolge ausschloss. Deshalb gelangte 1837 Viktorias Onkel Ernst August auf den hannoverschen Thron. Dem ihm vorauseilenden schlechten Ruf schien er bald gerecht zu werden.
Er stellte die alte Verfassung von 1819 wieder her und entband seine Beamten vom Eid auf die neue liberale Verfassung. Sieben berühmte Professoren der Göttinger Universität - unter ihnen Jakob und Wilhelm Grimm - fühlten sich jedoch an ihren Eid gebunden. Der König entließ daraufhin alle sieben, vier von ihnen mussten innerhalb von drei Tagen das Land verlassen. Diese Willküraktion des Königs rief bei Radikalen, Liberalen und gemäßigten Konservativen im ganzen Deutschen Bund Mitleid, Bewunderung oder auch helle Empörung hervor. Der Ruf nach Veränderung erhielt neue Nahrung.

### Der Aufstand der schlesischen Weber

Auch die wirtschaftlichen und sozialen Verhältnisse verlangten Veränderungen. Wer kein Vermögen oder Land besaß, verdiente sein Geld als Knecht, Besenbinder, Holzhacker, Tagelöhner oder als Fabrik- und Manufakturarbeiter. Bei wachsender Bevölkerung und Missernten kam es rasch zu Hungersnöten und Epidemien, was die Unterschichten in Armut und Elend stürzte, denn staatliche Hilfsprogramme wie heute gab es nicht.

Ein besonders wichtiges Produkt war Leinen. Die deutschen Weber konnten jedoch trotz langer Arbeitszeiten und der Mithilfe ihrer Kinder nicht mit den billigen, industriell gefertigten Baumwollstoffen aus England konkurrieren. Die Folge war, dass die Weber Not litten. Insbesondere in Schlesien drohten sie sogar zu verhungern, weil sie auch noch durch Abgaben an die Grundherren belastet waren.

Es kam zu einem Verzweiflungsakt: Etwa 300 Weber protestierten gegen die unhaltbaren Zustände, stürmten die Fabrik eines Textilunternehmers und zerschlugen Gebäude und Maschinen. Allerdings kam keine Person zu Schaden. Der Aufstand, der sich rasch ausbreitete, wurde unter Einsatz des Militärs blutig niedergeschlagen. Zehn Weber fanden den Tod, zahlreiche andere wurden verhaftet und verurteilt. Die Not der Weber und die brutale Beendigung der Hungerrevolte fanden überregionale Beachtung in der Öffentlichkeit.

## M 3 Das Hambacher Fest

*Aus der Festrede des demokratischen Publizisten Johann Georg August Wirth vom 27. Mai 1832 auf dem Hambacher Schloss:*

Das Land, das unsere Sprache spricht, das Land, wo unsere Hoffnung wohnt, wo unsere Liebe schwelgt, wo unsere Freuden blühen, das Land, wo das Geheimnis aller unserer Sympathien und all unserer Sehnsucht ruht, dieses schöne Land wird verwüstet und geplündert, zerrissen und entnervt, geknebelt und entehrt. Reich an allen Hilfsquellen der Natur, sollte es für alle seine Kinder die Wohnung der Freude und der Zufriedenheit sein, allein ausgesogen von 34 Potentaten, ist es für die Mehrzahl seiner Bewohner der Aufenthalt des Hungers, des Jammers und des Elends. [...]

Die Ursache der namenlosen Leiden der europäischen Völker liegt einzig und allein darin, dass die Herzöge von Österreich und die Kurfürsten von Brandenburg den größten Teil von Deutschland an sich gerissen haben und unter dem Titel der Kaiser von Österreich und der Könige von Preußen nicht nur ihre eigenen Länder nach orientalischen Formen beherrschen und deren Kräfte zur Unterdrückung der Freiheit und Volkshoheit der europäischen Nationen verwenden, sondern auch ihr Übergewicht über die kleineren Länder Deutschlands benützen, um auch die Kräfte dieser dem Systeme fürstlicher Alleinherrschaft und despotischer Gewalt dienstbar zu machen.

Bei jeder Bewegung eines Volkes, welche die Erringung der Freiheit und einer vernünftigen Staatsverfassung zum Ziel hat, sind die Könige von Preußen und Österreich durch Gleichheit der Zwecke, Gesinnungen und Interessen an Russland geknüpft, und so entsteht jener furchtbare Bund, der die Freiheit der Völker bisher immer noch zu töten vermochte. [...]

In dem Augenblick, wo die deutsche Volkshoheit in ihr gutes Recht eingesetzt sein wird, in dem Augenblick ist der innigste Völkerbund geschlossen, denn das Volk liebt, wo Könige hassen, das Volk verteidigt, wo die Könige verfolgen, das Volk gönnt das, was es selbst mit seinem Herzblut zu erringen trachtet, und, was ihm das Teuerste ist, die Freiheit, Aufklärung, Nationalität und Volkshoheit, auch dem Brudervolk: das deutsche Volk gönnt daher diese hohen, unschätzbaren Güter auch seinen Brüdern in Polen, Ungarn, Italien und Spanien.

Wenn also das deutsche Geld und das deutsche Blut nicht mehr den Befehlen der Herzöge von Österreich und der Kurfürsten von Brandenburg, sondern der Verfügung des Volkes unterworfen sind, so werden Polen, Ungarn und Italien frei, weil Russland dann der Ohnmacht verfallen ist und sonst keine Macht mehr besteht, welche zu einem Kreuzzug gegen die Freiheit der Völker verwendet werden könnte.

Deutsche Geschichte in Quellen und Darstellung, hrsg. von Wolfgang Hardtwig und Helmut Hinze, Bd. 7, Stuttgart 1997, S. 95 ff.

## M 4 Das Lied der Deutschen

*Heinrich Hoffmann von Fallersleben (1798–1874) dichtete das „Lied der Deutschen" 1841:*

Deutschland, Deutschland über alles,
über alles in der Welt,
Wenn es stets zu Schutz und Trutze
brüderlich zusammenhält.
Von der Maas bis an die Memel,
von der Etsch bis an den Belt:
Deutschland, Deutschland über alles,
über alles in der Welt!

Deutsche Frauen, deutsche Treue,
deutscher Wein und deutscher Sang
Sollen in der Welt behalten
ihren alten schönen Klang.
Uns zu edler Tat begeistern,
unser ganzes Leben lang:
Deutsche Frauen, deutsche Treue,
deutscher Wein und deutscher Sang!

Einigkeit und Recht und Freiheit
für das deutsche Vaterland!
Danach lasst uns alle streben
brüderlich mit Herz und Hand!
Einigkeit und Recht und Freiheit
sind des Glückes Unterpfand:
Blüh' im Glanze dieses Glückes,
blühe, deutsches Vaterland!

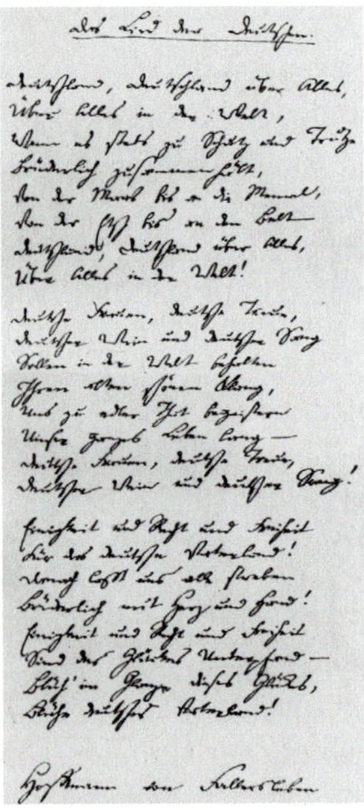

**M 5 Handschriftliche Fassung**
von Hoffmann von Fallersleben, 1841

**Das Elend in Schlesien.**

Hunger und Verzweiflung.

Offizielle Abhülfe.

**M 6 „Das Elend in Schlesien und deren Offizielle Abhülfe"**
Holzschnitt aus: „Fliegende Blätter", 1848

## Aufgaben

1. a) Erarbeite aus dem Text, wie Johann Georg Wirth die Lage Deutschlands sah.
   b) Welche Ursachen machte Wirth für den von ihm angeprangerten Zustand verantwortlich?
   c) Wie sollte die von ihm geforderte neue politische Ordnung aussehen? Gibt es heute Organisationen, die den Vorstellungen von Wirth entsprechen?
   → M4
2. a) Fasse jede der drei Strophen vom „Lied der Deutschen" mit eigenen Worten zusammen.
   b) Welcher politischen Richtung lässt sich Heinrich Hoffmann von Fallersleben aufgrund des Textes zuordnen?
   → M5
3. Nenne Übereinstimmungen und Unterschiede zwischen den Aussagen von Johann Georg Wirth und Heinrich Hoffmann von Fallersleben.
   → M4, M5
4. a) Am 11. August 1922 wurde auf Vorschlag des sozialdemokratischen Reichspräsidenten Friedrich Ebert „Das Lied der Deutschen" zur Nationalhymne erklärt. Im April 1991 wurde festgelegt, dass nur die dritte Strophe des Deutschlandliedes die Nationalhymne der Bundesrepublik Deutschland sein soll. Informiere dich, warum das Deutschlandlied erst so spät zur Nationalhymne erklärt wurde.
   b) Wieso wird heute nur noch die dritte Strophe bei offiziellen Anlässen gesungen?
   c) Entscheide: Soll man in der Schule die Nationalhymne auswendig lernen? Sind dergleichen nationale Symbole nötig oder überholt?

# Die Revolution von 1848

## Kampf zwischen Reaktion und Liberalismus

Die „Deutsche Tribüne“, die der Mitorganisator des Hambacher Fests Johann Georg Wirth herausgab, prophezeite 1832, dass bis zum Jahr 1850 ein Kampf zwischen Reaktion und Liberalismus stattfinden werde: „1819: untätiges Murren; 1832: Widerstand; 1840 oder 1850: Sieg. So wird es kommen!“ Den vorausgesagten Kampf brachte das Jahr 1848 tatsächlich. Brachte er auch den Sieg des Liberalismus?

Missernten führten nach 1840 in ganz Europa zu Teuerung und Hungersnöten. Ausbrechende Unruhen schlugen Polizei und Militär nieder. In dieser explosiven Situation brach am 23. Februar 1848 in Paris ein Aufstand aus: Kleinbürger und Arbeiter forderten das allgemeine Wahlrecht und stürmten das Schloss. „Bürgerkönig“ Louis Philippe (1773–1850), der 1830 selbst durch eine Revolution an die Macht gelangt war, floh nach England. Die Republik wurde ausgerufen und eine provisorische Regierung eingesetzt. Diese Nachricht verbreitete sich sofort in ganz Europa!

M 1

**M 2** **Der König verneigt sich** vor den gefallenen Revolutionären, die in den Hof des Berliner Schlosses gebracht wurden, zeitgenössische Abbildung.

**M 3** **Frankfurter Paulskirche** Am 30. März 1848 treffen sich die Delegierten zum Frankfurter Vorparlament in der Paulskirche, zeitgenössische Abbildung.

## Revolutionen in Europa

Auch in Deutschland flammten überall Aufstände auf. Die Menschen forderten Freiheitsrechte, politische Mitwirkung und die schon 1815 zugesagten Verfassungen. In den deutschen Klein- und Mittelstaaten fanden Volksversammlungen und Demonstrationen statt. Die Fürsten reagierten hilflos und überrascht auf die Forderungen und gaben nach. Fast ohne Gewalt und Blutvergießen hatten die Revolutionäre ihre Ziele durchgesetzt. Allerdings war Deutschland noch nicht geeint. Dies hing davon ab, ob sich die Revolution auch in Preußen und Österreich durchsetzen konnte.

In Wien kam es am 13. März zu blutigen Unruhen mit Toten und Verwundeten. Noch in der Nacht erklärte Metternich seinen Rücktritt und floh ins Londoner Exil. Am 15. März ließ der Kaiser verkünden, dass die Zensur abgeschafft werde. Er versprach eine Verfassung, die Aufstellung einer Nationalgarde und die Einberufung einer Ständeversammlung aus allen Landesteilen der Habsburger Monarchie.

Am 16. März erreichte die Nachricht, dass die Wiener Regierung kapituliert hatte, Berlin. Auch hier brachen nun Straßenkämpfe aus. Angesichts der 254 Todesopfer – darunter acht Frauen und drei Kinder – lenkte König Friedrich Wilhelm IV. (1840–1861) ein. Er versprach alle Forderungen der Aufständischen, die „Märzforderungen“, zu erfüllen, Preußen in Deutschland aufgehen zu lassen und selbst die politische Führung zu übernehmen.

Aber nicht nur im Deutschen Bund gärte es. Besonders die nichtdeutschen Nationalitäten im Habsburger Reich erkannten in der Revolution die Chance ihre Unabhängigkeit zu erringen: Ungarn, Tschechen und Italiener erhoben sich gewaltsam gegen Habsburgs Herrschaft. Da die österreichische Monarchie erheblich gefährdet war, scheute der kaiserliche Hof nicht vor militärischem Einsatz zurück, der mit russischer Unterstützung zum Erfolg führte.

Hier zeigt sich eine Besonderheit der Revolution von 1848: Die Monarchen waren zwar zurückgewichen, doch hatten sie die militärische Gewalt nie aus der Hand gegeben. Ebensowenig gelang es den Revolutionären, eine eigene Armee aufzubauen oder Hilfe außerhalb von Deutschland zu finden.

## Auf dem Weg zu Verfassung und Nationalstaat

Anderes glückte durchaus: Ende März 1848 trafen sich in Frankfurt die Abgeordneten aus den einzelnen Landtagen und andere bekannte Politiker. Dieses „Vorparlament“ beschloss, dass im Mai 1848 ein deutsches Nationalparlament in Frankfurt zusammentreten sollte. Seine Abgeordneten wurden in allgemeinen, freien und gleichen Wahlen bestimmt.

Am 18. Mai 1848 kamen über 600 Vertreter des deutschen Volks in der Frankfurter Paulskirche zusammen. Sie sollten eine Verfassung für alle Deutschen und einen nationalen Staat schaffen. Doch über die politische Gestalt und den Aufbau dieses „Deutschen Reichs“ gab es unterschiedliche Vorstellungen: Sollte der neue Staat eine Republik oder eine Monarchie sein? Welche Rechte sollte die neue Zentralregierung erhalten, welche bei den Einzelstaaten verbleiben? Sollte auch Österreich einbezogen werden? Wer sollte Staatsoberhaupt sein?

**M 4 Die Revolution in Bildern**
Die Ereignisse in Berlin am 18. und 19. März 1848 sind in Bildern des zeitgenössischen „Neuruppiner Bilderbogens“ festgehalten.

Erster Angriff der Kavallerie auf das unbewaffnete Volk vor dem königlichen Schloss in Berlin

**M 5 Berlins Aufstand**
Barrikade in der neuen Königsstraße am 19. März 1848

**M 6 Seine Majestät Friedrich Wilhelm IV. König von Preußen** verkündet in den Straßen seiner Hauptstadt die Einheit der deutschen Nation.

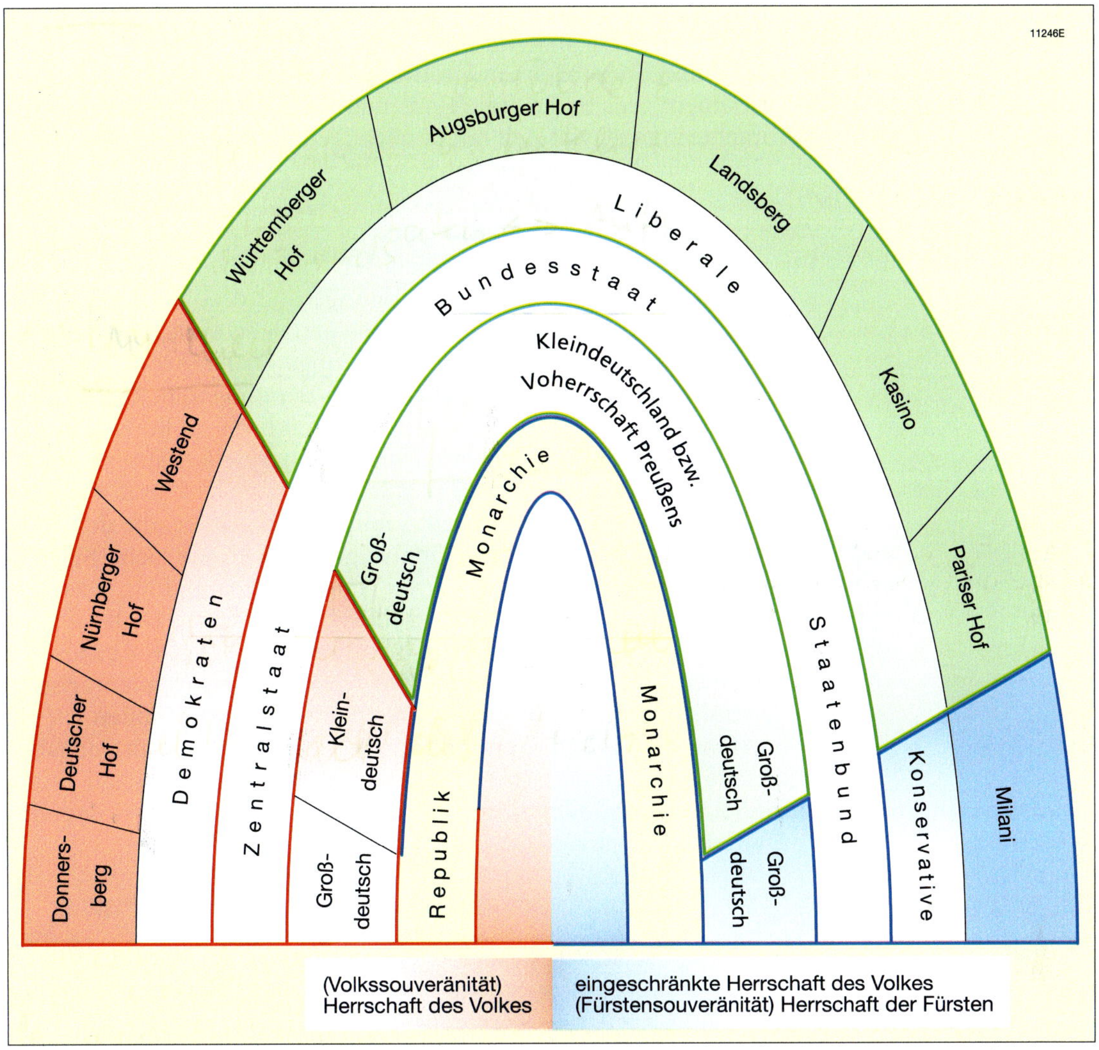


**M 7 Die Fraktionen der Frankfurter Nationalversammlung**

Die Nationalversammlung hatte 585 Abgeordnete. Die Fraktionen benannten sich nach ihren Versammlungslokalen. Die demokratische „Linke" mit den Fraktionen Donnersberg u. a. umfasste rund 140 Abgeordnete; das liberale „Zentrum" hatte 220 Abgeordnete, die konservative „Rechte" im Café Milani etwa 40 Abgeordnete. Rund 180 Abgeordnete schlossen sich keiner Richtung an.

## Aufgaben

1. Erarbeite anhand der Karte, wo im Jahr 1848 liberale und nationale Aufstände ausbrachen. → M1
2. Lässt sich nach deiner Meinung ein Zusammenhang zwischen der jeweiligen Regierungsform und dem Ausbruch eines Aufstands herstellen? Versuche eine Klärung der Frage auch mit dem Verfassertext. → Text, M1
3. Beschreibe mit Hilfe des Neuruppiner Bilderbogens den Verlauf der Revolution in Berlin. → M4–M7
4. Welche politischen Gruppierungen lassen sich im Paulskirchenparlament feststellen? Inwieweit ist diese erste deutsche Volksvertretung auch für die Gegenwart von Bedeutung? → M7

# Die Revolution scheitert

Radikalen Kritikern dauerten die Beratungen der Nationalversammlung zu lange. Sie sangen ein Spottlied, in dessen Refrain es hieß, dass im Parlament „das Reden kein End" nehme. Stimmte das tatsächlich? Verbrachte man zu viel Zeit mit unwichtigen Diskussionen? Lag darin ein Grund für das Scheitern der Revolution?

**Arbeitsbedingungen des Parlaments**
Ein gerechtes Urteil über die Arbeit der Nationalversammlung sieht anders aus. Zunächst waren die Beratungen für drei bis vier Monate geplant. Das war angesichts der Aufgaben und der grundsätzlichen Fragen, die geklärt werden mussten, keine lange Dauer. Schon einfache Gesetze benötigen heute ein Vielfaches an Beratungszeit. Zudem verfügten die Abgeordneten meist über keine praktische politische Erfahrung. Sie kamen aus ganz unterschiedlichen gesellschaftlichen und staatlichen Traditionen.

Die Arbeitsbedingungen waren primitiv und Parteien, die den politischen Willen hätten bündeln können, gab es noch gar nicht. Sie entstanden erst aufgrund der Frankfurter Nationalversammlung. Das Jahr 1848 gilt daher als Gründungsjahr politischer Parteien in Deutschland. Neben der Beschäftigung mit dem Text der Verfassung war es für die Politiker ein wichtiges Anliegen, das Volk durch parlamentarische Reden aufzuklären, die in Zeitungen weite Verbreitung fanden.

So stand die Nationalversammlung vor einer dreifachen Aufgabe: Politische Verfahren mussten entwickelt, die Verfassung mit ihren Grundrechten formuliert und konkrete politische Entschlüsse über die Gestaltung Deutschlands getroffen werden.

**M 1 Das Paulskirchenparlament**
Zeitgenössische Zeichnung

### Von der großdeutschen zur kleindeutschen Lösung

Dass die Nationalversammlung politisch ohnmächtig war, zeigte sich in Schleswig-Holstein. Dort hatte sich Dänemark im Frühjahr 1848 das Herzogtum Schleswig einverleibt, wogegen die Paulskirche protestierte. Sie musste aber die militärische Initiative Preußen überlassen und, da sie kein eigenes Heer hatte, im September einem ohne ihre Mitwirkung ausgehandelten Waffenstillstand zustimmen.

Ende Oktober geriet die Nationalversammlung weiter unter Druck. Nachdem die Österreicher einen neuen Aufstand in Wien niedergeschlagen hatten, stellte auch der preußische König Friedrich Wilhelm IV. die Herrschaft im eigenen Land wieder her. Im Dezember 1848 zwang er Preußen eine Verfassung auf, die auf den ersten Blick erstaunlich liberal war. Sie besaß einen Grundrechtekatalog, doch behielt sich der König die letzte Entscheidung vor.

Als problematisch erwies sich die künftige Stellung Österreichs in einem geeinten Deutschland. Große Teile der Habsburger Monarchie gehörten nicht zum Deutschen Bund, sodass der Vielvölkerstaat hätte aufgelöst werden müssen. Andererseits war es schwer vorstellbar, Italiener, Kroaten, Ungarn und Tschechen in einen deutschen Nationalstaat einzubeziehen. Es gab daher heftige Diskussionen zwischen Befürwortern eines großdeutschen Reichs unter Einschluss Deutsch-Österreichs und eines kleindeutschen unter Führung Preußens.

Nach dem Sieg der Gegenrevolution in Wien verlor die großdeutsche Idee an Ausstrahlung, zumal Österreich an einem ungeteilten Vielvölkerstaat festhielt. Als einzig mögliche Alternative schien vielen Parlamentariern nur noch die Zusammenarbeit mit Preußen zu bleiben.

### Das Ende

Die Beratungen über eine kleindeutsche Lösung waren langwierig und von heftigen Auseinandersetzungen geprägt. In der Schlusssitzung im März 1849 verabschiedeten die Parlamentarier eine Verfassung, die erstmals in der deutschen Geschichte Grundrechte verankerte. Darunter versteht man Menschenrechte wie die Freiheit der Person oder die Gleichheit vor dem Gesetz.

In dieser Sitzung setzten sich endgültig die Befürworter eines „kleindeutschen“ Kaiserreichs ohne Österreich durch. Deutscher Kaiser und Staatsoberhaupt sollte der preußische König sein.

M 2

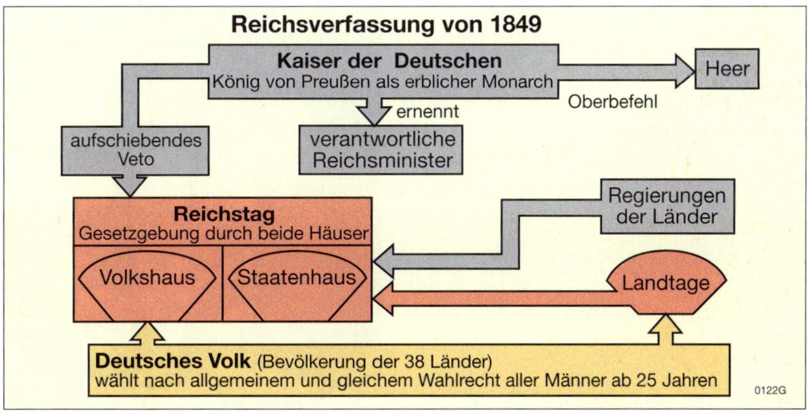

**M 3 Ablehnung der Krone**
Germania fragt den Präsidenten der Paulskirche: „Wat heulst'n, kleener Hampelmann?" – „Ick habe Ihr'n Kleenen 'ne Krone jeschnitzt, nu will er se nich!" Karikatur, 1849.

Entstanden war eine erstaunlich demokratische Verfassung, bei der sich das Volk, das heißt Männer ab 25 Jahren, durch allgemeine, gleiche und geheime Wahlen an der Politik beteiligen konnte. Der Grundrechtekatalog der Paulskirchenverfassung beeinflusste noch die demokratischen Verfassungen der Jahre 1919 und 1949.

Die Verfassung trat jedoch nie in Kraft, da der preußische König die von der Nationalversammlung angebotene Kaiserkrone ablehnte. Er berief sich dabei auf die fehlende Zustimmung der anderen deutschen Fürsten, erklärte aber in einem vertraulichen Brief, die Krone trage den „Ludergeruch der Revolution von 1848" und sei „ein Reif aus Dreck und Letten". Möglicherweise schreckte der König auch vor außenpolitischen Konsequenzen zurück und fürchtete Spannungen mit Österreich und dem absolutistischen Russland.

**Das Nachspiel**
Nach Ablehnung der Kaiserkrone durch den preußischen König löste sich die Nationalversammlung im April 1849 auf. Nur eine kleine Gruppe radikaler Demokraten bildete in Stuttgart ein „Rumpfparlament", das der württembergische König im Juni gewaltsam auflöste.

In anderen Gegenden Deutschlands wie in Sachsen oder Baden kam es zu bewaffneten Aufständen. Sie wurden militärisch niedergeschlagen, obwohl die Revolutionäre in Baden sogar ein „Volksheer" aufstellten. Nach Erstürmung der Festung Rastatt durch preußische Truppen wurden zahlreiche Aufständische standrechtlich erschossen. In Sachsen vertrieben die Dresdner ihren König, der seine Rückkehr ebenfalls nur der preußischen Armee verdankte.

Die Enttäuschung des liberalen Bürgertums über die gescheiterte Revolution war groß, doch hatte sich der Wille des Volks nach politischer Mitbestimmung und nationaler Einheit deutlich offenbart. Auf Dauer ließen sich diese Forderungen nicht mehr unterdrücken.

**M 4 „Deutsche Reichsuhr"**
Aus der Leipziger Zeitschrift „Der Leuchtturm", 1849

## M 5 Großdeutsche Lösung

*Die Frage, ob für den künftigen deutschen Staat eine großdeutsche (mit Österreich) oder eine kleindeutsche Lösung (ohne Österreich) angestrebt werden sollte, war heftig umstritten. Der Abgeordnete Joseph von Würth hielt im Januar 1849 vor der deutschen Nationalversammlung in Frankfurt folgende Rede:*

Wir werden aufgefordert, eine Teilung von Deutschland vorzunehmen, wie sie in der deutschen Geschichte noch nicht vorgekommen ist. Wir sollen an Deutschland tun, was im römischen Weltreich die Scheidung in das Ost- und Weströmische Reich war. Wir sollen tun, was der Vertrag von Verdun am Reiche Karls des Großen vollzog. Wissen wir nicht, daß die östlichen und westlichen Teile des Römischen Reiches sich unaufhörlich befehdeten, bis das Westreich einen schnellen Untergang fand? [...] Sollten wir diese Lehren der Geschichte uns nicht zur Warnung dienen lassen? [...]
Lassen Sie sich nicht von der Hoffnung täuschen, dass das, was Sie jetzt gewaltsam trennen, so schnell sich wieder zusammenfügen werde. Die deutschen Länder Österreichs waren immer Kernlande des Deutschen Reichs, sie waren immer ein Teil von Deutschland; sie wollen es bleiben, sie wollen die tausendjährigen Bande nicht aufgeben, die nie zerrissen wurden als in den verhängnisvollen Jahren des Rheinbundes. Sprechen Sie es aus, das Wort, welches Österreich von Deutschland scheidet, aber es wird schmerzlich bei uns empfunden werden. Ich fürchte, der Augenblick wird nicht geeignet sein, um das, was Sie getrennt haben, wieder zu verbinden. [...] Österreich wird, wenn es von Deutschland gegen seinen Willen getrennt ist, den Einfluss, den es bisher immer in Deutschland hatte und den es jetzt aufgeben soll, zu erhalten suchen. Es wird die Missstimmung benutzen, die in vielen Teilen Deutschlands gegen die neue Gestaltung der Dinge vorhanden sein wird, es wird auf die Schwäche und Zerrissenheit Deutschlands spekulieren. Deutschland dagegen wird, wenn Sie diese Trennung vornehmen, mit den abgetrennten deutsch-österreichischen Provinzen, deren Verlust es nicht verschmerzen kann, beständig liebäugeln. Es wird die deutschen Brüder, die von Deutschland losgerissen sind, wieder zu sich herüber zu ziehen suchen. Es wird beständig hinarbeiten auf den Zerfall des österreichischen Kaisertums. (Hört, Hört!)
Ich fürchte, wenn wir die Trennung vollziehen, so wird Österreich Deutschland und Deutschland Österreich zu erobern suchen; beide aber werden sich dabei verbluten unter dem Hohn und dem Jubel unserer gemeinsamen Feinde. Freuen werden sich dabei nur die Deutschland feindlichen Mächte: Russland, England und Frankreich.

Hans Fenske (Hg.), Vormärz und Revolution 1840–1849, Darmstadt 1991, S. 395 f.

## M 6 Kleindeutsche Lösung

*Ein Bericht des Verfassungsausschusses der Frankfurter Nationalversammlung vom Oktober 1848 kommt hinsichtlich der politischen Struktur zu folgender Wertung:*

Die Erfahrungen während des Bestehens des Deutschen Bundes und die Erwägung des Zwecks eines Bundesstaats lassen keine Zweifel, dass jede Teilnahme eines Staates, der zugleich Bundesstaat ist und zugleich nichtdeutsche Länder beherrscht, mannigfaltige Störungen herbeiführen und hindernd der Erreichung der Bundeszwecke entgegentreten kann.
Unvermeidlich kann ein solcher Staat wegen seiner außerdeutschen Besitzungen in Kriege verwickelt werden, welche ihn in Feindschaften mit anderen Staaten bringen, den Staat zu außerordentlichen Opfern nötigen können, welche die Mittel zur Erfüllung seiner Bundespflichten beschränken. Selbst in materieller Beziehung können die Interessen des Staates wegen seiner außerdeutschen Lande mit den Bundesinteressen in solchen Widerstreit kommen, dass derselbe entweder in seiner Stellung als Bundesstaat alles anwenden wird, um gewisse Beschlüsse zu hindern, oder wegen seines Verhältnisses zu den nichtdeutschen Provinzen die Durchführung von Bundesanordnungen zu vereiteln, z.B. in Beziehung auf Zollangelegenheiten.
Diese Erwägungen führen zu der Aufstellung des Grundsatzes: Kein Teil des Deutschen Reiches darf mit nichtdeutschen zu einem Staate vereinigt sein. Die Zeit ist gekommen, in welcher diejenigen, welche an der künftigen Verfassung Deutschlands zu bauen berufen sind, sich klarmachen müssen, dass Deutschlands Einheit nur durchgeführt werden kann, wenn diejenigen Staaten, welche als Glieder das Reich bilden, ganz und mit ungeteiltem Interesse Bundesglieder werden.

Hans Fenske (Hg.), Vormärz und Revolution 1840–1849, Darmstadt 1991, S. 353 f.

**M 7 Trotz alledem**

*Der Dichter und Publizist Ferdinand Freiligrath (1810–1876) schrieb kurz vor der Niederschlagung der Revolution Anfang Juli 1848 in Düsseldorf das Gedicht „Trotz alledem“:*

2. Das ist der Wind der Reaktion
mit Mehltau, Reif und alledem!
Das ist die Bourgeosie am Thron,
der annoch steht, trotz alledem!
Trotz alledem und alledem,
trotz Blutschuld, Trug und alledem,
er steht noch, und er hudelt uns
wie früher fast, trotz alledem!

3. Die Waffen, die der Sieg uns gab,
der Sieg des Rechts trotz alledem,
die nimmt man sacht uns wieder ab,
samt Kraut und Lot und alledem!
Trotz alledem und alledem,
trotz Parlament und alledem,
wir werden unsre Büchsen los,
Soldatenwild, trotz alledem!

4. Doch sind wir frisch und wohlgemut,
und zagen nicht, trotz alledem!
Aus tiefer Brust des Zornes Glut,
die hält uns warm, trotz alledem!
Trotz alledem und alledem,
es gilt uns gleich, trotz alledem,
wir schütteln uns: Ein garst´ger Wind,
doch weiter nichts, trotz alledem!

5. Denn ob der Reichstag sich blamiert,
Professorhaft, trotz alledem!
Und ob der Teufel reagiert
mit Huf und Horn und alledem,
trotz alledem und alledem,
trotz Dummheit, List und alledem,
wir wissen doch: Die Menschlichkeit
behält den Sieg, trotz alledem!

6. Und ob der Prinz zurück auch kehrt
mit Hurra, Hoch und alledem:
Sein Schwert ist ein gebrochen Schwert,
ein ehrlos Schwert, trotz alledem,
ja doch, trotz all´ und alledem,
der Meinung Acht, trotz alledem,
die brach den Degen ihm entzwei
vor Gott und Welt, trotz alledem!

7. Nur was zerfällt, vertretet ihr,
seid Kasten nur, trotz alledem!
Wir sind das Volk, die Menschheit wir,
sind ewig drum, trotz alledem!
Trotz alledem und alledem,
so kommt denn an, trotz alledem!
Ihr hemmt uns, doch ihr zwingt uns nicht
– unser die Welt, trotz alledem!

F. Freiligrath, Trotz alledem, in: Freiheitsbewegungen in der deutschen Geschichte, hrsg. von der GEW Baden-Württemberg, Bezirk Nordbaden, Karlsruhe 1990, S. 46.

**M 8** **Warum scheiterte die Revolution?**

*a) In der historischen Forschung sind die Gründe für das Scheitern der Revolution umstritten. Der Historiker Thomas Nipperdey schreibt:*

Es ist die Vielzahl der Probleme und ihrer Unlösbarkeiten gewesen, die zum Scheitern der Revolution geführt hat. Man wollte einen Staat gründen und eine Verfassung durchsetzen, beides zugleich, und das angesichts gravierender sozialer Spannungen.

Auch in Frankreich, wo die Probleme einfacher waren, und auch in Italien ist die Revolution gescheitert; diese Tatsachen muss jedes Urteil über die deutsche Revolution mitreflektieren. Wenn man unter den einzelnen Ursachen für das Scheitern in Deutschland gewichten will, so muss man meiner Meinung nach sagen, dass es das großdeutsch/kleindeutsche Problem und das Problem des österreichischen Nationalitätenstaates und seiner nationalen Konflikte waren, die am meisten zählten. Sie haben schon eine schnelle Entscheidung im Sommer unmöglich gemacht, haben die ersten großen Siege der Gegenrevolution in Österreich ermöglicht, haben die Einheit der Revolution seit dem Herbst so erschüttert, dass ein gemeinsames Handeln nicht mehr möglich war, haben die Entscheidung dann auf Preußen zugespitzt.

Sie letzten Endes haben die Revolution in den Wettlauf mit der Zeit gebracht, den sie nicht gewinnen konnte.

Thomas Nipperdey, Deutsche Geschichte 1800–1866, Bürgerwelt und starker Staat, München 1998, S. 669

*b) Der Historiker Wolfgang J. Mommsen begründet das Scheitern der Revolution folgendermaßen:*

Die bürgerlichen Schichten waren nicht auf eine revolutionäre Entwicklung eingestellt. Mit Ausnahme verschwindend kleiner Randgruppen verfügten sie nicht über eine überzeugende revolutionäre Strategie. Sie betrachteten die Ereignisse des Frühjahrs 1848, als der revolutionäre Funke von Frankreich ausgehend überraschend auf ganz Kontinentaleuropa übersprang, als eine „ungewollte Revolution". Dies hat ihr Verhalten in der Folge maßgeblich bestimmt.

Von seiten der Unterschichten mangelte es nicht an weit reichenden Forderungen, die von den Zeitgenossen als revolutionär aufgefasst wurden, z.B. das „Recht auf Arbeit" […] und vor allem das allgemeine Wahlrecht, aber darüber hinaus gingen die Forderungen zumeist nicht. […]

Vielmehr fehlte den sozialen Forderungen der Unterschichten in der Revolution von 1848/49 jegliche Kohärenz [Geschlossenheit]; sie waren diffus und vielfach rückwärtsgewandt; zumeist zielten sie auf die Wiederherstellung vorkapitalistischer sozialer Verhältnisse ab und waren schon deshalb zum Scheitern verurteilt. Davon abgesehen fehlte es auch hier an konkreten Vorstellungen, wie denn die Gesellschaft der Zukunft, wenn einmal die Willkürherrschaft der Fürsten und Könige und ihrer gefügigen Beamtenregierungen abgeschüttelt sei, aussehen solle.

W. J. Mommsen, 1848 – Die ungewollte Revolution, Frankfurt /M. 1989, S. 16 f.

## Aufgaben

1. Erarbeite aus dem Verfassungsschema, inwiefern der Entwurf zu einer Verfassung als demokratisch bezeichnet werden kann, inwiefern nicht. → M2
2. Welche Haltung nimmt der Abgeordnete Würth hinsichtlich der Frage ein, ob Österreich einem politisch geeinten Deutschland angehören soll? Welche Argumente nennt er? → M5
3. Welche Argumente führt der Verfassungsausschuss der Nationalversammlung gegen eine Einbeziehung Österreichs in einen deutschen Bundesstaat an? → M6
4. a) Fasse die Strophen von Freiligraths Gedicht jeweils in einem Satz zusammen.
   b) Welcher politischen Richtung innerhalb der Nationalversammlung lässt sich Freiligrath zuordnen? Begründe deine Meinung! → M7
5. a) Welche Gründe für das Scheitern der Revolution nennt der Historiker Nipperdey, welche Mommsen?
   b) Welcher Ansatz beider Historiker ist für dich überzeugender? Begründe deine Meinung! → M8

**M 1 Revolution in Dresden 1830**
Dresdner Bürger stürmen am 9. September 1830 das Polizeihaus in der Scheffelgasse und verbrennen die Polizeiakten.

## Reform und Revolution in Sachsen

### 1830: Das Vorspiel

Nach der Katastrophe von 1815 führte das Königreich Sachsen keine Reformen durch, obwohl es einen führenden Platz beim industriellen Aufschwung Deutschlands einnahm. Diese Spannung entlud sich zuerst nach der Julirevolution von 1830 in Paris: Am 4. September erhoben sich Arbeiter und Studenten in Leipzig gegen den Magistrat und die Polizei.

Diese Unruhen wurden zwar von der Kommunalgarde schnell unterdrückt, breiteten sich aber doch über das ganze Land aus. Nach einem Aufstand am 9./10. November in Dresden gab der 75-jährige König Anton nach, berief den Liberalen Bernhard von Lindenau an die Spitze einer neuen Regierung und setzte seinen Neffen Friedrich August (II.) zum Mitregenten ein. Bereits ein Jahr später erhielt Sachsen eine neue Verfassung mit zwei Kammern: eine für die Vertreter des Adels und der Kirche, eine für die bürgerlichen Abgeordneten der Städte und Amtsbezirke.

Unter dieser neuen konstitutionellen Monarchie holte Sachsen nun Reformen nach, die Preußen bereits unter Napoleon eigeleitet hatte: Eine Justizreform modernisierte die Rechtsordnung, eine Städteordnung gewährte den Gemeinden gewählte „Communalrepräsentanten“. Das Ackergesetz von 1832 ermöglichte den Bauern die Ablösung von Frondiensten und Feudalabgaben, ein neues Kultusministerium reformierte das Schulwesen. Dieses Reformwerk gab Sachsens Wirtschaft entscheidende Impulse und bildete die Grundlage für den weiteren Aufschwung des Landes.

**M 2 Bernhard von Lindenau (1779–1854).** Er setzte 1831 eine Verfassung für Sachsen durch und nahm 1848 als Mitglied des linken Zentrums an der Frankfurter Nationalversammlung teil.

## Die Revolution von 1848/49

Der Beginn der Revolution von 1848 verlief in Sachsen wie in den meisten deutschen Klein- und Mittelstaaten. Überall im Land gründeten die Demokraten Vaterlandsvereine und gingen als Sieger aus den Wahlen zur Paulskirche hervor. Von den 48 Vertretern Sachsens in Frankfurt waren 32 Demokraten, an ihrer Spitze der später in Wien erschossene Robert Blum. Ein im Mai 1848 zusammengetretener Landtag enttäuschte jedoch alle Hoffnungen auf eine Demokratisierung der sächsischen Verfassung.

Bewegung entstand erst wieder 1849 nach Ablehnung der Kaiserkrone durch den preußischen König. Als der sächsische Landtag die Paulskirchenverfassung für Sachsen annehmen wollte, erklärte ihn König Friedrich August II. kurzerhand für aufgelöst. Auf die Nachricht, der König habe preußische Truppen angefordert, stürmte das Volk am 3. Mai das Dresdner Zeughaus um sich Waffen zu besorgen. Doch das Militär eröffnete das Feuer auf die Eindringlinge. Das war der Beginn des offfenen Aufstands, an dem sich auch bekannte Persönlichkeiten wie der junge Richard Wagner, später ein berühmter Komponist, oder der Architekt Gottfried Semper beteiligten.

Als der Barrikadenkampf in Dresden am 4. Mai begann, floh der König auf die Festung Königstein. An seine Stelle trat eine liberale Provisorische Regierung. Auf Seiten der Aufständischen kämpften vor allem Arbeiter, die den Aufrufen gefolgt waren. Die 3000 Revolutionäre standen bald auf verlorenem Posten und waren den 5000 preußischen und sächsischen Soldaten hoffnungslos unterlegen. Immerhin konnten sich 2000 Aufständische und der Arbeiterführer Stephan Born am 9. Mai aus der umkämpften Stadt absetzen und zur Grenze durchschlagen. Etwa 250 Barrikadenkämpfer wurden zu langen Zuchthausstrafen verurteilt, hunderte waren im Kampf getötet worden.

**M 3 Sitzung der Provisorischen Regierung**
im Dresdner Rathaus im Mai 1849

**M 4 Abführung gefangener Aufständischer**
über die Elbbrücke, Neuruppiner Bilderbogen, 1849

**M 5 Barrikadenkampf in Dresden am 6. Mai 1849**
Angriff preußischer und sächsischer Truppen auf die Barrikaden am Dresdner Neumarkt

### M 6 Ein Brief an den König

*Der Architekt Gottfried Semper begründete am 17. Juli 1849 seine Teilnahme am Maiaufstand:*

Die Begeisterung, welche alle Deutschen seit dem Frühling des vorigen Jahres für die hohe Idee eines einigen Vaterlandes ergriff, fand auch in meinem Herzen den lebhaftesten Anklang, und obgleich ich an den Bewegungen der Zeit keinen aktiven Anteil nahm ..., mein ganzes Streben vielmehr durch die wichtige Arbeit, mit welcher Ew. Majestät mich allergnädigst betraut hatten, gefesselt war, bekannte ich mich jedoch laut für die Sache des Parlaments und fand mich tief und lebhaft davon ergriffen, alle die schönen Erwartungen einer großen nationalen Zukunft eine nach der anderen enttäuscht zu sehen.
In dieser aufgeregten Stimmung befand ich mich, als die Ereignisse des Mai für mich ganz unerwartet eintraten.
Unter ihrem lebhaften Eindrucke und unter der Herrschaft lokaler und zufälliger Umstände war es mir nach meinem Charakter unmöglich, bei dem eingetretenen Konflikte mich den letzten Konsequenzen meiner oft laut ausgesprochenen Überzeugung zu entziehen.

Der Dresdner Maiaufstand von 1849, Dresdner Hefte, Heft 43, 3/95, S. 49

### M 7 Zeitungsbericht zum Dresdner Aufstand

*Die Oberrheinische Zeitung berichtete im Mai 1849 in einem Artikel über das Geschehen:*

*Dresden, 3. Mai. Nachmittags 2 1/2 Uhr* (...)
Die Kommunalgarde versammelte sich. Das Volk füllt die Straßen. Man sieht einen Wagen reisefertig im Schlosshof. Eben verrammelt das Volk die Tore von außen, weil man den König nicht entfliehen lassen will. Die Bürgerwehr steht nicht weit.
*Dresden, 3. Mai. Abends 6 Uhr*
Der Aufstand ist bereits in vollem Maße losgebrochen ... Es kam ein Volkshaufe mit teutschen Fahnen und griff das Zeughaus an. Die Menge erbrach das äußere Tor ... und drang in den Hof ein. Jetzt schoss das Militär und es fielen fünf Tote ... Dies steigerte die Erbitterung ... Reitende Boten fliegen auf die Dörfer, um das Landvolk zur Hilfe zu holen.

zit. nach: Die deutsche Frage im Unterricht, Heft 2/1984, S. 23

**M 8** **Samuel Erdmann Tzschirner (1812–1870),** Führer der linken Demokraten und Haupt der Provisorischen sächsischen Regierung

An unsere Mitbürger!
Der König von Sachsen hat preußisches Militär herbeikommen lassen, um seinen Eigenwillen dem Willen des Volkes gegenüber durchzusetzen. Das sächsische Volk, welches seine besten Söhne auf die Barrikaden gesandt hat, um für die Einheit und Freiheit Deutschlands zu kämpfen ..., wird diese Kunde mit einem Schrei der Entrüstung aufnehmen ... Kämpft fort, wie ihr gekämpft habt. Du aber, sächsisches Volk, stehe wie bisher fest zur Sache die wir führen. Wir wollen die Reichsverfassung und durch die Reichsverfassung die Einheit und Freiheit des deutschen Vaterlandes, das Heil Sachsens, und für das, was wir wollen, kämpfen wir bis zum Tode.
Dresden, den 5. Mai 1849, abends 8 Uhr

Die Provisorische Regierung.
Tzschirner. Todt. Heubner.

Flugblätter der Revolution 1848/49, München 1972, S. 256 f.

**M 9** **Aufruf der Provisorischen Regierung**

**M 10** **Erschießung des Robert Blum 1848**
Blum (1808–1848) war Theaterkassierer in Leipzig und später Schriftsteller. Als begabter Redner wurde er 1839 Führer der liberalen Bewegung in Sachsen. In der Frankfurter Nationalversammlung führte er 1848 die demokratische Linke. Wegen seiner Teilnahme am Wiener Oktoberaufstand wurde er im November 1848 standrechtlich erschossen.

## Aufgaben

1. Welche politischen Folgen hatte die Revolution von 1830 für Sachsen? → Text
2. Erläutere, wie es zum Dresdner Maiaufstand 1849 kam und wie der Aufstand verlief. → Text, M7
3. a) Analysiere, welche Gründe Semper zur Teilnahme am Maiaufstand bewogen haben.
   b) Versuche herauszufinden, mit welcher „wichtigen Arbeit“ – einem Dresdner Bauprojekt – Semper von 1847–54 für den König beschäftigt war. Nimm das Lexikon/Internet zu Hilfe. → M6, Lexikon, Internet
4. Welche Ziele nennt die Provisorische Regierung in ihrem Aufruf zum Aufstand? → M9
5. Woran ist der sächsiche Aufstand gescheitert? → Text

# Politische Lieder aus Vormärz und Revolution

In revolutionären Zeiten haben Lieder Hochkonjunktur. „Mit den weichen Tönen des Liedes", schrieb der badische Revolutionär Friedrich Hecker, „mit seinen wilden Accorden, mit seinem Schmerze und seinem Grimme wogen die Gedanken auf und nieder und graben sich ein in die Tiefe der Brust". Vor allem war das Lied aber ein Kampfmittel, dem die Zensur nicht gewachsen war. Revolutionäre Texte und Doppeldeutigkeiten konnten sich hinter harmlosen Melodien, die jeder kannte, leicht verstecken. Uns geben die Lieder heute Auskunft über die Begeisterung für die politischen Ideale, aber auch über Skepsis und Kritik und vor allem auch über die Leiden der Menschen in einer revolutionär bewegten Zeit.

Zu den vielen politischen Liedern aus der ersten Hälfte des 19. Jahrhunderts gehört auch das „Deutschlandlied" von Hoffmann von Fallersleben, dessen dritte Strophe „Einigkeit und Recht und Freiheit" als deutsche Nationalhymne gesungen wird.

M 1 **Die Presse am Gängelband der Zensur,** Karikatur, 1847

**Die Gedanken sind frei**

Es handelt sich um ein etwas älteres Liebeslied (siehe 2. Strophe), zu dem seit 1825 immer wieder neue Strophen hinzugedichtet wurden.

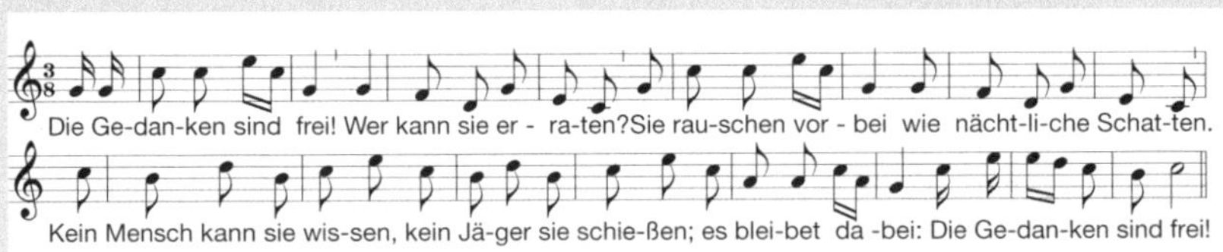


2. Ich denke, was ich will
Und was mich beglücket,
Doch alles in der Still'
und wie es sich schicket;
Mein Wunsch und Begehren
Kann niemand verwehren;
Es bleibet dabei:
Die Gedanken sind frei!

3. Und sperrt man mich ein
In finsteren Kerker,
So sind es doch nur
Vergebliche Werke;
Denn meine Gedanken
Zerreißen die Schranken,
Brechen Mauern entzwei:
Die Gedanken sind frei!

**Hecker-Lieder**

Nachstehend Auszüge aus drei Liedern über den badischen „Revolutionshelden“ Friedrich Hecker. Das erste Lied (a) sangen die Aufständischen, das zweite (b) ist ein Bänkelsängerlied, wie es auf Jahrmärkten vor großen Bildtafeln vorgetragen wurde; das dritte (c) ist eine Strophe aus einem Lied nach Heckers Flucht:

*a) Nach der Melodie: Ich hatt' einen Kameraden*

Deutsch Volk, ergreif die Waffen,
Der Hecker zieht in' Krieg!
Der Freiheit Weg zu bahnen,
Eilt unter seine Fahnen,
Der Hecker führt zum Sieg!

Die Republik soll leben!
So sei das Feldgeschrei.
Der Hecker zieht vom Leder,
Ihr Kinder, auf, ihr Väter,
Ein Schlag, und wir sind frei!

M 2 **Friedrich Hecker**
als Abgeordneter der Zweiten Kammer und rechts als Führer des Aufstands

*b) „Guckkasten-Lied“ nach der Melodie:*
*Weißt du wieviel Sternlein stehen*

Seht, da steht der große Hecker,
Eine Feder auf dem Hut,
Seht, da steht der Volkserwecker,
Lechzend nach Tyrannenblut!
Wasserstiefeln, dicke Sohlen,
Säbeln trägt er und Pistolen,
Und zum Peter sagte er:
„Peter, sei du Statthalter!“

Pflästerer und Schieferdecker,
Alles, niederig und hoch,
Alles jauchzte unserm Hecker,
Als er aus zum Kampfe zog.
Handwerksburschen, Literaten,
Schneider, Bauern, Advokaten,
Alles folgte rasch dem Zug,
Als er seine Trommel schlug.

*c) Nach eigener Melodie*

Wenn die Leute fragen:
Lebt der Hecker noch?
Sollt ihr ihnen sagen:
Ja, er lebet noch!
Er hängt an keinem Baume,
Er hängt an keinem Strick,
Er hängt an dem Traume
der deutschen Republik.

M 3

M 4

**„Badisches Wiegenlied“**

Das Badische Wiegenlied ist 1849 nach dem Scheitern des Aufstands in Baden von dem aus Heilbronn stammenden Demokraten Ludwig Pfau (1821–1894) gedichtet.

1. Schlaf, mein Kind, schlaf leis, dort draußen geht der Preuß!
   Deinen Vater hat er umgebracht, deine Mutter hat er arm gemacht,
   Und wer nicht schläft in guter Ruh, dem drückt der Preuß
   die Augen zu.
   Schlaf , mein Kind, schlaf leis, dort draußen geht der Preuß!

4. Schlaf, mein Kind, schlaf leis, dort draußen geht der Preuß!
   Gott aber weiß, wie lang er geht, bis dass die Freiheit aufersteht,
   Und wo dein Vater liegt, mein Schatz, da hat noch mancher
   Preuße Platz!
   Schrei, mein Kindlein, schrei's: dort draußen liegt der Preuß!

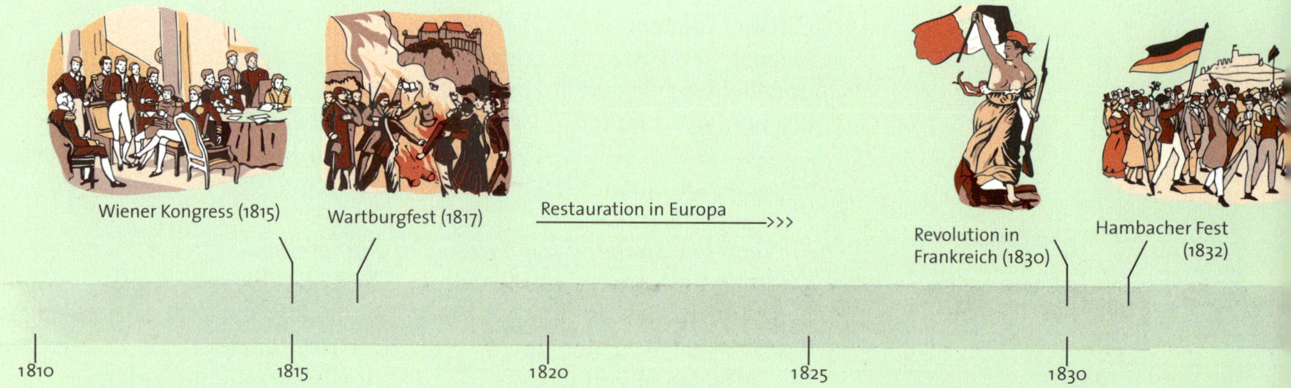


## Grundwissen: Zeit

**1815 Wiener Kongress**
**1817 Wartburgfest**
**1852 Hambacher Fest**
**1848/49 Revolution in Deutschland**
**1849 Ablehnung der Kaiserkrone durch den preußischen König Friedrich Wilhelm IV.**

1862 Bismarck preußischer Ministerpräsident
1866 Deutscher Krieg
1870/71 Deutsch-Französischer Krieg
1871 Reichsgründung
1878 Sozialistengesetz
1888 Regierungsantritt Kaiser Wilhelms II.
1890 Entlassung Bismarcks

1769 Erfindung der Dampfmaschine durch James Watt
um 1780 und 1830 Beginn der Industrialisierung in England und Deutschland
1834 Deutscher Zollverein
1835 Erste deutsche Eisenbahn
1848 Kommunistisches Manifest

1880–1914 Imperialismus
1914–1918 Erster Weltkrieg
1917 Russische Oktoberrevolution
1917 Kriegseintritt der USA
1918 Wilsons 14 Punkte

## Grundwissen: Begriffe

**Deutscher Bund**
**Restauration**
**Legitimität**
**Liberalismus**
**Karlsbader Beschlüsse**
**Märzereignisse**
**Nationalversammlung**
**Reichsverfassung**

Nationalstaat
Kulturkampf
Reichstag
Militarismus
Sozialgesetzgebung
Entente cordiale
Rückversicherungsvertrag

Industrielle Revolution
Unternehmer
Gewerkschaften
Kommunismus
Proletariat
Soziale Frage
Arbeiterparteien

Imperialismus
Kolonialismus
Nationalismus
Mittelmächte
Entente
Kriegsschuldfrage

## Grundwissen: Methoden

**Arbeit mit Geschichtskarten**

Umgang mit Historienbildern

Umgang mit Statistiken und Diagrammen

Umgang mit dem Internet

Aufstand der Weber (1844)

Revolutionen in Europa (1848/49)

1840 1845 1850 1855 1860

## Zusammenfassung

Nach dem Untergang Napoleons stellte der Wiener Kongress die vorrevolutionären Verhältnisse wieder her. Das Heilige Römische Reich ließ sich jedoch nicht wieder beleben und wurde durch den Deutschen Bund – einen lockeren Staatenbund – ersetzt. Liberale und nationale Strömungen bekämpften die Regierungen, so z.B. durch die Polizeimaßnahmen der Karlsbader Beschlüsse. Das Streben des europäischen Bürgertums nach verfassungsmäßigen politischen Rechten und der deutschen Liberalen nach einem Nationalstaat ließen sich jedoch nicht auf Dauer unterdrücken.

Vor allem im Bildungsbürgertum wirkten die Ideen der Französischen Revolution von Freiheit, Recht und Vaterland fort. Sie äußerten sich in politischen Schriften und Liedern oder Demonstrationen wie dem Wartburgfest (1817) und dem Hambacher Fest (1832). Dies zeigte, dass sich die Völker mit der Restauration überkommener Verhältnisse nicht abgefunden hatten. Ausgehend von Frankreich und Paris entluden sich die Spannungen 1830 und 1848 in zwei Revolutionswellen, die nahezu ganz Europa erfassten.

Die Revolution von 1848 zielte in Deutschland auf einen Nationalstaat. Nachdem die Fürsten vor den Liberalen zurückgewichen waren und ihre Forderungen akzeptiert hatten, wählte das Volk eine Nationalversammlung, die in der Frankfurter Paulskirche tagte. Es entstand eine Verfassung, die die bürgerlichen Grundrechte verankerte und ein demokratisch gewähltes Parlament mit einem Kaiser als Staatsoberhaupt vorsah. Die Frage, ob Österreich mit seinen zahlreichen Nationalitäten einbezogen werden sollte (großdeutsche Lösung), wurde zugunsten einer kleindeutschen Lösung ohne die Habsburger Monarchie beantwortet.

Die Bestrebungen der Nationalversammlung, ein neues deutsches Kaiserreich auf parlamentarischer Grundlage zu schaffen, blieben jedoch erfolglos. Der preußische König lehnte die ihm angebotene Kaiserkrone ab, was die Abgeordneten der Paulskirche resignieren ließ. Damit scheiterte die so hoffnungsvoll begonnene Revolution und die Fürsten setzten ihre Herrschaft erneut durch.

Nach dem Scheitern der Revolution im Jahr 1849 verschärfte sich die Rivalität zwischen den beiden Großmächten Preußen und Österreich, die nun versuchten, die nach wie vor offenen Fragen der Verfassung und des deutschen Nationalstaats in ihrem Sinne zu lösen.

# 2. Das deutsche Kaiserreich

Kaiserproklamation in Versailles
Gemälde von Anton von Werner, 1885

Die Siegessäule in Berlin

Reichtagsgebäude in Berlin
erbaut 1884–94 von Paul Wallot

Titelblatt einer Zeitschrift, 1895

„Unter den Linden", Fotografie um 1890

**M 1** **Otto von Bismarck (1815–1898)**
Fotografie aus dem Jahr 1862, kurz vor Bismarcks Berufung zum Ministerpräsidenten

# Die Errichtung eines deutschen Nationalstaats

## Können einzelne Personen Geschichte machen?

Kann ein einziger Mensch, der zum richtigen Zeitpunkt mit den richtigen Ideen und der entsprechenden Durchsetzungskraft an die Macht kommt, den Lauf der Geschichte verändern? Dies ist eine Frage, die sich Geschichtswissenschaftler immer wieder gestellt haben. Dabei wird häufig der Name eines preußisch-deutschen Politikers genannt, der 28 Jahre lang, nämlich von 1862 bis 1890, eine wichtige Rolle gespielt hat: Otto von Bismarck (1815–1898).
Bismarck stammte aus einer alten preußischen Adelsfamilie, für die Treue zum Königshaus einen wichtigen Wert darstellte. Er war Gegner der Revolution von 1848/49 und stand den Forderungen des liberalen Bürgertums mit Ablehnung gegenüber. Allerdings sah er in der Errichtung eines deutschen Nationalstaats eine Chance zur Machterweiterung für Preußen.

## Die deutsche Frage nach 1850

Nach der gescheiterten Revolution von 1848/49 hatte sich in Mitteleuropa die Herrschaft der Fürsten gegen die nationalen und liberalen Bestrebungen des deutschen Bürgertums durchgesetzt. Der 1815 gegründete Deutsche Bund bestand zwar fort, aber diese Lösung der „deutschen Frage" stieß in der Öffentlichkeit immer mehr auf Kritik. Es gab jedoch keine einheitliche Meinung, wie es zu einem vereinten Deutschland kommen und wie dieses aussehen könnte.

Die Konkurrenz der beiden deutschen Großmächte Preußen und Österreich um die Vorherrschaft im Deutschen Bund machte die Situation noch komplizierter. Zwar besaß Österreich noch eine Vormachtstellung, aber immer deutlicher zeichneten sich die Schwächen des Habsburger Staates ab. Die Konflikte zwischen den verschiedenen Nationalitäten im Vielvölkerstaat Österreich nahmen zu, sodass keine kraftvolle Außenpolitik mehr möglich war. Auf der anderen Seite gewann Preußen an wirtschaftlichem und politischem Einfluss und wollte sich nicht mehr mit der bisherigen untergeordneten Rolle begnügen. Die vielen mittleren und kleinen deutschen Fürstentümer wollten nach Möglichkeit ihre Unabhängigkeit gegenüber den beiden großen Mächten erhalten, entschieden also je nach Lage, ob sie eher Preußen oder Österreich zuneigten.

## Der Aufstieg Bismarcks

Otto von Bismarck war Gesandter in Russland, als er 1862 vom preußischen König Wilhelm I. zum Ministerpräsidenten ernannt wurde. Dies geschah in einer problematischen innenpolitischen Lage. Zwischen dem König und der liberalen Mehrheit des preußischen Abgeordnetenhauses war umstritten, ob Wilhelm bei der von ihm gewünschten Heeresreform auf die Zustimmung des Parlaments angewiesen war. Der Konflikt spitzte sich auf die Frage zu, wer tatsächlich die Macht im Staat hat. Als einziger namhafter Politiker erklärte sich Bismarck dazu bereit, den Kampf mit dem Parlament aufzunehmen und die Forderung des Königs durchzusetzen. Aus diesem Grund wurde er von den liberalen Abgeordneten scharf kritisiert.

## Die Einigung Deutschlands

Eine erste Möglichkeit, sich als nationaler Politiker zu profilieren, erhielt Bismarck im Jahr 1864, als es zu einem Konflikt um Schleswig-Holstein kam. Während Schleswig autonomer Bestandteil Dänemarks war, gehörte Holstein zum Deutschen Bund. Beide Herzogtümer regierte der dänische König. Als Dänemark entgegen einem internationalen Abkommen Schleswig von Holstein trennen und sich einverleiben wollte, rief das in der deutschen Nationalbewegung helle Empörung hervor. So ergriff Bismarck die günstige Gelegenheit. Im Deutsch-Dänischen Krieg entriss Preußen mit Unterstützung Österreichs den Dänen Schleswig. Die Herzogtümer sollten zunächst von beiden deutschen Großmächten verwaltet werden.

## Der Konflikt spitzt sich zu

Die nächsten Jahre waren vom Konflikt zwischen Preußen und Österreich geprägt, was mit beiden norddeutschen Herzogtümern geschehen sollte. Auch eine Aufteilung in einen preußischen und einen österreichischen Verwaltungsbezirk entschärfte nicht das Problem. 1866 führte der immer aggressiver ausgetragene Streit schließlich zum Krieg zwischen Preußen und Österreich. Obwohl die meisten mittleren und kleinen Staaten auf die Seite Österreichs traten, gelang Preußen, das technisch und strategisch überlegen war, der entscheidende Sieg in der Schlacht von Königgrätz im Norden Böhmens. Österreich verlor im

M 2

M 3 **Siegessäule in Berlin**
Zur Erinnerung an die Siege von 1864, 1866 und 1870 wurde am 2. September 1873 auf dem Königsplatz in Berlin diese Säule errichtet.

Friedensschluss zwar keine Gebiete, musste jedoch der Auflösung des Deutschen Bundes und seinem Ausscheiden aus Deutschland zustimmen. Einige deutsche Staaten wie Hannover und Kurhessen wurden vom Königreich Preußen annektiert und als Provinzen eingegliedert. Die restlichen Länder nördlich des Mains mussten dem neuen Norddeutschen Bund unter Preußens Vorherrschaft beitreten. Allein die im Süden Deutschlands gelegenen Staaten blieben unabhängig, um den Sicherheitsinteressen Österreichs und Frankreichs Rechnung zu tragen. Allerdings waren sie gezwungen, so genannte Schutz- und Trutzbündnisse mit Preußen zu schließen.

Mit diesem militärischen und politischen Erfolg gewann Bismarck die Zustimmung großer Teile der liberalen Nationalbewegung. Diese stellte ihre liberalen Forderungen zurück und sah in Bismarck den „Einiger“ des Reichs. Solange die süddeutschen Staaten selbstständig blieben, war Deutschland jedoch noch nicht geeint.

## Die Gründung des deutschen Kaiserreichs

In Frankreich wuchs das Misstrauen gegenüber dem immer mächtiger werdenden Preußen. Die sich verstärkenden diplomatischen Spannungen zwischen beiden Staaten führten schließlich 1870 zum Krieg. Auslöser war ein Konflikt um die spanische Thronfolge. Der als König vorgesehene Prinz aus einer Nebenlinie des preußischen Königshauses der Hohenzollern stieß in Frankreich auf heftige Ablehnung. Obwohl die Hohenzollern ihren Kandidaten zurückzogen, wollte Frankreich einen „ewigen“ Verzicht erreichen.

Diese Forderung wies der preußische König zurück und teilte dies Bismarck in einem Telegramm aus seinem Kurort Bad Ems mit. Dieser kürzte die „Emser Depesche“ so geschickt, dass die deutsche Öffentlichkeit über das Verhalten Frankreichs empört war und die Bevölkerung Frankreichs das preußische Vorgehen als Beleidigung der französischen Nation empfand. Die Kriegserklärung Frankreichs führte in ganz Deutschland – also auch in den süddeutschen Staaten – zu einer Welle nationaler Begeisterung.

Der Sieg aller verbündeten deutschen Staaten ermöglichte die Errichtung eines deutschen Nationalstaats. Im Spiegelsaal des Schlosses von Versailles wurde am 18. Januar 1871 der preußische König Wilhelm zum deutschen Kaiser ausgerufen. Das war die Gründung des deutschen Kaiserreichs.

## Die Rolle Bismarcks

Historiker sind sich einig, dass Bismarck bei dieser Entwicklung eine entscheidende Rolle spielte. Die Meinung, dass er gleichsam allein die deutsche Einigung herbeiführte, wird heute differenzierter gesehen, denn die Entstehung von Nationalstaaten war eine allgemeine Entwicklung in Europa. Die europäische Mächtekonstellation, die politische und wirtschaftliche Entwicklung in Deutschland – insbesondere die von Preußen und Österreich – der Einfluss der liberalen Nationalbewegung und die Rolle der Öffentlichkeit bildeten Voraussetzungen und Grundlagen für das entschiedene Handeln Bismarcks. Sein Anteil an der Reichsgründung muss dennoch hoch veranschlagt werden.

## M 4 Stimmen zur Reichsgründung

*a) Nach 1871 gab es zahlreiche Publikationen, die sich mit der Gründung des Reiches beschäftigten. Aus dem in Speyer erschienenen „Festalbum zur Friedensfeier. Zum Besten verwunderter und invalid gewordener deutscher Krieger" von 1871:*

Betrachten wir nun in Kürze die Wirkungen des Krieges und seiner militärischen Erfolge.

1. Es vollzieht sich die politische Einigung Deutschlands, lange ersehnt und erstrebt, eine Frucht mancher Tränensaat, ein Jugendtraum der besten Männer bis in ihr hohes Greisenalter, ein Schlachtenkind, aber in der Wiege umstanden und gesegnet von den Genien des Friedens.

2. Zum Schutz dieser politischen Einheit entsteht eine starke Zentralgewalt, ohne die geschichtlich tief gewurzelte Eigenart der verschiedenen deutschen Stämme aufzuheben. Das Deutsche Reich wird nicht etwa bloß wieder aufgerichtet, sondern ersteht in neuer Gestaltung mit erblicher Kaiserwürde.

3. Elsass und Deutsch-Lothringen kommen wieder zum Reich. Das gewonnene Metz sichert den Frieden gegen Frankreich.

4. Die gesicherte Lage gegen den bisherigen Erbfeind sichert dem Deutschen Reich nach außen seine Bedeutung. Das deutsche Kaisertum ist der Friede.

5. Seine innere Organisation sichert ihm den Frieden nach innen. Die nationale Erhebung erzeugt eine dem zersetzenden Zwist und Hader der Parteien fremde nationale Richtung, Stimmung und Haltung. [...]

7. Eine natürliche Folge ist die Achtung der deutschen Nation in Europa und bei den gesitteten Völkern der Welt.

Und nun, du hochbegnadetes, reichgesegnetes deutsches Volk, lass diese großen Errungenschaften, verbrieft und gesiegelt in den ersten Märztagen des Jahres 1871, deiner Treue und Mannheit als ein köstliches Kleinod, erworben durch das Herzblut deiner besten Söhne, anvertraut sein!

Wache vor allem über deine Jugend, dass sie künftigen Tagen fähig und würdig werde, dieses Heiligtum in sichere Obhut zu nehmen!

Und du, deutsche Jugend, strebe im Aufblick zu den heldenhaften Taten deiner Väter nach einer rühmlichen Lösung der dir gestellten Aufgabe, künftig deinem Vaterland, gesund an Leib und Seele, ausgerüstet mit Schätzen des Wissens, geziert mit allen Tugenden eines frommen Herzens, gestählt durch festen Charakter und Willenskraft, tüchtig und richtig dienen zu können!

Fenske, Hans (Hg.), Im Bismarckschen Reich 1871–1890, Darmstadt 1978, S. 47 f.

*b) Der Historiker Heinrich von Sybel schrieb am 27. Januar 1871 an einen Freund:*

Lieber Freund, ich schreibe von all diesen Quisquilien [Belanglosigkeiten] und meine Augen gehen immer herüber zu dem Extrablatt und die Tränen fließen mir über die Backen. Wodurch hat man die Gnade Gottes vedient, so große und mächtige Dinge erleben zu dürfen? Und wie wird man nachher leben?

Was zwanzig Jahre der Inhalt alles Wünschens und Strebens gewesen, das ist nun in so unendlich herrlicher Weise erfüllt! Woher soll man in meinen Lebensjahren noch einen neuen Inhalt für das weitere Leben nehmen?

Fenske, Hans (Hg.), Im Bismarckschen Reich 1871–1890, Darmstadt 1978, S. 37.

*c) Ein Soldat, der am Krieg gegen Frankreich teilgenommen hatte, schrieb am 6. März 1871:*

Die Nachricht vom Frieden – vom lang ersehnten Frieden – habe ich in Vesoul bekommen. [...]

Es wäre fruchtloses – ich möchte beinahe sagen lächerliches Bemühen, wenn ich die Gefühle wiedergeben sollte, welche mich erfüllten, als die Klänge des Festzapfenstreichs durch das Städtchen Vesoul ertönten. – Fern von der Heimat, in der jetzt tausend und abertausendfacher Kerzenglanz die frohe Tatsache verkündet, feierte ich mit den Landwehrleuten des Bataillons Crossen aus einem schlesischen Husarenregiment den Frieden! – den wirklichen Frieden.

Mir war, ich kann nicht sagen wie zu Mut – so dankbar – so froh und doch das herbe Wehmutsgefühl, bei dem Gedanken an all die Greuel und Schrecken des Krieges – des in unserem Jahrhundert noch möglichen Krieges.

Jetzt sollen wir ja Freunde sein, die wir uns seither zerfleischten. Jetzt ist unser deutsches Vaterland gerettet, steht groß und einig da.

„Der Kaiser von Deutschland lebe hoch", rief ich in die Truppenmenge hinein, lauter Trommelwirbel begleitete das hundert und aber hundertfach tönende Hoch!

Fenske, Hans (Hg.), Im Bismarckschen Reich 1871–1890, Darmstadt 1978, S. 38 f.

**M 5 Der „Sedantag"**

*a) Die Schlacht bei der nordfranzösischen Stadt Sedan am 1. September 1870 war eine Vorentscheidung im deutsch-französischen Krieg. Dieser Tag wurde im Kaiserreich groß gefeiert. Kaiser Wilhelm II. brachte bei der 25-Jahr-Feier des Sedantages folgenden Trinkspruch dar:*

Wenn Ich am heutigen Tage einen Trinkspruch auf Meine Garden ausbringe, so geschieht es froh bewegten Herzens; denn ungewöhnlich feierlich und schön ist der heutige Tag. Den Rahmen für die heutige Parade gab ein in Begeisterung aufflammendes Volk, und das Motiv für die Begeisterung war die Erinnerung an die Gestalt, an die Persönlichkeit des großen verewigten Kaisers.
Wer heute und gestern auf die mit Eichenlaub geschmückten Fahnen blickte, der kann es nicht getan haben ohne wehmütige Rührung im Herzen; denn der Geist und die Sprache, die aus dem Rauschen dieser zum Teil zerfetzten Feldzeichen zu uns redeten, erzählten von den Dingen, die vor 25 Jahren geschahen und von dem großen Tage, da das Deutsche Reich wieder auferstand.
Groß war die Schlacht und heiß war der Drang und gewaltig die Kräfte, die aufeinander stießen. [...] Für ihre Güter, ihren Herd und ihre zukünftige Einigung kämpften die Deutschen; darum berührt es uns auch so warm, dass ein jeder, der des Kaisers Rock getragen hat oder ihn noch trägt, in diesen Tagen von der Bevölkerung besonders geehrt wird – ein einziger aufflammender Dank gegen Kaiser Wilhelm I.
Und für uns, besonders für die Jüngeren, die Aufgabe, das, was der Kaiser gegründet, zu erhalten. Doch in die hohe, große Festesfreude schlägt ein Ton hinein, der wahrlich nicht dazu gehört; eine Rotte von Menschen, nicht wert, den Namen Deutscher zu tragen, wagt es, das deutsche Volk zu schmähen, wagt es, die uns geheiligte Person des allverehrten verewigten Kaisers in den Staub zu ziehen. Möge das gesamte Volk die Kraft finden, die unerhörten Angriffe zurückzuweisen! Geschieht es nicht, dann rufe Ich Sie, um der hochverräterischen Schar zu wehren, um einen Kampf zu führen, der uns befreit von solchen Elementen.

Die Reden Kaiser Wilhelms II. 1888–1895, Leipzig 1913, S. 314 ff.

**M 6 Am 2. September 1895,** Fotografie von 1895

*b) Kommentar der Zeitung Münchener Neueste Nachrichten:*

Zum ersten Male findet das nichtswürdige Gebahren, das nun schon so lange Tag für Tag die edelsten Empfindungen, die tiefsten Gefühle und die teuersten Überlieferungen des deutschen Volkes mit der giftigen Jauche des gemeinsten sozialdemokratischen Jargons übergießt und die gesammte anständige Presse zur Abwehr mit blutigen Hieben herausfordert, auch an offizieller Stelle die wohlverdiente Kennzeichnung und Brandmarkung. [...]

Münchener Neueste Nachrichten, 4.9.1895, Vorabendblatt, S. 1.

*c) Kommentar der Münchner Post*

Der Kaiser hat am Skt. Sedan nebst anderen erlassenen Kundgebungen auch eine interessante Rede gehalten. [...]
Auf die Auslassungen des Monarchen zu entgegnen verbietet bekanntlich das Strafgesetzbuch und es ist eben nur ein Zeichen der Zeit, wenn die sich anständig nennende bürgerliche Presse den Wortlaut der Kaiserrede nicht nur triumphierend gegen uns ins Feld führt, sondern dieselbe auch noch in geschmacklosester Weise zu fruktifizieren [zu verbreiten] bemüht ist. [...]
Das ist ein Eiertanz. Derartiges ist dummes, plumpes Getrampel, wie man es vom Weltblatt und seinem Anhang übrigens gewohnt ist. Man scheint dort immer zu vergessen, dass „die Rotte von Menschen, die nicht wert sind, den Namen Deutscher zu tragen", stärkste politische Partei im Reiche ist.

Münchener Post, 5.9.1895, S. 3.

### M 7 100 Jahre nach der Gründung

*Der deutsche Bundespräsident Gustav Heinemann hielt 1971 folgende Rede:*

Unsere Geschichte ist in vieler Hinsicht anders verlaufen als die unserer Nachbarn. Man hat uns eine „verspätete Nation" genannt.
In der Tat haben wir unsere nationale Einheit 1871 später und unvollkommener erlangt als andere Nationen. Der Ruf nach Einheit erhob sich in den Befreiungskriegen gegen Napoleon, bei den unruhigen Studenten auf dem Wartburgfest 1817, in der großartigen Volksfeier 1832 auf dem Hambacher Schloss und sonderlich im Sturm und Drang der Jahre 1848/49. Aber ein jedes Mal wurde der Ruf von jenen Dutzenden von Fürstenstaaten erstickt, in die Deutschland zerrissen blieb.

Als das Deutsche Reich vor 100 Jahren in Versailles ausgerufen wurde, war keiner von den 1848ern zugegen. Ja, Männer wie August Bebel und Wilhelm Liebknecht und andere Sozialdemokraten, die sich gegen den nationalistischen Übermut des Sieges über Frankreich geäußert hatten, saßen in Gefängnissen. Um den Kaiser standen in Versailles allein die Fürsten, die Generäle, die Hofbeamten, aber keine Volksvertreter.

Die Reichsgründung hatte die Verbindung von demokratischem und nationalem Wollen zerrissen. Sie hat das deutsche Nationalbewusstsein einseitig an die monarchisch-konservativen Kräfte gebunden, die in den Jahrzehnten vorher dem demokratischen Einheitswillen hartnäckig im Wege gestanden hatten.

Für unsere französischen Nachbarn war es eine tiefe Demütigung, dass unser Nationalstaat in ihrem Lande ausgerufen und ihnen zugleich Elsass-Lothringen weggenommen wurde. Diese Demütigung konnte Frankreich nicht vergessen.

Gustav W. Heinemann, Reden und Interviews, hrsg. v. Presse- und Informationsamt der Bundesregierung, Bd. 2, Bonn 1971

## Aufgaben

1. a) Stelle die Informationen zu Bismarck zusammen.
   b) Ergänze die Angaben im Buch durch weitere Informationen aus Lexika oder dem Internet.
   → Text, Lexikon oder Internet
2. Erstelle eine Tabelle der Ereignisse, die zur Gründung des deutschen Kaiserreichs führten.
   → Text
3. a) Erschließe, welche Einstellung zur Reichsgründung in den Zeugnissen der Zeitgenossen zum Ausdruck kommt.
   b) Formuliere eine mögliche Gegenposition in einem Antwortbrief.
   → M4
4. a) Weshalb findet es Kaiser Wilhelm II. wichtig, den Sedantag zu feiern?
   b) Gegen wen richtet sich seine Kritik im vorletzten Absatz?
   c) Stelle dar, wie die Münchener Neuesten Nachrichten die Rede des Kaisers beurteilen.
   d) Erläutere die Aussage „Auf die Auslassungen des Monarchen zu entgegenen verbietet bekanntlich das Strafgesetzbuch".
   e) Wie kommentiert die Münchner Post die Beurteilung der Münchner Neuesten Nachrichten?
   → M5, M6
5. a) Erläutere die im Text vom Bundespräsidenten Gustav Hein emann 1971 genannten historischen Ereignisse.
   b) Weshalb war Deutschland in Heinemanns Augen eine „verspätete Nation"?
   c) „Die Reichsgründung hatte die Verbindung von demokratischem und nationalem Wollen zerrissen". Was meinte der damalige Bundespräsident mit diesem Satz?
   → M7
6. „Können einzelne Personen Geschichte machen?" Welche Antwort gibt der Text auf diese Frage? → Text

1. Kaiser Wilhelm I.
2. Großherzog von Baden
3. Otto von Bismarck
4. Kriegsminister Roon (Vertrauter Bismarcks; bei der Zeremonie wegen Krankheit nicht anwesend)
5. Gruppe der Offiziere
6. Kaiserwappen und Krone
7. Gruppe der einfachen Soldaten
8. Kronprinz Friedrich

11242E

**M 1 Die Proklamierung des deutschen Kaiserreiches**
Holzstich von Anton von Werner, um 1880

**M 2 Die Proklamierung des deutschen Kaiserreiches,** Gemälde von Anton von Werner, 1885

## Historienbilder - Bilder aus der Geschichte

Bilder, die Szenen aus der Geschichte darstellen, waren im 19. Jahrhundert besonders geschätzt. Diese Werke der so genannten Historienmalerei fanden weite Verbreitung: Als Gemälde von beträchtlicher Größe schmückten solche Bilder öffentliche Gebäude oder illustrierten als Schwarz-Weiß-Abbildungen Bücher und Zeitschriften. Gemeinsam war ihnen, dass sie bedeutsame historische Ereignisse möglichst genau darstellten, sodass der Eindruck einer fotografischen Wiedergabe entstand.

Ein auch heute noch berühmtes Historienbild ist „Die Proklamierung des deutschen Kaiserreiches“ von Anton von Werner (1843–1915), der in Deutschland als Maler hoch angesehen war. Er war am 18. Januar 1871 in Versailles bei der Ausrufung des deutschen Kaiserreichs anwesend, mithin Augenzeuge der damaligen Ereignisse. In den folgenden Jahren erstellte er mehrere Fassungen, die in Berlin an herausgehobenen Stellen öffentlicher Gebäude angebracht wurden.

Während der Holzstich als Illustration in Büchern Verwendung fand, war das Gemälde aus dem Jahr 1885 als Geburtstagsgeschenk des Kaisers für Otto von Bismarck gedacht. Der Vergleich der beiden Darstellungen zeigt deutliche Unterschiede. Dies ist umso verwunderlicher, als beide Bilder vom selben Maler stammen, der überdies Augenzeuge der Ereignisse war.

## Fragen an bildliche Quellen

**1. Entstehung des Bildes**

a) Wer hat das Gemälde in Auftrag gegeben, wer den Holzstich?
b) Für welchen Zweck waren die Bilder gedacht?
c) Lassen sich Hinweise auf die Entstehung in den Bildern entdecken?

**1. Beschreibung der Bilder**

a) Suche die im oberen Bild gekennzeichneten Personen auf der unteren Darstellung. Vergleiche deren jeweilige Position.
b) Informiere dich mit Hilfe eines Lexikons über die dargestellten Personen.
c) Wer steht jeweils im Mittelpunkt des Bildes?
d) Untersuche, ob im unteren Bild auch einfache Soldaten dargestellt sind.
e) Welche Perspektive hat der Maler jeweils gewählt?
f) Beschreibe die auf den Bildern dargestellte Stimmung.
g) Vergleiche die Architektur. Ist derselbe Raum dargestellt?

**1. Deutung des Bildes**

a) Überlege, ob es sich bei den Bildern um wirklichkeitsgetreue Abbildungen des Ereignisses handelt.
b) Wer wird auf den Bildern als „Reichsgründer" dargestellt?
c) Wird die Reichsgründung als Ereignis der deutschen oder der preußischen Geschichte dargestellt?

# Zwischen Demokratie und Obrigkeitsstaat

**Die Reichsverfassung**

Das 1871 im Spiegelsaal des Versailler Schlosses gegründete deutsche Kaiserreich war der erste deutsche Nationalstaat mit einer Verfassung, denn der Entwurf der Revolution von 1848 trat nie in Kraft. Die Basis bildete vielmehr die Verfassung des 1866 errichteten Norddeutschen Bundes. Der neue Staat galt als Bündnis der Fürsten der Einzelstaaten und nicht – wie 1848/49 – als Ausdruck des Volkswillens. Insofern besaßen die Bundesstaaten des neuen Reichs große Selbstständigkeit. Preußen erhielt eine Sonderstellung: Der preußische König war zugleich deutscher Kaiser, der preußische Ministerpräsident zugleich Reichskanzler, und im Bundesrat, der Vertretung der Staaten, hatte Preußen entscheidenden Einfluss.

Der Reichstag bildete innerhalb der Reichsverfassung die Vertretung des Volkes. Seine Abgeordneten wurden in freier, gleicher und geheimer Wahl von allen Männern ab 25 Jahren gewählt. Dies war im europäischen Vergleich sehr fortschrittlich. Gewählt wurde nach dem Mehrheitswahlrecht, das heißt, dass das gesamte Reich in Wahlkreise eingeteilt wurde: Gewählt war nur derjenige, der die Mehrheit der Stimmen in einem Wahlkreis auf sich vereinigte. Die Stimmen der unterlegenen Kandidaten spielten für die Zusammensetzung des Reichstags keine Rolle mehr.

M 1

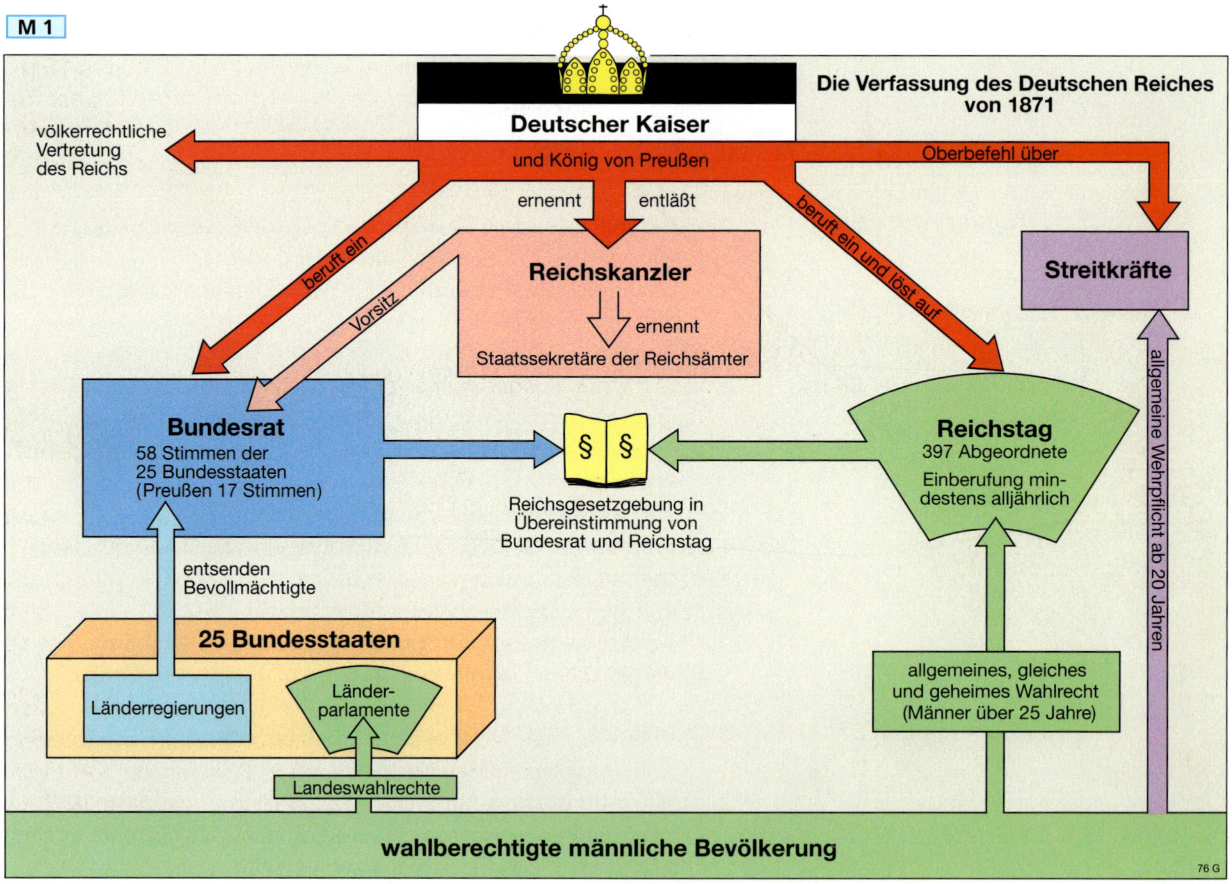

**M 2** **Nationalflagge und Reichskriegsflagge**
Die Nationalflagge des Kaiserreichs bestand aus den Farben Preußens (Schwarz-Weiß) und der alten Reichsstädte. Im Kriegsfall wehte die Reichskriegsflagge mit Eisernem Kreuz und Reichsadler.

**M 3** **Reichsadler**
Das Wappen des Deutschen Reichs war der Reichsadler mit preußischem Wappenschild und der Krone des Heiligen Römischen Reiches Deutscher Nation.

Auf die Regierungsbildung hatte der Reichstag keinen Einfluss, da der Reichskanzler allein vom Kaiser berufen oder entlassen wurde und nur ihm verantwortlich war. Außerdem konnte der Kaiser den Reichstag jederzeit auflösen und Neuwahlen anberaumen.

Der Reichstag besaß jedoch das Recht der Gesetzesinitiative und musste jedem Reichsgesetz, besonders dem für die Regierung wichtigen Haushalt, zustimmen. Als beschlossen galt ein Gesetz aber nur, wenn der Bundesrat – die Vertretung der deutschen Fürsten – ebenfalls zugestimmt hatte. Um Gesetze verabschieden zu können, war der Reichskanzler auf die Mehrheit des Reichstags angewiesen, die er sich immer wieder neu suchen musste.

Zudem wurden die öffentlichen Debatten im Reichstag für die politische Meinungsbildung in Deutschland immer wichtiger. Die öffentliche Meinung, die etwa in Zeitungen zum Ausdruck kam, beeinflusste politische Entscheidungen immer stärker. Der Bundesrat, der formal ein starkes Mitspracherecht hatte, trat demgegenüber im Bewusstsein der Bevölkerung in den Hintergrund.

## Die politischen Parteien

In den Parlamenten der Bundesstaaten schlossen sich Abgeordnete gleicher politischer Meinung zu Gruppen zusammen. Es handelte sich dabei um lockere Verbindungen einflussreicher und in der Bevölkerung angesehener Persönlichkeiten – so genannte „Honoratioren“. Diese Honoratiorenparteien besaßen jedoch keine Parteiorganisation. Erst nach und nach kam es zu einer intensiveren Zusammenarbeit über die Grenzen der Einzelstaaten hinweg, da die Notwendigkeit bestand, reichsweit aufzutreten, um bei Reichstagswahlen Erfolg zu haben.

So entwickelten sich allmählich im gesamten Deutschen Reich einheitliche Parteien. Bemerkenswert ist, dass die Parteien stärker als heute Interessen bestimmter Bevölkerungsgruppen vertraten. Die Bereitschaft zur Zusammenarbeit zwischen den Parteien war deshalb nicht besonders ausgeprägt.
Hier die wichtigsten politischen Richtungen im Kaiserreich:

- *Die Liberalen* forderten den Schutz der Bürgerrechte, politische Mitsprache der Bevölkerung in einem deutschen Nationalstaat sowie möglichst große Freiheit im wirtschaftlichen Bereich. Unter dem Eindruck von Bismarcks Reichseinigung spaltete sich die liberale Bewegung aber in zwei Richtungen. Während den Linksliberalen die demokratischen Rechte des Volkes besonders am Herz lagen und sie Bismarck eher ablehnend gegenüber standen, rückte bei den Nationalliberalen die Forderung nach nationaler Größe in den Mittelpunkt. Sie waren zu einer Zusammenarbeit mit dem Reichskanzler bereit. Die liberalen Parteien fanden vor allem im Bildungs- und Besitzbürgertum Anhänger.
- *Die Konservativen* organisierten sich nur notgedrungen als Partei, da sie der Demokratie skeptisch gegenüber standen und Parlamente als Entscheidungsorgane eigentlich ablehnten. Sie setzten vielmehr auf die alleinige Regierungsgewalt des Monarchen. Ihre Wähler waren Adlige, aber auch traditionell königstreu eingestellte Bevölkerungsschichten.

- *Das Zentrum* war die Partei der Katholiken. Es verdankte seine Gründung den konfessionellen Verhältnissen im Kaiserreich, denn nach dem Ausschluss Österreichs stellten die Katholiken nur etwa ein Drittel der Bevölkerung. Außerdem war Preußen als führender Einzelstaat protestantisch geprägt. In dieser Situation schlossen sich Katholiken aus allen Schichten im Zentrum zusammen, um für ihre Rechte und Überzeugungen und gegen den scheinbar übermächtigen Protestantismus einzutreten.
- *Die Sozialdemokraten* organisierten sich im Zuge der Industrialisierung als eigene Partei und vertraten die immer größer werdende Arbeiterschicht. Seit 1891 hieß sie „Sozialdemokratische Partei Deutschlands“ (SPD). Ihr Ziel war es, die soziale Situation der Arbeiterschaft zu verbessern und dem Volk größere demokratische Mitsprache zu sichern. In Anknüpfung an die Theorien von Karl Marx lehnten die Sozialdemokraten die Gesellschaftsordnung des Kaiserreichs grundsätzlich ab und setzen zeitweise auf eine revolutionäre Veränderung der Gesellschafts- und Wirtschaftsordnung.

Die Parteien des Kaiserreichs unterschieden sich also sehr stark von denjenigen, die heute in Deutschland Politik betreiben. Allerdings bestimmen die drei großen politischen Grundrichtungen, nämlich die liberale, die christlich-konservative und die sozialdemokratische, bis heute die deutsche Politik.

**Politische Verbände und Vereine**

Neben den Parteien entwickelten sich im Kaiserreich bald Vereine, die die politischen Interessen ihrer Mitglieder vertraten. So organisierten sich die Arbeiter in Gewerkschaften, um ihre Interessen gegen die Unternehmer durchzusetzen. Um 1900 gehörte die deutsche Gewerkschaftsbewegung bereits zu den größten der Welt. Auch die Unternehmer hatten eigene Verbände. Darüber hinaus schlossen sich viele weitere Interessengruppen zusammen, seien es die Landwirte, die Angestellten, die Frauen oder die Lehrer. Sowohl die Entwicklung der Parteien als auch der politischen Vereine zeigt, dass sich im Verlauf des Kaiserreichs immer mehr Menschen für politische Zusammenhänge interessierten und versuchten, ihre eigenen Interessen durchzusetzen. Deutschland wurde „politisiert“.

**Der „Obrigkeitsstaat“**

Ein zentraler Unterschied zwischen dem Kaiserreich und dem heutigen Deutschland bestand in der Einstellung der Bevölkerung zum Staat. Im Kaiserreich galt die „Obrigkeit“ – d.h. die Repräsentanten des Staates – als höchste Autorität, deren Entscheidungen man unwidersprochen hinzunehmen hatte. Hohe Wertschätzung besaß auch das Militär, das in der preußischen Geschichte und bei der deutschen Einigung eine wichtige Rolle gespielt hatte.

Disziplin, Ordnung und Gehorsam galten daher als wichtige Werte. So war es im Kaiserreich unvorstellbar, die Notengebung eines Lehrers anzuzweifeln. Trotz demokratischer Ansätze in der Reichsverfassung und der Politisierung größerer Bevölkerungskreise bestimmten kritiklose Unterordnung unter die staatliche Autorität und die Bewunderung alles Militärischen das politische Klima im Kaiserreich.

**M 4 Obrigkeitsstaat**
Ein ostelbischer Junker zu seinen Dorfbewohnern nach der Wahl: „Es ist eine liberale Stimme abgegeben worden. Der Schulmeister kriegt von heute ab keine Kartoffeln mehr.“
Zeitgenössische Karikatur

M 5

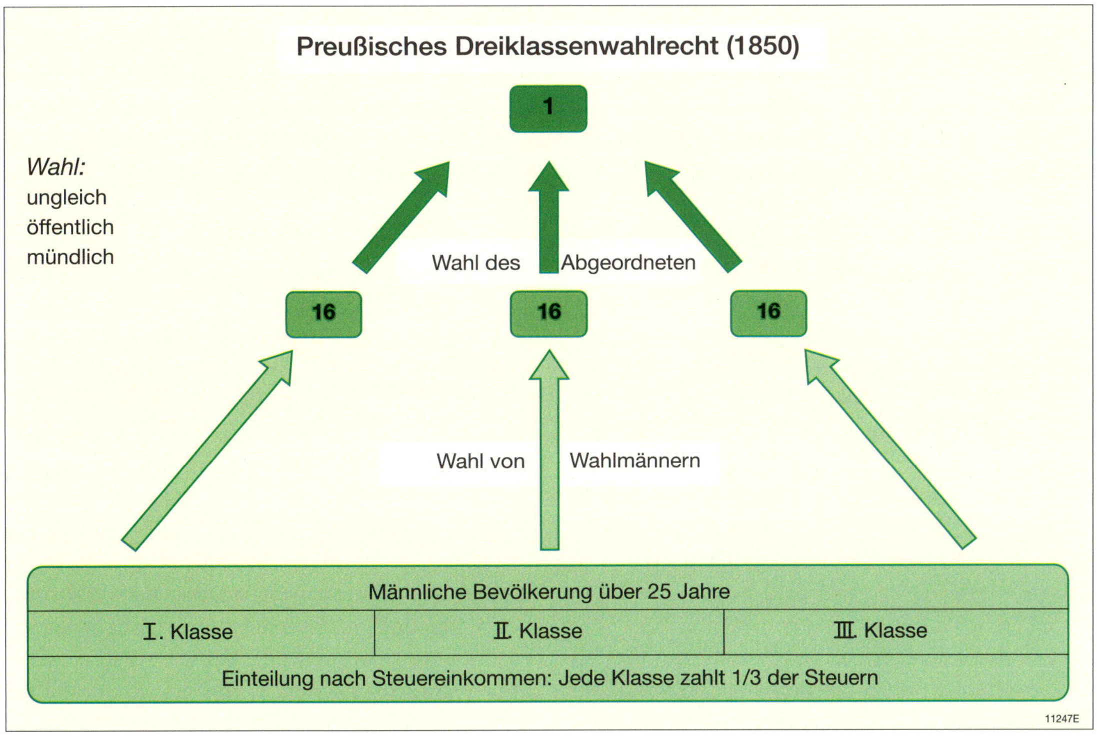


## M 6 Dreiklassenwahlrecht in Preußen

*Der sozialdemokratische Abgeordnete Leinert äußerte sich am 20. Mai 1912 im preußischen Landtag über das Dreiklassenwahlrecht:*

Wenn man aber danach fragt, wo die Mehrheit der Wähler steht, ob auf Seiten derjenigen, die den Antrag der freisinnigen Volkspartei unterstützen oder ob auf Seiten derjenigen, die sich gegen jede Änderung des Dreiklassenwahlrechts aussprechen, so ist festzustellen, dass die Sozialdemokraten rund – ich nenne nur runde Zahlen – 600 000 Stimmen, das Zentrum eine halbe Million, die Fortschrittler 120 000, Polen und Dänen 225 000 Stimmen, bei der letzten Wahl zum preußischen Abgeornetenhause insgesamt rund 1 450 000 Stimmen erhalten haben.

Dagegen stehen gegen dieses Reichstagswahlrecht die Konservativen mit 355 000, die Freikonservativen mit – 63 000, die Nationalliberalen mit 318 000 und der Bund der Landwirte und Antisemiten mit 24 000 Stimmen gegen dieses allgemeine, gleiche, geheime und direkte Wahlrecht; sie haben zusammen 760 000 Stimmen.

Also zwei Drittel der Wähler hat sich für das allgemeine, gleiche, geheime und direkte Wahlrecht erklärt, ein Drittel ist dagegen. Aber dieses eine Drittel der Wähler sendet 279 Abgeordnete hierher [in den preußischen Landtag], und die zwei Drittel Wähler für das allgemeine Wahlrecht senden nur 164 Abgeordnete hierher; darunter sind die 104 Abgeordneten des Zentrums mit eingerechnet. Das ist doch eine Fälschung des Volkswillens, wie sie in keinem anderen Parlamente der Welt wieder anzutreffen ist. […]

Ach, Herr v. d. Osten, gehen Sie mal mit uns in die Versammlungen, gehen Sie mal hinunter ins Volk, dahin, wo man das Dreiklassenwahlrecht fühlt, und verteidigen Sie einmal dort Ihre Grundsätze. Sie werden sehen, wie weit Sie damit kommen. […]

Was wollen Sie denn tun gegenüber diesem ständigen Wachsen der Erbitterung und Empörung draußen im Volke? Worauf können Sie sich berufen, dass Sie hier sitzen, um schließlich der Empörung des Volkes „entgegenzuarbeiten" durch Lässigkeit in der Wahlrechtsfrage?

Sie können sich doch nur darauf berufen, dass Sie hier in einem Parlament sitzen, das durch einen Staatsstreich gegen des Willen des Volkes zur Verminderung der Rechte des Volkes eingeführt worden ist.

Fenske, Hans (Hg.), Unter Wilhelm II. 1890–1918, Darmstadt 1982, S. 318 f.

**M 7 Zentrum**

*Aus dem Programm vom 30. Juni 1870:*

1. Unversehrte Aufrechterhaltung der durch die preußische Verfassungsurkunde gewährleisteten Selbstständigkeit der Kirche in Ordnung und Verwaltung ihrer Angelegenheiten, insbesondere auch hinsichtlich der Bildung und Entwicklung kirchlicher Gesellschaften.
2. Abwehrung aller gegen den konfessionellen Charakter des Volksunterichtes gerichteten Bestrebungen und Angriffe zur Sicherung des heiligsten Rechts der christlichen Familie, sowie endliche Verwirklichung der verfassungsmäßig verheißenen Unterrichtsfreiheit.

Treue, W., Deutsche Parteiprogramme, Göttingen 1968, S. 70.

**M 8 Monarchisch-Nationale Reichspartei**

*Aus dem Programm vom 14. Mai 1872:*

Die Konservative Partei ist ihrem politischen Grundgedanken nach die monarchisch-nationale Partei. Als solche sieht sie in einer starken kaiserlichen Gewalt und in der weiteren staatlichen Ausbildung und Ausstattung des das deutsche Fürstentum sowie den Staatsgedanken des Deutschen Reiches repräsentierenden Bundesrates die Bürgschaft für die Einheit des Reiches und die gedeihliche Fortentwicklung und Selbstständigkeit seiner Glieder. Demgemäß wird sie den Bestrebungen entgegentreten, welche einerseits auf die Herrschaft parlamentarischer Majoritäten hinzielen und welche andererseits [...] das Reich zum Einheitsstaat zu verkümmern trachten.

Treue, W., Deutsche Parteiprogramme, Göttingen 1968, S. 73.

**M 9 Sozialdemokratische Arbeiterpartei**

*Aus dem Gothaer Programm von Mai 1875:*

II. Von diesen Grundsätzen ausgehend, erstrebt die sozialistische Arbeiterpartei Deutschlands mit allen gesetzlichen Mitteln den freien Staat und die sozialistische Gesellschaft, die Zerbrechung des ehernen Lohngesetzes durch Abschaffung des Systems der Lohnarbeit, die Aufhebung der Ausbeutung in jeder Gestalt, die Beseitigung aller sozialen und politischen Ungleichheit. Die sozialistische Arbeiterpartei Deutschlands, obgleich zunächst im nationalen Rahmen wirkend, ist sich des internationalen Charakters der Arbeiterbewegung bewusst und entschlossen, alle Pflichten, welche derselbe den Arbeitern auferlegt, zu erfüllen, um die Verbrüderung aller Menschen zur Wahrheit zu machen. Die sozialistische Arbeiterpartei Deutschlands fordert, um die Lösung der sozialen Frage anzubahnen, die Errichtung von sozialistischen Produktionsgenossenschaften mit Staatshilfe unter der demokratischen Kontrolle des arbeitenden Volkes. Die Produktivgenossenschaften sind für Industrie und Ackerbau in solchem Umfange ins Leben zu rufen, dass aus ihnen die sozialistische Organisation der Gesamtarbeit entsteht.

Treue, W., Deutsche Parteiprogramme, Göttingen 1968, S. 76.

**M 10 Nationalliberale Partei**

*Aus dem Programm vom 29. Mai 1881:*

Die Nationalliberale Partei steht in unverbrüchlicher Treue zu Kaiser und Reich. Bei voller Wahrung der verfassungsmäßigen Rechte der Einzelstaaten wird sie nach wie vor der weiteren Entwicklung der Reichsinstitutionen in nationalem und freiheitlichem Sinne ihre Dienste widmen.
[...] Alle Bestrebungen, gleichviel von welcher Seite sie kommen, welche auf die Schmälerung der verfassungsmäßigen Rechte der Volksvertretung und auf die Rückkehr zu abgestorbenen Formen unseres wirtschaftlichen Lebens gerichtet sind, wird die Partei mit Entschiedenheit bekämpfen.

Treue, W., Deutsche Parteiprogramme, Göttingen 1968, S. 78.

**M 11 Deutsche Freisinnigen Partei**

*Aus dem Programm vom 5. März 1884:*

I. Entwicklung eines wahrhaft konstitutionellen Verfassungslebens in gesichertem Zusammenwirken zwischen Regierung und Volksvertretung und durch gesetzliche Organisation eines verantwortlichen Reichsministeriums. Abwehr aller Angriffe auf die Rechte der Volksvertretung, insbesondere Aufrechterhaltung der einjährigen Finanzperiode, der jährlichen Einnahmebewilligung, der Redefreiheit.
II. Wahrung der Rechte des Volkes: Erhaltung des geheimen, allgemeinen, gleichen und direkten Wahlrechts; Sicherung der Wahlfreiheit, insbesondere auch durch Bewilligung von Diäten: Press-, Versammlungs-, Vereinsfreiheit; Gleichheit vor dem Gesetz ohne Ansehen der Person und der Partei; volle Gewissens- und Religionsfreiheit.

Treue, W., Deutsche Parteiprogramme, Göttingen 1968, S. 85.

**Wahlen zum Reichstag 1871 bis 1912**

| Wahl | Wahlbeteiligung (in %) | Konservative | | Liberale | | Zentrum | | Sozialdemokraten | |
|---|---|---|---|---|---|---|---|---|---|
| | | Stimmen-anteil (in%) | Anzahl der Sitze | Stimmen-anteil (in%) | Anzahl der Sitze | Stimmen-anteil (in%) | Anzahl der Sitze | Stimmen-anteil (in%) | Anzahl der Sitze |
| 1871 | 50,78 | 23,0 | 94 | 46,6 | 202 | 18,6 | 63 | 3,2 | 2 |
| 1874 | 60,89 | 14,1 | 55 | 39,7 | 208 | 27,9 | 91 | 6,8 | 9 |
| 1877 | 60,39 | 17,6 | 78 | 38,2 | 180 | 24,8 | 93 | 9,1 | 12 |
| 1878 | 63,14 | 26,6 | 116 | 33,6 | 138 | 23,1 | 94 | 7,6 | 9 |
| 1881 | 56,08 | 23,7 | 78 | 37,8 | 162 | 23,2 | 100 | 6,1 | 12 |
| 1884 | 60,35 | 22,1 | 106 | 36,9 | 125 | 22,6 | 99 | 9,7 | 24 |
| 1887 | 77,19 | 25,0 | 121 | 36,4 | 131 | 20,1 | 98 | 10,1 | 11 |
| 1890 | 71,25 | 19,1 | 93 | 34,3 | 118 | 18,8 | 106 | 19,8 | 35 |
| 1893 | 72,20 | 19,2 | 100 | 27,8 | 101 | 19,1 | 96 | 23,3 | 44 |
| 1898 | 67,76 | 15,5 | 79 | 23,6 | 95 | 18,8 | 102 | 27,2 | 56 |
| 1903 | 75,78 | 13,5 | 75 | 23,2 | 87 | 19,8 | 100 | 31,7 | 81 |
| 1907 | 84,35 | 13,6 | 84 | 25,4 | 103 | 19,4 | 105 | 28,9 | 43 |
| 1912 | 84,53 | 12,2 | 57 | 26,1 | 87 | 16,4 | 91 | 34,8 | 110 |

Quelle: Gerhard A. Ritter (Hg.), Das Deutsche Kaiserreich 1871 - 1914, Göttingen 1977, S. 78g. 11273E

M 12

## Aufgaben

1. a) Nenne die Befugnisse von Kaiser, Reichkanzler, Reichstag und Bundesrat.
   b) Welches der vier Verfassungsorgane ist deiner Meinung nach das wichtigste? Begründe.
   w→ Text, M1
2. a) Erläutere den Begriff „Honoratiorenpartei".
   b) Erstelle eine Tabelle, in der du den einzelnen politischen Richtungen die entsprechenden Ziele zuordnest.
   c) Informiere dich über die heute im Bundestag vertretenen Parteien und versuche, sie den damaligen politischen Richtungen zuzuordnen.
   → Text, M7–M11
3. a) Erläutere, wie das Dreiklassenwahlrecht funktionierte.
   b) Vergleiche das preußische Dreiklassenwahlrecht mit dem für den Reichstag gültigen Wahlrecht.
   c) Informiere dich, worin sich das heute für den Bundestag gültige Wahlrecht vom Wahlrecht für den Reichstag unterscheidet.
   d) Fasse die zentralen Punkte der Kritik des SPD-Abgeordneten zusammen.
   → M5, M6
4. a) Erläutere, was man unter Wahlbeteiligung versteht.
   b) Untersuche, wie sich die Wahlbeteiligung im Lauf der Zeit verändert hat. Was lässt sich daraus schließen.
   c) Erstelle ein Diagramm, in das du die Wahlergebnisse der einzelnen politischen Richtungen einträgst. Trage auf der x-Achse die Jahreszahlen ein und auf der y-Achse den Prozentanteil der Stimmen.
   d) Erstelle ein Diagramm, in das du die Wahlergebnisse der einzelnen politischen Richtungen einträgst. Trage auf der x-Achse die Jahreszahlen ein und auf der y-Achse die Anzahl der Sitze.
   e) Welche Hauptentwicklungen kannst du bei den Wahlergebnissen der einzelnen politischen Richtungen erkennen? → M12

# Die Innenpolitik im Zeitalter Bismarcks

**M 1** **Bismarck als Steuermann**
Karikatur von 1879

## Die Rolle Bismarcks

Nach der Reichsgründung spielte Bismarck bis zum Jahr 1890 als Reichskanzler und preußischer Ministerpräsident eine entscheidende politische Rolle. Von Kaiser Wilhelm I. eingesetzt und nur diesem verantwortlich, besaß er einen großen Entscheidungsspielraum. Allerdings brauchte er nach der Verfassung eine Mehrheit im Reichstag, um Gesetze und den wichtigen Haushalt beschließen zu können. In der täglichen Politik musste er sich also im Reichstag die notwendigen Stimmen beschaffen.

Seine Strategie bestand darin, die Parteien einerseits mit lockenden Angeboten zur Zusammenarbeit zu veranlassen, ihnen aber andererseits mit Nachteilen zu drohen, wenn sie sich seiner Politik verweigerten. Diese Politik von „Zuckerbrot und Peitsche" erwies sich als sehr wirkungsvoll. Die Parteien, die sich einer Zusammenarbeit verweigerten, erklärte er zu „Reichsfeinden". Besonders das Zentrum und die Sozialdemokratie betrachtete er als gefährlich für den Bestand des Kaiserreichs.

## Der Kampf gegen die Katholiken

Erste Opfer von Bismarcks Strategie wurden gleich nach der Reichsgründung die katholische Kirche und die Zentrumspartei, die politische Vertretung des deutschen Katholizismus. Er unterstellte ihnen, im Zweifelsfall nicht loyal zum neuen Kaiserreich zu stehen, sondern sich an der Autorität des Papstes zu orientieren, also dem neuen Staat ablehnend gegenüberzustehen.

Angesichts der nationalen Begeisterung, die zur Zeit der Reichsgründung aufflammte, war dies ein ungeheuerer Vorwurf. Zu beachten ist, dass die Kirche damals großen Einfluss auf die Gläubigen ausübte und das Wort des Pfarrers gerade in ländlichen Gebieten auch im politischen Bereich viel galt. Die liberalen Abgeordneten im Reichstag unterstützen diese Politik, da sie für eine strikte Trennung von Kirche und Staat eintraten.

Eine Reihe von Maßnahmen sollte den Einfluss der katholischen Kirche einschränken. Es kam zum Kulturkampf. So wurde in Preußen den Kirchen die Aufsicht über die Schulen entzogen und dem Staat übertragen. Ab 1874 hatte im ganzen Reich nur die auf dem Standesamt geschlossene Ehe Gültigkeit; die kirchliche Ehe wurde damit zur Privatangelegenheit. Der so genannte „Kanzelparagraph" verbot den Pfarrern, in Predigten staatliche Angelegenheiten „in einer den öffentlichen Frieden gefährdenden Weise" zu erörtern.

**M 2** **Bismarck im Reichstag**
Gemälde von 1888

Gerade Preußen legte diese Vorschrift sehr streng aus und zeitweise waren alle katholischen Bischöfe Preußens entweder in Haft oder ins Ausland geflohen. Das „Klostergesetz" verbot die Niederlassung aller geistlichen Orden mit Ausnahme reiner Krankenpflegeorden. Der als besonders gefährlich angesehene Jesuitenorden wurde ganz verboten, seine Mitglieder aus dem Reich ausgewiesen.

Dennoch oder gerade deshalb wurde die Zentrumspartei bei den Reichstagswahlen immer stärker, während die Liberalen, die den antikatholischen Kurs Bismarcks unterstützten, abnahmen.

## Die Wende 1878

Der begrenzte Erfolg des „Kulturkampfes" und wirtschaftspolitische Fragen führten 1878 zu einem politischen Kurswechsel. Zum Schutz der Landwirtschaft vor ausländischer Konkurrenz wurde die Einführung von Schutzzöllen diskutiert. Bei der Einfuhr nach Deutschland hätte ein vom Staat festgesetzter Betrag den Preis der ausländischen Waren so verteuert, dass deutsche Produkte noch konkurrenzfähig blieben. Dies forderten vor allem die Konservativen, während die Liberalen für den freien Handel eintraten. Zwei Attentate auf Kaiser Wilhelm I., für die Bismarck die Sozialdemokraten verantwortlich machte, boten ihm die Gelegenheit, den Reichstag aufzulösen und Neuwahlen anzusetzen. Diese brachten ihm die gewünschte Mehrheit für seine neue Politik.

Aufgrund dieser neuen politischen Situation beendete Bismarck den Kulturkampf durch Zugeständnisse an die katholische Kirche. Die Zivilehe, der „Kanzelparagraph" und die staatliche Schulaufsicht blieben zwar erhalten, doch verzichtete Bismarck auf eine weitere Verfolgung der katholischen Kirche.

## Der Kampf gegen die Sozialdemokraten

Als neue „Reichsfeinde" galten nun die Sozialdemokraten. Zwar war deren Stimmanteil bei den Reichstagswahlen um 1870 noch gering, doch galten Funktionäre und Wähler dieser Partei als revolutionäre Staatsfeinde. Die Attentate im Frühjahr 1878 waren Anlass für das „Gesetz wider die gemeingefährlichen Bestrebungen der Sozialdemokratie", das Sozialistengesetz, das weit reichende Maßnahmen der Überwachung und Kontrolle vorsah. So wurden politische Versammlungen überwacht und oft verboten. Auch kam es zur Zensur sozialdemokratischer Zeitungen und Zeitschriften. Die Partei selbst wurde jedoch nicht verboten und konnte weiterhin an Reichstagswahlen teilnehmen.

Neben der „Peitsche" der Sozialistengesetze bot der Reichskanzler den Arbeitern auch ein „Zuckerbrot". Um die soziale Lage der Arbeiter zu verbessern, führte Bismarck eine neue Sozialgesetzgebung ein: 1883 die Krankenversicherung der Arbeiter, 1884 die Unfallversicherung und 1889 die Alters- und Invaliditätsversicherung. Sowohl Arbeitgeber als auch Arbeitnehmer zahlten in die Sozialversicherungen ein. Obwohl die Leistungen dieser Versicherungen noch gering blieben, war eine derartige Absicherung der Arbeiter durch den Staat neu und beispielhaft. Bismarcks Ziel indes, die Arbeiter der Sozialdemokratischen Partei zu entfremden, misslang. Seit 1880 nahm der Stimmanteil der Sozialdemokraten ständig zu. 1890 wurde das Sozialistengesetz schließlich nicht mehr verlängert.

**M 3 „Der Lotse geht von Bord"**
Karikatur aus der englischen Zeitschrift „Punch" von 1890

## Der Rücktritt Bismarcks

Als Wilhelm I. 1888 starb, trat sein Sohn Friedrich die Nachfolge an. Nach dessen Tod noch im selben Jahr folgte Wilhelm II. Dieses Drei-Kaiser-Jahr läutete das Ende der Ära Bismarck ein. Der junge Kaiser hatte nicht nur andere politische Vorstellungen als der alte Reichskanzler, sondern wollte die Politik stärker bestimmen als seine Vorgänger. Der Konflikt zwischen Wilhelm und Bismarck endete 1890 mit dem Rücktritt des Reichskanzlers.

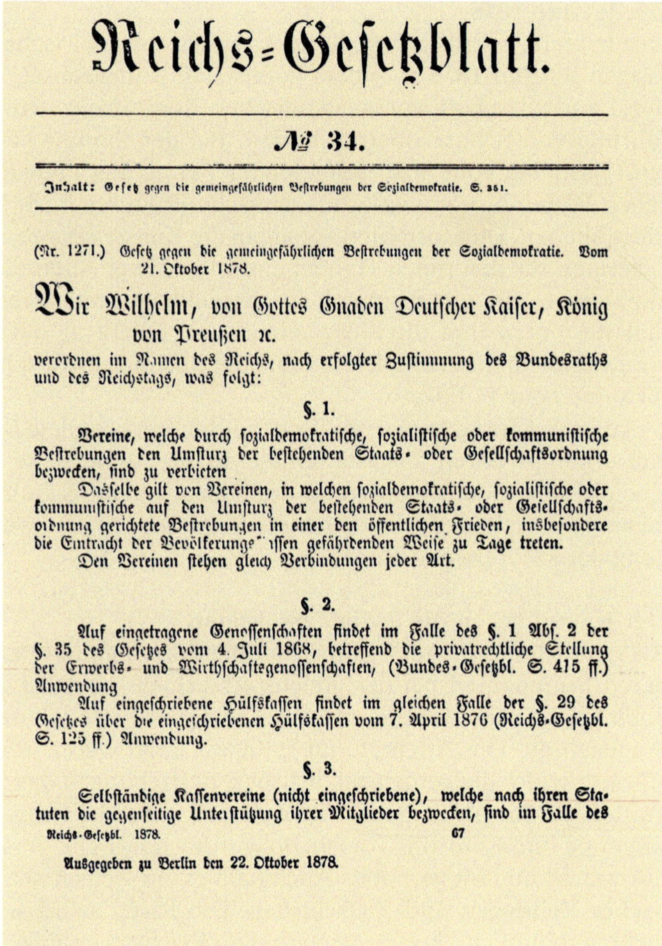

# Reichs-Gesetzblatt.

№ 34.

Inhalt: Gesetz gegen die gemeingefährlichen Bestrebungen der Sozialdemokratie. S. 351.

(Nr. 1271.) Gesetz gegen die gemeingefährlichen Bestrebungen der Sozialdemokratie. Vom 21. Oktober 1878.

Wir Wilhelm, von Gottes Gnaden Deutscher Kaiser, König von Preußen 2c.

verordnen im Namen des Reichs, nach erfolgter Zustimmung des Bundesraths und des Reichstags, was folgt:

§. 1.

Vereine, welche durch sozialdemokratische, sozialistische oder kommunistische Bestrebungen den Umsturz der bestehenden Staats- oder Gesellschaftsordnung bezwecken, sind zu verbieten

Dasselbe gilt von Vereinen, in welchen sozialdemokratische, sozialistische oder kommunistische auf den Umsturz der bestehenden Staats- oder Gesellschaftsordnung gerichtete Bestrebungen in einer den öffentlichen Frieden, insbesondere die Eintracht der Bevölkerungsklassen gefährdenden Weise zu Tage treten.

Den Vereinen stehen gleich Verbindungen jeder Art.

§. 2.

Auf eingetragene Genossenschaften findet im Falle des §. 1 Abs. 2 der §. 35 des Gesetzes vom 4. Juli 1868, betreffend die privatrechtliche Stellung der Erwerbs- und Wirthschaftsgenossenschaften, (Bundes-Gesetzbl. S. 415 ff.) Anwendung

Auf eingeschriebene Hülfskassen findet im gleichen Falle der §. 29 des Gesetzes über die eingeschriebenen Hülfskassen vom 7. April 1876 (Reichs-Gesetzbl. S. 125 ff.) Anwendung.

§. 3.

Selbständige Kassenvereine (nicht eingeschriebene), welche nach ihren Statuten die gegenseitige Unterstützung ihrer Mitglieder bezwecken, sind im Falle des

Reichs-Gesetzbl. 1878. 67

Ausgegeben zu Berlin den 22. Oktober 1878.

**M 4** **Reichsgesetzblatt**
Faksimile, 1878

## M 5 Das Sozialistengesetz

*August Bebel berichtet in seinen Memoiren über die Auswirkungen des Sozialistengesetzes:*

Sobald das Gesetz verkündet und in Kraft getreten war, fielen die Schläge hageldicht. Binnen wenigen Tagen war die gesamte Parteipresse mit Ausnahme des Offenbacher Tageblatts und der Fränkischen Tagespost in Nürnberg unterdrückt. Das gleiche Schicksal teilte die Gewerkschaftspresse mit Ausnahme des Organs des Buchdruckerverbandes, des „Korrespondenten“. Auch war der Verband der Buchdrucker, abgesehen von den Hirsch-Dunckerschen Vereinen, die einzige Gewerkschaftsorganisation, die von der Auflösung verschont blieb. Alle übrigen fielen dem Gesetz zum Opfer. Ebenso verfielen der Auflösung die zahlreichen lokalen sozialdemokratischen Arbeitervereine, nicht minder die Bildungs-, Gesang- und Turnvereine, an deren Spitze Sozialdemokraten standen […].

Das Trümmerfeld des Zerstörten wurde erweitert durch die Verbote der nicht periodisch erscheinenden Literatur. […]

Während wir so in voller Tätigkeit waren, aus den Trümmern, die das Sozialistengesetz uns bis dahin geschaffen hatte, zu retten, was zu retten möglich war, wurden wir am 29. November mit der Nachricht überrascht, dass am Abend zuvor der „Reichsanzeiger“ eine Proklamation des Ministeriums veröffentlichte, wonach der kleine Belagerungszustand über Berlin verhängt wurde. Dieser Hiobsbotschaft folgte am nächsten Tage die Mitteilung, dass 67 unserer bekanntesten Parteigenossen, […] bis auf einen sämtliche Familienväter, ausgewiesen worden seien. Einige mussten binnen 24 Stunden die Stadt verlassen […].

Damals gingen die Gerichte noch nicht so weit, Sammlungen für die Ausgewiesenen zu bestrafen, später aber, als die Behörden solche Sammlungen ausdrücklich auf Grund des Sozialistengesetzes verboten, wurde die Rechtsprechung eine andere.

Wir mussten jetzt die Sammlungen ausschließlich für die Familien der Ausgewiesenen vornehmen […]. Die fortgesetzten Ausweisungen und die Schikanierung der Ausgewiesenen durch die Polizei hatten aber einen Erfolg, den unsere Staatsretter nicht vorausgesehen. Durch die Verfolgungen aufs Äußerste erbittert, zogen sie von Stadt zu Stadt, suchten überall die Parteigenossen auf, die sie mit offenen Armen aufnahmen, und übertrugen jetzt ihren Zorn und ihre Erbitterung auf ihre Gastgeber, die sie zum Zusammenschluss und zum Handeln anfeuerten. Dadurch wurde eine Menge örtlicher geheimer Verbindungen geschaffen, die ohne die Agitation der Ausgewiesenen kaum entstanden wären.

August Bebel, Aus meinem Leben, 3. Teil, Berlin 1930, S. 20 ff., zit. nach: Manfred Görtemaker, Deutschland im 19. Jahrhundert, Bonn 1994, S. 289 ff.

**M 6** **Die deutsche Sozialversicherung**
Plakat von 1913

## Aufgaben

1. a) Fasse mit eigenen Worten zusammen, wie Otto von Bismarck mit den Parteien im Reichstag umging.
   b) Weshalb trat Bismarck 1890 zurück?
   → Text
2. a) Erkläre den Titel „Gesetz gegen die gemeingefährlichen Bestrebungen der Sozialdemokratie".
   b) Fasse den §1 des Sozialistengesetzes zusammen.
   c) Überlege, warum die im Reichstag vertretene Partei nicht verboten wurde.
   → Text, M4
3. a) Wie wirkte sich das Sozialistengesetz in der Praxis aus?
   b) Welche politische Position vertritt August Bebel?
   → M5
4. a) Nenne die Einzelversicherungen, die die Sozialversicherung umfasste, und erläutere deren Leistungen im Einzelnen.
   b) Wie wird die Aussage in der Überschrift begründet „Die deutsche Sozialversicherung steht in der ganzen Welt vorbildlich und unerreicht dar"?
   c) Informiere dich, welche Versicherungen heute noch existieren und wie deren Leistungen gestaltet sind.
   → M6, Internet oder Lexikon

# Die Außenpolitik des Deutschen Reichs 1871–1890

**Bismarcks „Alptraum der Bündnisse“**

Wie lässt sich nach drei Kriegen und einer erheblichen Veränderung der europäischen Kräfteverhältnisse eine dauerhafte Friedensordnung schaffen? Das war die Frage, die sich nach der Gründung des deutschen Kaiserreichs stellte.

Unter preußischer Führung war ein neuer großer Staat in Mitteleuropa entstanden. Frankreich fühlte sich gedemütigt, weil es nicht nur Elsass und Lothringen an das Deutsche Reich abtreten und hohe Kriegsentschädigungen zahlen musste, sondern auch seine bisher beanspruchte Führungsrolle auf dem europäischen Kontinent eingebüßt hatte. Auch die übrigen Nationen betrachteten die Machtverschiebung zugunsten des neuen deutschen Nationalstaats mehr oder weniger argwöhnisch. Im Gegensatz zur politischen Situation nach dem Zusammenbruch der napoleonischen Herrschaft kam es zu keinem Friedenskongress, sondern es musste ein Interessenausgleich der einzelnen europäischen Staaten erfolgen.

Reichskanzler Bismarck, der auch das Auswärtige Amt leitete, war bemüht, die Existenz des neuen Deutschen Reichs dauerhaft zu sichern. Er folgte dabei folgenden Prinzipien:

- Das deutsche Reich ist „saturiert“, das heißt, es erhebt keine weiteren territorialen Ansprüche und erwirbt vorläufig keine Kolonien in Übersee.
- Das Deutsche Reich muss verhindern, dass sich andere Staaten gegen es verbünden. Eine solche Situation betrachtete Bismarck als „Alptraum der Bündnisse“. Insbesondere Frankreich musste politisch isoliert werden.
- Das Deutsche Reich muss darauf bedacht sein, dass sich Spannungen zwischen Staaten nicht im Zentrum Europas entladen, sondern in seinen Randgebieten – der „Peripherie“ – oder in Übersee.

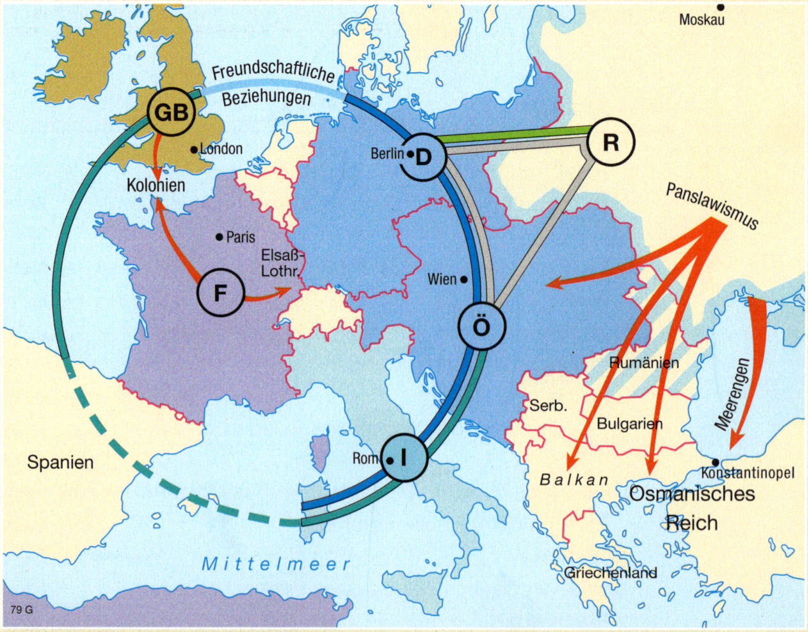


M 1

**Das europäische Bündnissystem unter Bismarck**

- Dreikaiserabkommen (1873)
- Zweibund (1879)
- Dreibund (1882)
- Dreibund-Erweiterung (1883)
- Rückversicherungsvertrag (1887)
- Mittelmeerabkommen (1887)
- Spannungen und offene Fragen

0 500 km

**M 2** **Bismarcks Bündnispolitik**
Zwischen einem russsischen und einem französischen Soldaten balanciert der Reichskanzler die Friedenspalme, Karikatur von 1888.

### Das Bündnissystem des deutschen Kaiserreichs

Bismarck bemühte sich in den folgenden Jahren, diese Leitlinien umzusetzen, indem er eine Reihe von Bündnissen und Abkommen schloss. Dies gestaltete sich außerordentlich schwierig. Um ein Zusammengehen von Frankreich und Russland zu verhindern, suchte er den Ausgleich mit Russland. Dieser 1873 vereinbarte Beistandspakt richtete sich gegen eine im Vertrag nicht genannte Macht: Für Deutschland war das Frankreich, für die Russen Österreich.

Um die Beziehungen zwischen Österreich-Ungarn und Russland zu festigen, deren Machtinteressen in Südosteuropa aufeinanderstießen, kam es im selben Jahr zum Dreikaiserabkommen zwischen den Monarchen von Russland, Österreich und Deutschland. Damit betonten die drei konservativen Herrscher zwar ihre gemeinsamen Interessen, doch kam ein förmliches Bündnis nicht zu Stande. England hielt sich traditionell von Bündnissen fern und war nur an einem „Gleichgewicht der Mächte" auf dem europäischen Kontinent interessiert.

### Konflikte auf dem Balkan

Der Streit der Großmächte um Einfluss auf dem Balkan und im östlichen Mittelmeer war damals ein brennendes politisches Problem. Als es 1877 zum Krieg zwischen dem Osmanischen Reich und Russland kam, konnte Bismarck 1878 auf dem Berliner Kongress einen Ausgleich herbeiführen, da das Deutsche Reich keine eigenen Interessen auf dem Balkan verfolgte. Zwar fand Bismarcks Rolle als „ehrlicher Makler" Anerkennung, trübte aber die Beziehungen zu Russland, weil die zaristische Regierung mehr Zugeständnisse erwartet hatte.

### Der Ausbau des Bündnissystems

Da sich das Verhältnis zu Russland nach dem Berliner Kongress abkühlte, vereinbarte Bismarck 1879 ein Verteidigungsbündnis mit Österreich-Ungarn, den so genannten Zweibund, aus dem nach Italiens Beitritt im Jahr 1882 der Dreibund entstand.

Um jedoch ein russisch-französisches Bündnis zu verhindern, schloss Bismarck 1887 den geheimen Rückversicherungsvertrag mit Russland. Die Regierungen in Berlin und St. Petersburg verpflichteten sich darin zur Neutralität, falls einer der Vertragspartner Krieg gegen eine dritte Großmacht führen sollte. Die Verpflichtung zur Neutralität entfiel jedoch, falls Deutschland Frankreich oder Russland Österreich-Ungarn angreifen sollte. Daher war diese Vertragsklausel mit dem Zweibund nur bedingt vereinbar.

### Beurteilung der Außenpolitik

Mit diesem Netz von Verträgen gelang es Bismarck, Russland, Österreich und Italien trotz aller politischen Gegensätze in ein Bündnissystem einzubinden. Vor allem aber verhinderte er ein Bündnis zwischen Russland und Frankreich, das Deutschland von zwei Seiten bedroht hätte, und sicherte damit für geraume Zeit die Existenz des neuen deutschen Kaiserreichs.

Allerdings wurde das nach und nach entstandene Bündnissystem immer komplizierter und war auch nicht frei von Widersprüchen. Insofern blieb es ständig gefährdet, zumal wenn sich die Spannungen zwischen den europäischen Mächten verschärften.

**M 3 Das Kissinger Diktat**

*Zur Zeit der Balkankriege (1875–1878) entwarf Bismarck während eines Aufenthalts 1877 in Bad Kissingen eine Idealvorstellung zur außenpolitischen Stellung Deutschlands unter den europäischen Staaten:*

Ein französisches Blatt sagte neulich von mir, ich hätte „le cauchemar des coalitions“ [Alptraum der Bündnisse]; diese Art Alp wird für einen deutschen Minister noch lange, und vielleicht immer, ein sehr berechtigter bleiben. Koalitionen gegen uns können auf westmächtlicher Basis mit Zutritt Österreichs sich bilden, gefährlicher vielleicht noch auf russisch-österreichisch-französischer; eine große Intimität zwischen zweien der drei letztgenannten Mächte würde der dritten unter ihnen jederzeit das Mittel zu einem sehr empfindlichen Drucke auf uns bieten. In der Sorge vor diesen Eventualitäten, nicht sofort, aber im Lauf der Jahre, würde ich als wünschenswerte Ergebnisse der orientalischen Krisis für uns ansehen:
1. Gravitierung [Schwerpunktverlagerung] der russischen und der österreichischen Interessen und gegenseitigen Rivalitäten nach Osten hin,
2. der Anlass für Russland, eine starke Defensivstellung im Orient und an seinen Küsten zu nehmen und unseres Bündnisses zu bedürfen,
3. für England und Russland ein befriedigender Status quo, der ihnen dasselbe Interesse an Erhaltung des Bestehenden gibt, welches wir haben,
4. Loslösung Englands von dem uns feindlich bleibenden Frankreich wegen Ägyptens und des Mittelmeers,
5. Beziehungen zwischen Russland und Österreich, welche es beiden schwierig machen, die antideutsche Konspiration gegen uns gemeinsam herzustellen, zu welcher zentralistische oder klerikale Elemente in Österreich etwa geneigt sein möchten.
Wenn ich arbeitsfähig wäre, könnte ich das Bild vervollständigen und feiner ausarbeiten, welches mir vorschwebt: nicht das irgendeines Ländererwerbes, sondern das einer politischen Gesamtsituation, in welcher alle Mächte außer Frankreich unser bedürfen und von Koalitionen gegen uns durch ihre Beziehungen zueinander nach Möglichkeit abgehalten werden.

Günter Schönbrunn (Bearb.), Das bürgerliche Zeitalter 1815–1914, München 1980, S. 454 f.

**M 4 Bismarck als „Weichensteller“**
Englische Karikatur zur Rolle Bismarcks auf dem Berliner Kongress 1878; auf den Lokomotiven sind der britische Union Jack und der russische Doppeladler abgebildet.

WORKING THE POINTS.

**M 5 Bismarck-Denkmal in Hamburg**

Zu Ehren Bismarcks wurden in Deutschland über 500 Denkmäler erbaut. Das Bismarck-Denkmal in Hamburg ist 34 m hoch und wurde von 1901 bis 1906 errichtet.

**M 6 Bismarcks Ruhestätte**

*Theodor Fontane schrieb am 31. Juli 1898 folgendes Gedicht:*

Nicht in Dom oder Fürstengruft,
Er ruh in Gottes freier Luft
Draußen auf Berg und Halde,
Noch besser tief, tief im Walde;
Widukind lädt ihn zu sich ein:
„Ein Sachse war er, drum ist er mein,
Im Sachsenwald soll er begraben sein."

Der Leib zerfällt, der Stein zerfällt,
Aber der Sachsenwald, der hält,
Und kommen nach dreitausend Jahren
Fremde hier des Weges gefahren
Und sehen, geborgen vorm Licht der Sonnen,
Den Waldgrund in Efeu tief eingesponnen
Und staunen der Schönheit und jauchzen froh,
So gebietet einer: „Lärmt nicht so; –
Hier unten liegt Bismarck irgendwo."

Theodor Fontane, Gedichte, herausgegeben von Joachim Krueger und Anita Golz, Bände 1–3, Berlin: Aufbau-Verlag, 2. Aufl. 1995, Bd. 2, S. 97.

## Aufgaben

1. Fasse die außenpolitischen Zielsetzungen Bismarcks mit eigenen Worten zusammen.
   → Text
2. Erläutere Bismarcks „Alptraum der Bündnisse".
   → M3
3. Untersuche, warum Bismarcks Bündnissystem nicht frei von Widerspüchen war.
   → Text
4. Nenne Gründe für die Geheimhaltung des Rückversicherungsvertrags zwischen Russland und dem Deutschen Reich.
   → Text
5. Erläutere die Interessengegensätze zwischen Russland und Östereich-Ungarn auf dem Balkan. Informiere dich über den Begriff „Panslawismus" im Internet und beziehe die gewonnenen Erkenntnisse in deine Überlegungen ein.
   → Text, Internet
6. a) Beschreibe die englische Karikatur von 1878
   b) Erläutere, was der Karikaturist über Bismarcks Politik aussagen wollte.
   → M4
7. a) Welche Einstellung zu Bismarck zeigt das Hamburger Bismarck-Denkmal und das Gedicht Fontanes ?
   b) Gibt es in deiner Umgebung ein Bismarck-Denkmal? Recherchiere!
   c) Wie bewertest du die Bismarckverehrung? Begründe deine Meinung.
   → M5, M6

M 1 **Wilhelm II.**
Deutscher Kaiser (1888–1918), Farbfotografie von 1906

# Das Deutsche Reich unter Wilhelm II.

### Wilhelm II. und der „Wilhelminismus"

Die letzte Phase des Kaiserreichs seit etwa 1890 wird oft als Zeit des „Wilhelminismus" bezeichnet. Dieser Begriff leitet sich her vom letzten deutschen Kaiser Wilhelm II. (1859–1941), Sohn des Kronprinzen Friedrich und Enkel Kaiser Wilhelms I. Im Drei-Kaiser-Jahr 1888, als sein Großvater und sein Vater kurz nacheinander starben, wurde er mit 29 Jahren deutscher Kaiser und König von Preußen.

Bis zum Ende des Kaiserreichs 1918, also 30 Jahre lang, versuchte Wilhelm die Politik zu bestimmen. Im Unterschied zu seinem Großvater, der Bismarck weit gehend freie Hand gelassen hatte, beanspruchte der neue Kaiser die Entscheidungsgewalt. Er wollte, wie es damals hieß, ein „persönliches Regiment" führen. Dies führte zum Konflikt mit Bismarck, der 1890 wegen politischer Meinungsverschiedenheiten um seine Entlassung bat.

Seit dieser Zeit ernannte der Kaiser zwar Reichskanzler, beanspruchte aber selbst die Leitung der Reichsregierung. Der Verantwortung dieses „persönlichen Regiments" war der Kaiser aber nur bedingt gewachsen. Er bevorzugte persönliche Berater aus seiner Jugendzeit und der militärischen Führung, die eine Art Nebenregierung des Reichs bildeten. Das führte zu Konflikten mit regulären Verfassungsorganen wie dem Reichstag oder dem Reichskanzler. Viele innenpolitische Vorhaben des Kaisers schlugen daher fehl.

Allerdings blieb das prunkvolle und herrische Auftreten des Kaisers nicht ohne Wirkung. Seine Begeisterung für alles Militärische stieß in weiten Teilen der Bevölkerung auf Widerhall. Insofern gilt er als Repräsentant der damaligen Verhältnisse und seine Regierungszeit als „wilhelminische Epoche".

### Die innenpolitische Entwicklung

Während der Herrschaft Wilhelms II. erreichte ein Prozess seinen Höhepunkt, der bereits unter Bismarck begonnen hatte. Immer mehr Menschen interessierten sich für politische Fragen. Die Debatten und

M 2 **Verhaftung**
Während eines Streiks der Kohlenarbeiter in Berlin-Moabit wird ein Streikposten verhaftet, Fotografie von 1910.

Abstimmungen im Reichstag rückten in den Mittelpunkt des Interesses, und es bildeten sich verschiedene Organisationen, die die politische Meinung der Bevölkerung zu beeinflussen suchten. Bei den Wahlen verschoben sich die politischen Gewichte zugunsten der SPD, die kontinuierlich wuchs und schließlich die meisten Abgeordneten im Reichstag stellte. Der Kaiser und seine Regierung betrachteten das als Gefahr für den Staat und versuchten die Sozialdemokraten - ähnlich wie mit dem Sozialistengesetz - zu unterdrücken. Dies scheiterte allerdings am Widerstand des Reichstags. Zwischen der Mehrheit des Parlaments und der Regierung des Kaisers war eine Zusammenarbeit immer weniger möglich.

Notwendige Reformen wie eine Demokratisierung der Reichsverfassung konnten wegen dieser Gegensätze nicht durchgeführt werden. Während Deutschland zu einer modernen Industriegesellschaft heranwuchs, blieb die staatliche Ordnung unangetastet und wurde den neuen Verhältnissen nicht angepasst.

Manche Neuerungen gelangen jedoch. So wurde im Jahr 1900 das bis heute gültige Bürgerliche Gesetzbuch (BGB) verabschiedet, das für Deutschland eine einheitliche Rechtsgrundlage schuf.

### Die Militarisierung des Lebens

In der Öffentlichkeit spielte das Militär eine immer größere Rolle, was Wilhelm II. nachdrücklich förderte. Die Ableistung des Wehrdienstes und der Rang eines Reserveoffiziers waren für das berufliche und gesellschaftliche Fortkommen außerordentlich wichtig.

Große Bedeutung hatten auch entsprechende Interessenverbände. Im „Alldeutschen Verband“ setzten sich Lehrer, Professoren und Journalisten dafür ein, die nationale Gesinnung der Bevölkerung zu heben. Mehr als eine Million Mitglieder zählte der „Flottenverein“. Er unterstützte das kaiserliche Ziel, eine große deutsche Kriegsflotte zu bauen, die es mit der britischen Flotte aufnehmen konnte. Noch größer war der Kyffhäuser-Bund: ein Zusammenschluss von 32 000 Kriegervereinen mit 2,8 Millionen Mitgliedern. Militarismus und Nationalismus waren im Reich also weit verbreitet.

**M 3 Wilhelm mit seinen Söhnen**
Vor dem Berliner Schloss auf dem Weg zur Neujahrsparade, Fotografie von 1914

**M 4 Wilhelm II.**
Porträt in der Uniform der Gardekürassiere, Gemälde von 1895

**M 5 „Der Kaiser"**

*Walter Rathenau, der spätere, von Rechtsextremisten 1922 ermordete Außenminister der Weimarer Republik, schrieb 1919 über den Kaiser Wilhelm II. und das Kaiserreich:*

Man war reich geworden, mächtig geworden, und wollte es der Welt zeigen; so, wie sich der reisende Neuling im Ausland benahm, kritisch, laut und maßgeblich, so wollte man sich in Welthändeln benehmen. Eine Politik der Telegramme und plötzlichen Entschlüsse lag in dieser Linie. Ein überhitztes, tatsachenhungriges Großstadtleben, auf Technik und so genannte Errungenschaften gestellt, begierig nach Festen, Erstaunlichkeiten, Aufzügen und lärmenden Nichtigkeiten, für die der Berliner die Spottnamen Klimbim und Klamauk erfunden hat, verlangte eine Repräsentation, die Rom und Byzanz, Versailles und Potsdam auf einer Platte vereinigte. [...]

Die kindliche Folgsamkeit ländlicher Hintersassen und die nutzbringende Loyalität ihrer Beschützer, der Abhängigkeitssinn der Staats- und Hofpfründener, die Hurradisziplin der Kriegervereine labte sich an Erlassen, worin der Untertan allergnädigst zurechtgewiesen wurde, und an Hofberichten, worin allerhöchste Herrschaften auszufahren geruhten. Barhäuptige Oberbürgermeister hätten nicht am Brandenburger Tor jeden kleinen Raubfürsten im Namen einer gebildeten Bürgerschaft angewinselt und Gelübde der Huldigung und Treue bis zum letzten Blutstropfen ausgestoßen, preußische Grenadiere hätten nicht vor Säuglingen und angeheirateten Landprinzessinnen stramm gestanden und getrommelt, wenn nicht ein Tropfen im deutschen Blut gewesen wäre, der von Würde nichts wusste und wollte, den der Knechtsdienst freute.

Es hätte beim Monarchen einer unerbittlichen inneren Richtkraft, einer gewaltsamen Umstellung des dynastischen Denkens, [...] um zu sagen: so will ich das Volk nicht. So will ich mich nicht inmitten des Volkes. Wenn sie schon gezwungen sein wollen, so werde ich sie zur Würde und Freiheit zwingen.

Es hätte einen Kampf gegeben mit allen jenen unglücklichen Halb- und Scheinexistenzen [...]. Mit Magnaten und Aristokraten. Mit Hof- und Kommissgeneralen. Mit Bankdirektoren, Industrie-Herren, Hanseaten. Mit allen, denen ein byzantinisches Kaisertum Geld, Macht, Stellung und Glanz brachte. Hoffnungslos war der Kampf nicht, aber sehr gefährlich. Verloren, war er reine Tragik; gewonnen, die Rechtfertigung und Neubegründung deutscher Monarchie.

Es ist kein Vorwurf, dass dem Monarchen das Problem unsichtbar war. Aus dem, was er hätte bekämpfen sollen, zog er seine Bestätigung [...]. Nie hat eine Epoche mit größerem Recht den Namen ihres Monarchen geführt. Die Wilhelminische Epoche hat am Monarchen mehr verschuldet als der Monarch an ihr; sie waren verstrickt in Leben und Tod.

Walther Rathenau, Der Kaiser. Eine Betrachtung. Berlin 1919, S. 41 ff. und S. 44.

**M 6** **Militarismus**

*Der Publizist Ludwig Quidde äußerte sich 1893 über die Bedeutung des Militärs im Kaiserreich:*

Die eigentümliche Stellung des Militarismus in der Gesellschaft beruht darauf, dass der größte Teil der männlichen Bevölkerung einige Jahre dem Heere angehören muss und dass das Heer ihn auch nach Erfüllung seiner Dienstpflicht nicht völlig frei zu seinem Berufe zurückkehren lässt, sondern ihn in einer steten, wenn auch losen Verbindung mit dem Militärwesen hält. Noch nicht genug mit dieser auf Gesetz beruhenden Beeinflussung, sucht man auch noch über die gesetzlichen Verpflichtungen hinaus den einzelnen, der schon frei dem bürgerlichen Erwerbsleben angehören könnte, in militärischen Beziehungen zu halten. Die Wirkung davon ist die, dass speziell militärische Anschauungen und Rücksichten in alle Ständen und Berufsklassen hineingetragen werden. Während die übrigen Stände nebeneinander existieren und sich wohl gegenseitig beeinflussen, aber doch nur im Verhältnis freier Wirkung und Wechselwirkung, durchdringt die Auffassung des militärischen Standes, durch besondere Einrichtungen unterstützt, alle anderen. Überall, wo dann die verschiedenen Auffassungen und Interessen nicht übereinstimmen, beansprucht der Militarismus die Vorherrschaft. Er wird damit zum Gegner aller Stände, die ihre Selbstständigkeit behaupten wollen, zum Gegner der bürgerlichen Gesellschaft. Am auffallendsten ist die Einwirkung und zwar eine tief beklagenswerte Einwirkung des Militarismus in den Kreisen der „guten Gesellschaft", der besitzenden und gebildeten Klassen. Hier ist das Reservelieutenantswesen das große Mittel der Propaganda […].

Fenske, Hans (Hg.), Unter Wilhelm II. 1890–1918, Darmstadt 1982, S. 77 f.

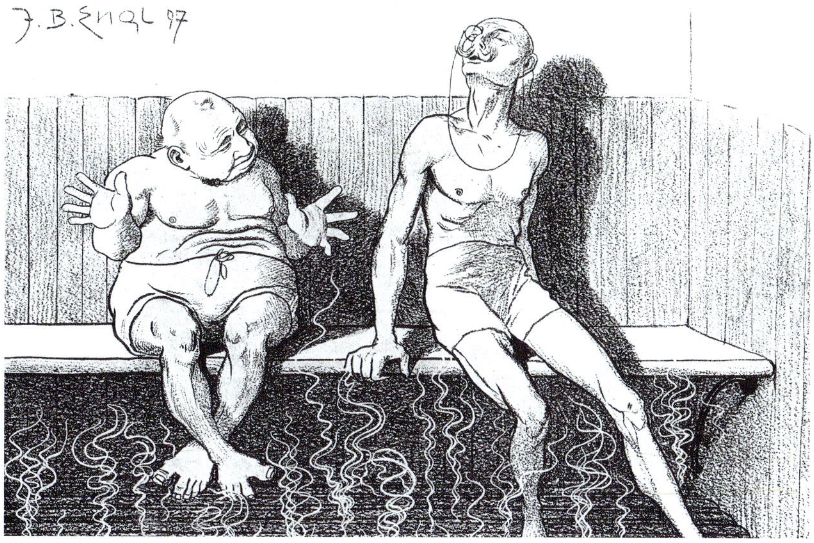

**M 7** **„Im Bad"**

„Herr Lieutenant tragen das Monocle im Bad?"
„Äh, befürchte, sonst für Civilisten gehalten zu werden."
Karikatur aus dem Simplicissimus, 1897

## Aufgaben

1. a) Erläutere den Begriff „Wilhelminismus".
   b) Wie verstand Wilhelm II. seine politische Rolle?
   → Text
2. a) Beschreibe die Darstellung Wilhelms II. in seinen einzelnen Elementen.
   b) Welchen Gesamteindruck vermittelt das Bild?
   c) Beschaffe dir eine Darstellung des französischen Königs Ludwig XIV. Nenne Gemeinsamkeiten und Unterschiede.
   → M4
3. a) Welche Eigenschaften Wilhelms II. werden in der Darstellung von Walter Rathenau hervorgehoben?
   b) Ist Rathenaus Einstellung gegenüber dem Kaiser wohlwollend oder ablehnend? Begründe deine Einschätzung anhand des Textes.
   → M5
4. a) Erläutere, worin der Witz der Karikatur besteht?
   b) Überlege, wie die Karikatur verändert werden müsste, damit sie auf heutige Verhältnisse zutrifft.
   c) Was versteht man unter „Militarismus"?
   d) Stelle die Kritikpunkte von Ludwig Quidde zusammen.
   → M6, M7

# Die Außenpolitik des Deutschen Reichs 1890–1914

## Der Wechsel in der Außenpolitik

Der Erste Weltkrieg 1914–1918 führte zum Untergang des deutschen Kaiserreichs. Deshalb haben viele Historiker die deutsche Außenpolitik daraufhin untersucht, welchen Anteil sie am Ausbruch des Krieges hatte. Mit Sicherheit lässt sich sagen, dass der Regierungsantritt Wilhelms II. 1888 und Bismarcks Rücktritt 1890 eine neue Phase der Außenpolitik einleiteten. Nicht nur die großen Leitlinien, sondern auch die konkrete Politik änderten sich.

Im Unterschied zur Zeit Bismarcks verfolgte Deutschland nun eine „Politik der freien Hand“. Die allzu kompliziert erscheinenden Bündnisverflechtungen sollten vereinfacht werden, um das eigene politische Handeln nicht zu sehr einzuschränken. Ferner wollte sich Deutschland künftig am Erwerb von Kolonien beteiligen und damit einen „Platz an der Sonne“ sichern.

Während Bismarck sein Augenmerk auf den Ausgleich der Machtverhältnisse in Europa gerichtet hatte, wollte Wilhelm II. den deutschen Einfluss mithilfe seiner Kriegsflotte auch in Übersee geltend machen. Die Flotte galt ihm als Symbol einer Weltmacht. Diese veränderten Prinzipien hatten Einfluss auf die konkrete Politik.

## Die Veränderung des Bündnissystems

Die erste außenpolitische Entscheidung unter Kaiser Wilhelm II. betraf den Rückversicherungsvertrag mit Russland. Entgegen den russischen Wünschen wurde er 1890 nicht verlängert.

Auf der Suche nach neuen Bündnispartnern wandte sich Russland daraufhin Frankreich zu, mit dem es 1894 ein Defensivbündnis schloss. Damit war die außenpolitische Isolation Frankreichs durchbrochen und die von Bismarck befürchtete „Zweifrontenbedrohung“ Deutschlands eingetreten.

M 1

**Das europäische Bündnissystem vor dem Ersten Weltkrieg**

- deutsch-österreichischer Zweibund
- Dreibund
- französisch-russischer Zweibund (1894)
- französisch-italienischer Ausgleich (1902)
- Entente cordiale (1904)
- britisch-russischer Ausgleich (1907)
- Balkankriege 1912/13
- Spannungen und offene Fragen

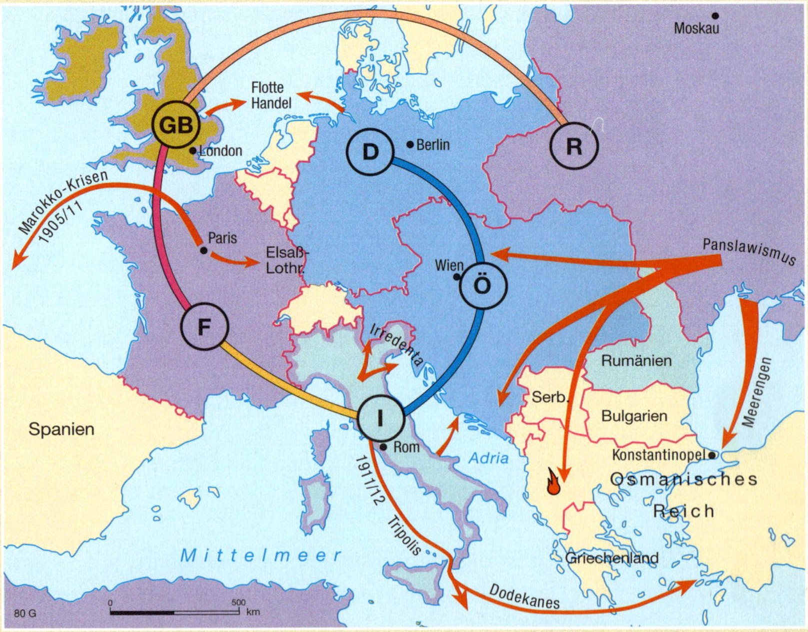

**Bau von Großkampfschiffen**

| | Großbritannien | Deutschland |
|---|---|---|
| 1904/05 | 2 | – |
| 1905/06 | 2 | – |
| 1906/07 | 3 | 2 |
| 1907/08 | 3 | 3 |
| 1908/09 | 2 | 4 |
| 1909/10 | 10 | 4 |
| 1910/11 | 5 | 4 |
| 1911/12 | 5 | 4 |
| 1912/13 | 5 | 2 |
| 1913/14 | 5 | 3 |
| | 42 | 26 |

M 2

### Der Ausbau der Flotte

Gemäß den politischen Zielen wurde die Kriegsflotte seit 1897 durch Großadmiral Alfred von Tirpitz ständig vergrößert. Die neuen Großkampfschiffe sollten England zu einem Bündnis mit dem Deutschen Reich oder wenigstens zur Neutralität veranlassen. Die deutsch-britischen Gespräche scheiterten jedoch, da schnell deutlich wurde, dass Wilhelm II. und sein Flottenchef vom Ausbau der deutschen Kriegsflotte nicht abgehen würden.

Vor diesem Hintergrund kam es zu einer Annäherung zwischen England und Frankreich. Beide Länder einigten sich über eine Abgrenzung ihrer Interessengebiete in Nordafrika und schlossen die so genannte „Entente cordiale", das heißt übersetzt „herzliche Übereinkunft". Diese Vereinbarung machte deutlich, dass eine Verständigung zwischen den rivalisierenden Kolonialmächten trotz aller Gegensätze möglich war.

### Die Formierung von zwei Machtblöcken

Als schließlich England und Russland 1907 ihre Besitzansprüche in Asien abgrenzten und damit die Entente cordiale zur Tripel-Entente erweiterten, wurde Bismarcks Alptraum Wirklichkeit: Deutschlands potenzielle Gegner in Ost und West hatten sich angenährt und miteinander verbündet.

Auf der anderen Seite waren Deutschland und Österreich-Ungarn Bündnispartner, sodass sich in Europa zwei zunehmend feindlich gesinnte Mächtegruppen gegenüberstanden. Während die Entente-Mächte eine deutschen Hegemonie in Europa fürchteten, fühlte sich das Deutsche Reich durch die Allianz Englands, Frankreichs und Russlands eingekreist und bedroht. Die gegenseitigen Ängste führten zu einer immer stärkeren Aufrüstung der Großmächte.

So wurde Europa schließlich zu einem Pulverfass, das beim nächsten Funken explodieren konnte.

### Außenpolitische Konflikte

Nicht nur die veränderte Bündnissituation und das Wettrüsten verschärften die Spannungen, sondern auch eine Reihe von Konflikten. Brennpunkt war zum einen der Balkan, wo es zu internationalen Krisen und kriegerischen Auseinandersetzungen kam, zum anderen die Kolonialgebiete.

Da Deutschland das Vordringen Frankreichs und Großbritanniens in Nordafrika zu verhindern suchte, kam es zu einer Marokko-Krise. Kaiser Wilhelm II. wollte Frankreich durch eine militärische Machtdemonstrationen unter Druck setzen und entsandte im Sommer 1911 das Kanonenboot „Panther" in den marokkanischen Hafen Agadir. Da die anderen Mächte sich nicht beeindrucken ließen, scheiterte dieser „Panthersprung nach Agadir".

Seit etwa 1890 hatte sich die internationale politische Lage grundlegend gewandelt und war geprägt von verschärften Spannungen zwischen den Staaten Europas. Wegen seiner aggressiven Politik stellte das kaiserliche Deutschland einen für die anderen Mächte schwer einschätzbaren Unruhefaktor dar. Dies bildete ein wichtiges Element auf dem Weg zum Ersten Weltkrieg, auch wenn an seinem endgültigen Ausbruch im Sommer 1914 noch viele Ursachen beteiligt sind.

M 3 **„Wie sollen wir uns da die Hand geben?"**
Karikatur des Simplicissimus zu den Verhandlungen zwischen Deutschland und Großbritannien 1912

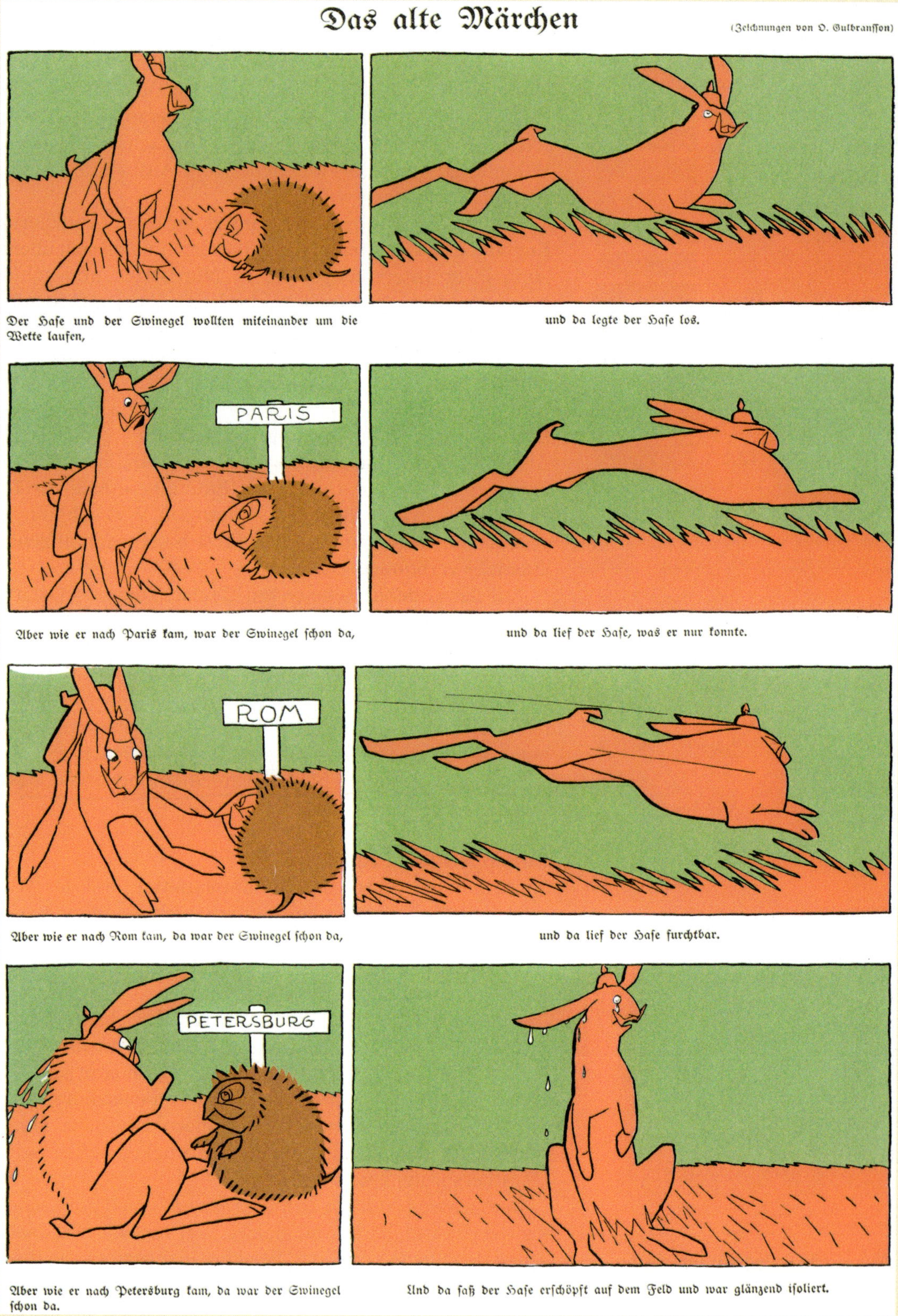


**M 4** **„Das alte Märchen"**
Karikatur des Simplicissimus, 1908

**M 5 Umstrittene Außenpolitik**

*a) Die Außenpolitik Deutschlands in wilhelminischer Zeit wird in der historischen Forschung unterschiedlich bewertet. Der Historiker Klaus Hildebrand schreibt 1995:*

Seit den neunziger Jahren des 19. Jahrhunderts war immer öfter von einem „Weltreich" als dem Ziel deutscher Außenpolitik die Rede. Der kühne Begriff und sein ehrgeiziger Anspruch drängten den Nationalstaat in die imperiale Richtung, formten ihn zum Expansionsstaat um [...].
Die fatale Konsequenz des ungestümen Aufbruchs wurde überdeutlich: Forsch in die Weltpolitik auszuschreiten brachte vor allem Gefahr und Rückschritt mit sich, untergrub die nationalstaatliche Grundlage des Reiches und trug ein selbstmörderisches Risiko in sich. [..]
Eine Flotte zu bauen und nach Kolonien zu streben entsprach dem [...] globalen Gesetz des imperialistischen Zeitalters. Spezifisch für die deutsche Außenpolitik war, dass das Wettrüsten zu See wie ein Sprung ins Abenteuer gewagt wurde, bevor der eigene Nationalstaat fertig und die kontinentale Sicherheit konsolidiert war. [...]
Europas unmissverständliche Antwort auf die empörende Herausforderung der anmaßenden Deutschen schlug sich in jener Auskreisung des wilhelminischen Reiches nieder, die dieses umgehend als seine „Einkreisung" beklagte.

Klaus Hildebrand, Das vergangene Reich. Deutsche Außenpolitik von Bismarck bis Hitler 1871–1945, Stuttgart 1995

*b) Der britische Historiker John C. G. Röhl widmet sich in seiner 2001 erschienenen Biografie vor allem der Persönlichkeitsstruktur und den politischen Zielen Wilhelms II.:*

Wilhelm hat die neue Weltpolitik nicht nur durch seine grandiose Geltungssucht weitaus rasanter vorangetrieben, als die erfahrenen Beamten im Reichskanzlerpalais und im Auswärtigen Amt für ratsam hielten; durch seine sprunghaften und unberechenbaren Vorstöße auf der weltpolitischen Bühne wirkte er für die Regierungen der anderen Mächte äußerst irritierend und alarmierend.
Immer wieder aufs Neue an den Rand der Verzweiflung getrieben, glaubten die Staatsmänner in London, Paris und St. Petersburg, es nicht nur mit einem gefährlichen internationalen Rivalen zu tun zu haben, sondern auch mit einem übermächtigen und hyperaktiven Herrscher, der nicht ganz zurechnungsfähig zu sein schien.
Nicht weniger beunruhigt waren die deutschen Diplomaten, die oft genug Anlass hatten, angesichts der kaiserlichen Inkonsequenz die Hände über dem Kopf zusammenzuschlagen. [...]
Beim Übergang zur Weltpolitik spielte außerdem die Erwartung mit, durch spektakuläre außenpolitische Erfolge das angeschlagene Ansehen der Monarchie wieder aufzurichten.

John C.G. Röhl, Wilhelm II. Der Aufbau der Persönlichen Monarchie 1888–1900, München 2001, S. 1030 f.

## Aufgaben

1. Vergleiche Bismarcks außenpolitische Ziele mit denen Wilhelms II. Nenne wesentliche Unterschiede.
   → Text, M1
2. a) Erläutere, worin die neue Außenpolitik ab 1890 bestand.
   b) Beschreibe mithilfe der Karte, wie sich die Bündnisse in Europa veränderten.
   → Text, M1
3. a) Welche Ziele verfolgte das Deutsche Reich mit dem Ausbau der Flotte?
   b) Erläutere anhand der Karikaturen die Auswirkungen der deutsche Flottenpolitik.
   → Text, M2, M3, M4
4. a) Erzähle das „alte Märchen" vom Hasen und vom Igel.
   b) Wen soll der Hase darstellen? Achte auf die Kopfbedeckung und den Bart.
   c) Wofür stehen die Städtenamen?
   d) Wen soll der Igel darstellen?
   e) Welche Aussage über deutsche Außenpolitik enthält die Bildergeschichte?
   → M4
5. a) Fasse die Aussagen der beiden Historiker mit eigenen Worten zusammen.
   b) Wie beurteilen die beiden Historiker den Versuch Deutschlands, „Weltpolitik" zu betreiben?
   → M5
6. Verfasse eine Denkschrift, wie die Spannungen zwischen den europäischen Mächten nach deiner Meinung hätten gelöst werden können.

M 1 **Arbeiterwohnung**
Arbeiterfamilie in der Wohnküche, die zugleich als Schlafraum diente, Foto um 1890

# Gesellschaftlicher Wandel im Kaiserreich

## Die Industriegesellschaft entsteht

Die Industrialisierung führte zu einem grundlegenden gesellschaftlichen Wandel: Deutschland entwickelte sich zu einer modernen Industriegesellschaft. Dieser soziale Wandel ist nicht denkbar ohne ein starkes Bevölkerungswachstum. Von 1866 bis 1914 wuchs die Bevölkerung von rund 40 auf 68 Millionen Menschen, eine Steigerung um 70 Prozent. Aber auch die einzelnen Schichten der Gesellschaft und ihre Stellung zueinander veränderten sich.

Die Industrialisierung führte zur Entstehung einer neuen Bevölkerungsschicht: der Arbeiter. Sie setzten sich aus ganz verschiedenen Gruppen zusammen: Kumpel und Stahlkocher in der Montanindustrie, weibliche Hilfskräfte in der Textilbranche, gut ausgebildete Facharbeiter im Maschinenbau, Wander- und Saisonarbeiter, die auf Großbaustellen arbeiteten sowie ein Heer von Arbeitskräften in allen nur denkbaren Industriesparten. Sie alle suchten Arbeit in den ständig neu aus dem Boden schießenden Fabriken und lebten in den grauen Arbeitersiedlungen der rasch wachsenden Industriestädte.

Trotz dieser verwirrenden Vielfalt der Beschäftigtenstruktur entwickelten die Arbeiter allmählich das Bewusstsein, zu einer Klasse zu gehören, das heißt zu einer durch gemeinsame Arbeits- und Lebensbedingungen geprägten Gruppe. Dies gemeinsame Schicksal schweißte sie zusammen, sodass man auch von einem „Vierten Stand“ sprach.

Das Bürgertum war die Schicht, die das Kaiserreich prägte. Es zerfiel in verschiedene Gruppen, die sich in ihrer Lebensweise und im Einkommen stark voneinander unterschieden. Gemeinsam war ihnen, dass der Vater ein regelmäßiges Gehalt bezog, die Familie mit väterlicher Strenge führte und die Mutter ein behütetes Heim – meist mit zahlreichen Kindern – versorgte. Anders als die Unterschicht der Arbeiter war ihre Existenz nicht von täglicher Not bedroht.

Zu den Kleinbürgern zählten Handwerker, kleine Kaufleute, Beamte und Angestellte. Ihre Tugenden hießen Pflichttreue, Pünktlichkeit, Unbestechlichkeit und Leistungsbereitschaft. Das Bildungsbürgertum umfasste Ärzte, Juristen, Lehrer, Professoren. Politische und gesellschaftliche Bedeutung gewann jedoch das Großbürgertum – Fabrikanten, Bankiers, Großkaufleute – das durch die Industrialisierung reich geworden war. Ein „standesgemäßes“ Auftreten mit komfortablem Haus und vornehmer Kleidung kostete sie oft gewaltige Summen.

Der Adel behauptete seine Vorherrschaft und besetzte auch weiterhin die führenden Stellen in der Politik und im Militär. Gesellschaftlicher Mittelpunkt war der kaiserliche Hof, auf den sich Hochadel und grundbesitzender Landadel konzentrierten.

Die Industrialisierung bot vielen Menschen große Aufstiegschancen, weil die entstehenden Industriebetriebe flexible und gut ausgebildete Arbeitskräfte brauchten. Die wachsende Zahl von Menschen, die in der Verwaltung tätig waren, führte zur Herausbildung einer eigenen Berufsgruppe: der Angestellten. Sie arbeiteten – wie auch heute – in den Unternehmensverwaltungen sowie im Dienstleistungssektor bei Handel, Banken und Versicherungen. Während es 1882 etwa 610 000 Angestellte gab, waren es 1907 schon fast zwei Millionen.

M 2 **Fabrikantenvilla**
Haus eines Nürnberger Unternehmers, erbaut im Stil eines Renaissanceschlosses, Foto von 1890

**M 3** **Berlin im Jahre 1890**
Das Bild der Prachtstraße „Unter den Linden" lässt den gründerzeitlichen Boom der jungen Hauptstadt des Kaiserreichs erahnen.

## Leben in der Großstadt

Die Entstehung von Großstädten und ihr enormes Wachstum hatten beträchtliche Auswirkungen auf die soziale Struktur. Dieser Prozess der Verstädterung wird als Urbanisierung bezeichnet, abgeleitet von lat. urbs = „Stadt“. So war Berlin 1871 mit 827 000 Einwohnern bereits die drittgrößte Stadt Europas, 1905 wurde die Zahl von 2 Millionen überschritten. Der soziale Zusammenhalt, wie ihn das Land und die Kleinstadt kannte, wich der Anonymität in den neuen Ballungszentren. Dort trat die Bedeutung familiärer und verwandtschaftlicher Beziehungen zurück und wurde ersetzt durch lockere Kontakte im Stadtviertel oder im Betrieb.

## Ausbau des Bildungssystems

Da die Industrialisierung immer mehr gut ausgebildete Arbeitskräfte forderte, wurde das Bildungssystem stark ausgebaut. Bildung bildete die Grundlage für den sozialen Aufstieg, eine Chance nicht nur für Männer, sondern zunehmend auch für Frauen.
Zwar gab es die allgemeine Schulpflicht seit längerer Zeit, doch setzte sie sich erst im Kaiserreich allgemein durch. Dies führte zum Ausbau der Volksschulen, was sich in einer großen Zahl neuer Schulgebäude niederschlug. Aber auch die höheren Schulen entwickelten sich weiter. Zunächst war das humanistische Gymnasium mit den Schwerpunkten Griechisch und Latein die einzige höhere Schule. Dann traten andere Schularten hinzu, die als moderne Fremdsprachen Englisch und Französisch oder naturwissenschaftliche Fächer wie Physik und Chemie in den Mittelpunkt stellten.

**M 4 Volksschüler**
Ein Volksschullehrer mit seiner Klasse im Westerwalddorf Hergenroth.

**M 5 Sekretariat**
Die Verbreitung der Schreibmaschine führte zu einer weiblichen Dominanz in den Sekretariaten. Büro des Ullsteinverlags, um 1900.

Einerseits ermöglichte der Ausbau des Bildungswesens vielen Menschen einen sozialen Aufstieg. Andererseits waren Gymnasien und Universitäten für Arbeiterkinder kaum zugänglich. Das Bildungssystem verstärkte daher trotz positiver Ansätze noch lange Zeit die gesellschaftlichen Unterschiede.

### Eine neue Familienform breitet sich aus

Die heutige Form der Familie, die aus Eltern und Kindern und somit zwei Generationen besteht, ist im Wesentlichen erst im Kaiserreich entstanden. Zuerst setzte sich diese Kleinfamilie, die auch „Kernfamilie“ genannt wird, im Bürgertum als Lebensform durch.

Vor der Industrialisierung war auf dem Land die bäuerliche Großfamilie mit mehreren Generationen und den unverheirateten Geschwistern des Hoferben die Regel. In den Städten lebten die Angehörigen des Bürgertums meist in Drei-Generationen-Familien, in den unterbürgerlichen Schichten waren uneheliche Kinder und Lebensgemeinschaften weit verbreitet. Durch die jetzt erfolgende Abwanderung vieler Menschen vom Land in die Städte lösten sich die Großfamilien auf. Dadurch verloren sie auch die soziale Sicherung.

### Die veränderte Rolle der Frau

Den rechtlichen Status der Frau definierte das Kaiserreich als „Frau und Mutter“. Auch die 1900 erfolgte Neufassung des Bürgerlichen Gesetzbuchs kannte keine Gleichberechtigung der Frau, denn sie unterstand der Vormundschaft des Vaters bzw. Ehemanns. Der Mann bestimmte, wo die Familie wohnte, wie sie lebte, wie das Geld verwendet wurde. Er allein konnte auch darüber entscheiden, ob seine Frau berufstätig sein durfte. Dennoch veränderte sich die wirtschaftliche und soziale Stellung der Frau im Kaiserreich grundlegend. Dabei ist zwischen Frauen aus dem Bürgertum und aus der Arbeiterschaft zu unterscheiden. Im Bürgertum mussten unverheiratete Töchter, die bisher in den Familien ihrer Brüder gelebt hatten, für sich selbst sorgen. Für verheiratete Frauen war Berufstätigkeit unüblich. In der Arbeiterschaft hingegen mussten Frauen arbeiten, da der Lohn des Mannes für die Existenz der Familie meist nicht reichte.

Da die Notwendigkeit einer standesgemäßen Beschäftigung stieg, machten sich junge Frauen und deren Väter Gedanken wegen einer guten Schulbildung. Ab 1900 durften Mädchen Jungengymnasien besuchen und wurden schließlich auch zum Hochschulstudium zugelassen. Im Zuge dieser Entwicklung stieg das Selbstbewusstsein der Frauen. Es entstanden verschiedene Frauenvereine, die sich 1894 im „Bund Deutscher Frauenvereine“ zusammenschlossen. Er forderte eine bessere Ausbildung für Mädchen, volle politische und bürgerliche Rechte – besonders auch das Wahlrecht – sowie Zugang zu allen Berufen. Ab 1908 durften Frauen politischen Vereinen und Parteien beitreten, doch erhielten sie das Wahlrecht erst 1919.

Auch im Alltag zeigten sich Veränderungen. So war es für Frauen zunächst undenkbar, eine Badeanstalt oder ein Strandbad zu besuchen. Später gab es Badeabteilungen nur für Frauen, die durch hohe Wände von denen der Männer getrennt waren. Schließlich wurde das gemeinsame Baden von Männern und Frauen akzeptiert.

## M 6 Leben im Kaiserreich

*a) Der Schriftsteller Theodor Fontane (1819–1898) hat eine Reihe so genannter Gesellschaftsromane geschrieben, die im Kaiserreich spielen. Hier folgt ein Auszug aus „Mathilde Möhring“:*

Möhrings wohnten Georgenstraße 19, dicht an der Friedrichstraße. Hauswirt war Rechnungsrat Schultze, der in der Gründerzeit mit 300 Talern spekuliert und in zwei Jahren ein Vermögen erworben hatte. Wenn er jetzt an seinem Ministerium vorüberging, sah er immer lächelnd hinauf und sagte: „Gu'n Morgen, Exzellenz ...“ Gott, Exzellenz! Wenn Exzellenz fiel, und alle Welt wunderte sich, dass er noch nicht gefallen sei, so stand er – wie Schultze gern sagte – vis-à-vis de rien, höchstens Oberpräsident in Danzig. Da war er besser dran, er hatte fünf Häuser, und das in der Georgenstraße war beinah schon ein Palais, vorn kleine Balkone von Eisen mit Vergoldung. Was anscheinend fehlte, waren Keller und auch Kellerwohnungen. Statt ihrer lagen kleine Läden, ein Vorkostladen, ein Barbier-, ein Optikus- und ein Schirmladen, in gleicher Höhe mit dem Straßenzug, wodurch die darüber gelegene Wirtshauswohnung jenen à-deux-mains-Charakter so vieler neuer Häuser erhielt. War es Hochparterre oder war es eine Treppe hoch? Auf Schultzes Karte stand Georgenstraße 19 I, was jeder gelten ließ, mit Ausnahme von Möhrings, die, je nachdem diese Frage entschieden wurde, drei oder vier Treppen hoch wohnten, was neben der gesellschaftlichen auch noch eine gewisse praktische Bedeutung für sie hatte.

Möhrings waren nur zwei Personen, Mutter und Tochter. Der Vater, Buchhalter in einem kleinen Tuchexportgeschäft, war schon vor sieben Jahren gestorben, an einem Sonnabend, einen Tag vor Mathildes Einsegnung. Der Geistliche hatte daraufhin eine Bemerkung gemacht, die bei Mutter und Tochter noch fortlebte, ebenso das letzte Wort, das Vater Möhring an seine Tochter gerichtet hatte: „Mathilde, halte dich propper!“ Pastor Kleinschmidt, dem es erzählt wurde, war der Meinung, der Sterbende habe es moralisch gemeint; Schultzes, die auch davon gehört hatten und neben dem Geld- und Rechnungsrathochmut auch den Wirtshochmut hatten, bestritten dies aber und brachten das Wort einfach in Zusammenhang mit dem kleinen Exportgeschäft als Umschreibung des alten „Kleider machen Leute“. Damals waren Möhrings eben erst eingezogen, und Schultzes sahen den Tod des alten Möhrings, der Übrigens erst Mitte der Vierzig war, ungern. Als man den Sarg auf den Wagen setzte, Stand der Rechnungstat am Fenster und sagte zu seiner hinter ihm stehenden Frau: „Fatale Geschichte! Die Leute haben natürlich nichts, und nun war vorgestern auch noch Einsegnung. Ich will dir sagen, Emma, wie's kommt: Sie werden vermieten, und weil es 'ne Studentengegend ist, so werden sie an einen Studenten vermieten, und wenn wir dann mal spät nach Haus kommen, liegt er auf dem Flur, weil er die Treppe nicht hat finden können. Ich bitte dich schon heute, erschrick nicht, wenn es vorkommt, und kriege nicht deinen Aufschrei.“

Die Befürchtungen Schultzes erfüllten sich und auch wieder nicht. Allerdings wurde Witwe Möhring eine Zimmervermieterin. Ihre Tochter aber hatte scharfe Augen und viel Menschenkenntnis, und so nahm sie nur Leute ins Haus, die einen soliden Eindruck machten. Selbst Schultze, der Kündigungsgedanken gehabt hatte, musste dies nach Jahr und Tag zugeben, bei welcher Gelegenheit er nicht unterließ, den Möhrings überhaupt ein glänzendes Zeugnis auszustellen: „Wenn ich bedenke, Buchhalter in einer Schneiderei, und die Frau kann doch auch höchstens Müllerstochter sein, so ist es erstaunlich. Manierlich, bescheiden, gebildet! Und das Mathildchen, sie muss nun wohl siebzehn sein, immer fleißig und grüßt sehr artig, ein sehr gebildetes Mädchen.“

Das war nun schon wieder sechs Jahre her, und Mathildchen war jetzt eine richtige Mathilde von dreiundzwanzig Jahren. Das heißt, eine so ganz richtige Mathilde war sie doch nicht, dazu war sie zu hager und hatte einen etwas griesen Teint. Und auch das achblonde Haar, das sie hatte, passte nicht recht zu einer Mathilde. Nur das Umsichtige, das Fleißige, das Praktische, das passte zu dem Namen, den sie führte. Schultze hatte sie auch einmal ein appetitliches Mädchen genannt. Dies war richtig, wenn er sie mit dem verglich, was ihm an Weiblichkeit am nächsten stand, enthielt aber doch ein gewisses Maß an Übertreibung. Mathilde hielt auf sich, das mit dem „propper“ hatte sich ihr eingeprägt, aber sie war trotzdem nicht recht zum Anbeißen, was doch das eigentlich Appetitliche ist; sie war sauber, gut gekleidet und von energischem Ausdruck, aber ganz ohne Reiz.

Theodor Fontane, Gesammelte Werke, 3. Band., München 1979, S. 305 f.

M 7 **Nürnberg um 1865**
Blick vom „Plärrer" in Nürnberg nach Süden auf den Vorort Gostendorf, Fotografie, um 1865

M 8 **Nürnberg um 1905**
Fotografie, um 1905

**Oberrealschule.**

| Pflichtfächer | I | II | III | IV | V | VI | VII | VIII | IX | |
|---|---|---|---|---|---|---|---|---|---|---|
| Religionslehre | 2 | 2 | 2 | 2 | 2 | 2 | 2 | 2 | 2 | 18 |
| Deutsch | 5 | 5 | 4 | 4 | 3 | 3 | 3 | 3 | 4 | 34 |
| Französisch | 6 | 6 | 6 | 4 | 3 | 3 | 3 | 3 | 3 | 37 |
| Englisch | — | — | — | — | 5 | 5 | 3 | 3 | 3 | 19 |
| Mathematik | 4 | 4 | 5 | 5 | 5 | 5 | 5 }* | 5 }* | 5 }* | 43 |
| Physik | — | — | — | 3 | 3 | 3 | 3 } | 3 } | 3 } | 18 |
| Naturkunde | 2 | 2 | 2 | 2 | 1 | 1 | 1 | 1 | 1 }** | 13 |
| Chemie | — | — | — | — | 2 | 2 | 3 | 3 | 3 } | 13 |
| Geschichte | — | — | 2 | 2 | 2 | 2 | 3 | 3 | 3 | 17 |
| Geographie | 2 | 2 | 2 | 2 | 1 | 1 | 1 | 1 | – | 12 |
| Zeichnen | 3 | 4 | 4 | 4 | 2 | 2 | 2 | 2 | 2 | 25 |
| Turnen | 2 | 2 | 2 | 2 | 2 | 2 | 2 | 2 | 2 | 18 |
| | Dazu kommen wöchentlich zwei Turnspielstunden (Spielnachmittag) | | | | | | | | | |
| Schreiben | 2 | 1 | — | — | — | — | — | — | — | 3 |
| Summe | 28 | 28 | 29 | 30 | 31 | 31 | 31 | 31 | 31 | 270 |

**M 9** **Stundentafel – Oberrealschule 1914**
Ministerialblatt für Kirchen- und Schulangelegenheiten im Königreich Bayern vom 10.06.1914, S. 223

**Stundentafeln.**

**Humanistisches Gymnasium.**

| Pflichtfächer | I | II | III | IV | V | VI | VII | VIII | IX | |
|---|---|---|---|---|---|---|---|---|---|---|
| Religionslehre | 2 | 2 | 2 | 2 | 2 | 2 | 2 | 2 | 2 | 18 |
| Deutsch | 5 | 5 | 3 | 3 | 3 | 3 | 3 | 3 | 3 | 31 |
| Latein | 8 | 8 | 8 | 7 | 7 | 7 | 6 }* | 6 }* | 6 }* | 63 |
| Griechisch | — | — | — | 6 | 6 | 6 | 6 } | 6 } | 6 } | 36 |
| Französisch | — | — | — | — | — | 4 | 3 | 3 | 3 | 13 |
| Mathematik | 4 | 4 | 5 | 3 | 3 | 3 | 3 }* | 3 }* | 3 }* | 31 |
| Physik | — | — | — | — | — | — | 2 } | 2 } | 2 } | 6 |
| Naturkunde | 2 | 2 | 2 | 2 | 2 | — | — | — | — | 10 |
| Geschichte | — | — | 2 | 2 | 2 | 3 | 3 | 3 | 3 | 18 |
| Geographie | 2 | 2 | 2 | 2 | 2 | — | — | — | — | 10 |
| Zeichnen | — | 2 | 2 | 1 | 1 | — | — | — | — | 6 |
| Turnen | 2 | 2 | 2 | 2 | 2 | 2 | 2 | 2 | 2 | 18 |
| | Dazu kommen wöchentlich zwei Turnspielstunden (Spielnachmittag) | | | | | | | | | |
| Schreiben | 2 | 1 | — | — | — | — | — | — | — | 3 |
| Summe | 27 | 28 | 28 | 30 | 30 | 30 | 30 | 30 | 30 | 263 |

**M 10** **Stundentafel – Humanistisches Gymnasium 1914**
Ministerialblatt für Kirchen- und Schulangelegenheiten im Königreich Bayern vom 10.06.1914, S. 217

## Aufgaben

1. a) Stelle die wichtigsten gesellschaftlichen Gruppen im Kaiserreich zusammen und beschreibe ihre soziale Stellung.
   b) Versuche, die gesellschaftliche Ordnung im Kaiserreich grafisch darzustellen.
   → Text
2. Nenne die wichtigsten gesellschaftlichen Veränderungen im Kaiserreich um 1900.
   → Text
3. a) Stelle dar, wodurch die soziale Situation der Möhrings gekennzeichnet ist.
   b) Ordne die Möhrings einer bestimmten sozialen Schicht zu und begründe deine Entscheidung.
   c) Ordne die Schultzes einer bestimmten sozialen Schicht zu und begründe deine Entscheidung.
   d) Informiere dich über den Autor Theodor Fontane und sein Werk.
   → M6
4. a) Vergleiche die beiden Darstellungen Nürnbergs. Nenne die wichtigsten Veränderungen.
   b) Welche Gebäude sind auf beiden Fotografien zu erkennen?
   c) Auf dem späteren Foto sind viele Schornsteine zu sehen. Auf welche Art von Bebauung lässt das schließen?
   → M7, M8
5. a) Vergleiche die beiden Stundentafeln. Worin unterschied sich die Oberrealschule vom humanistischen Gymnasium?
   b) Erstelle für dich eine Stundentafel, indem du deine Fächer und die Anzahl deiner Stunden in eine Tabelle einträgst. Vergleiche sie mit den Stundentafeln aus dem Jahr 1914.
   c) Überlege, welche Veränderungen sich im Schulwesen seit dem Kaiserreich vollzogen haben.
   → M9, M10

**M 1 Frauenstimmrecht**
Das hier um 1910 geforderte Stimmrecht führte Deutschland 1919 ein.

**M 2 Frauenzeitschrift**
Ab 1903 gab die Lehrerin Helene Lange (1848–1930) die Monatszeitschrift „Die Frau" heraus, in der sie sich für die Gleichberechtigung der Frauen einsetzte.

# Frauen kämpfen für mehr Rechte

## Anfänge der Frauenrechtsbewegung

„Menschenrechte haben kein Geschlecht" – dieser Ausspruch der Frauenrechtlerin Hedwig Dohm (1833–1919) geißelte die Lage der Frauen ihrer Zeit, denn die weibliche Hälfte der Bevölkerung lebte in völliger politischer Rechtlosigkeit und sozialer Abhängigkeit. Dies betraf nicht nur Deutschland, sondern in unwesentlichen Abschattierungen alle Staaten der Welt.
Ähnliche Forderungen hatte zuvor schon Olympe de Gouges erhoben. Kurz nach Verabschiedung der neuen französischen Verfassung erschien 1791 ihre „Erklärung der Rechte der Frau und Bürgerin". Dort forderte sie das aktive und passive Wahlrecht für Frauen und ihre uneingeschränkte Zulassung zu öffentlichen Ämtern. Die Engländerin Mary Wollstonecraft brachte 1792 ihr Buch „Vindication of the Rights of Women" heraus.

Bereits während der Aufklärung hatten sich Bestrebungen verstärkt, für Frauen bessere Bildungsmöglichkeiten und mehr Rechte zu erlangen. Beispielhaft waren hier Madame de Staël, die sich als Schriftstellerin für die Gleichberechtigung einsetzte, sowie Henriette Herz und Rachel von Varnhagen, die geistreiche Mittelpunkte literarischer Salons bildeten. Ferner die Schriftstellerinnen Karoline Schelling und Bettina von Arnim, die neben ihrem literarischen Schaffen sozial und politisch engagiert waren.

## Fortschritte während der Industrialisierung

Während der Industrialisierung kam es zu einem Strukturwandel in der Gesellschaft und der Familie. In der Frauenbewegung verstärkte sich der Wunsch nach Überwindung des hergebrachten Frauenideals, das von Familie, Kindern und hausfraulichen Pflichten geprägt war. So wurden Frauen im Jahr 1835 erstmals als Kindergärtnerinnen und Diakonissen „beruflich" tätig, zugleich begann die Fabrikarbeit von Frauen der unteren sozialen Schichten.

Der politische und soziale Aufbruch der Revolution von 1848 brachte auch die Frauenbewegung voran. Die ersten Frauenbildungsvereine wurden gegründet, in Hamburg entstand 1848 eine „Frauenhochschule" und 1849 gab die Frauenrechtlerin Luise Otto-Peters ihre „Frauen-Zeitung" heraus. Die Hauptforderungen zielten jetzt auf Erlangung der vollen politischen und bürgerlichen Rechte sowie auf Zugang zu allen Berufen und Bildungsinstituten.

1865 gründete Luise Otto-Peters den „Allgemeinen Deutschen Frauenverein" (ADF). Er erklärte die Arbeit „für eine Pflicht und Ehre des weiblichen Geschlechts" und forderte, „dass alle der weiblichen Arbeit im Wege stehenden Hindernisse entfernt werden". „Gebührende Gleichberechtigung neben dem Manne" und soziale Gerechtigkeit waren weitere Forderungen. Im Kampf gegen vielfältige männliche Einwände tat sich besonders die Fabrikantentochter Hedwig Dohm hervor, die sich in Streitschriften gegen Vorurteile hinsichtlich der Frauenbildung, Frauenarbeit und Frauenemanzipation wandte.
Politische Hilfe erhielt die Frauenbewegung von der SPD, welche die Forderung nach voller Gleichberechtigung als erste Partei 1891 in ihr „Erfurter Programm" aufnahm.

**M 3** **Gouvernante** (Kindermädchen)
Diesen Beruf übten Frauen aus gehobener Gesellschaftsschicht aus.

**M 4** **Demonstration von Frauenrechtlerinnen in London 1905**
Da sie sehr engagiert das Frauenstimmrecht forderten, nannte man sie in England „Suffragetten" (von lat. suffragium = „Stimmrecht").

**M 5** **Clara Zetkin (1857–1933)**
Sie war die führende Vertreterin der sozialistischen Frauenbewegung, Mitbegründerin der KPD und Herausgeberin der Zeitschrift „Die Gleichheit".

**Die Gleichberechtigung wird Realität**

Ende des 19. Jh. bildete sich eine bürgerliche und eine sozialistische Richtung innerhalb der Frauenbewegung heraus. Das bürgerliche Lager um Helene Lange bemühte sich besonders um die Frauenbildung und erreichte die Zulassung von Frauen zum Hochschulstudium im Jahr 1901. Die sozialistische Richtung der Frauenbewegung vertrat Clara Zetkin, die 1920–1933 für die KPD Mitglied des Reichstags war. Ihr ging es vor allem um die Verbesserung der Lage der Arbeiterinnen und um ihre gewerkschaftliche und politische Organisierung. 1894 schlossen sich die inzwischen zahlreich gewordenen Frauenvereine zum „Bund Deutscher Frauenvereine" (BDF) zusammen.

Die Umwälzungen des 1. Weltkriegs förderten die soziale und politische Integration der Frauen und brachten ihnen 1919 in Deutschland das aktive und passive Wahlrecht sowie die formale Gleichberechtigung. Dennoch gibt es im Beruf oder beim Lohn- und Bildungssystem trotz rechtlicher Gleichstellung noch immer Defizite. Auch das traditionelle Rollenverhalten in der Gesellschaft und Familie benachteiligt Frauen weiterhin. – In vielen außereuropäischen Staaten ist die rechtliche Gleichstellung der Frau noch heute in weiter Ferne.

## Aufgaben

1. a) Liste die Geschichte der Frauenrechtsbewegung in tabellarischer Form auf.
   b) Welche Erfolge der Bewegung erscheinen dir besonders bedeutungsvoll? Begründe!
   → Text, Lexikon, Internet
2. Wie begründen die Frauen ihre Forderungen?
   → Text
3. Wähle drei Frauenrechtlerinnen aus, erkundige dich nach ihren Lebensläufen und schreibe Kurzbiografien. → Lexikon, Internet
4. Ein wohlsituiertes Ehepaar der Kaiserzeit berät, ob es die Tochter studieren lassen soll. Verfasst einen Dialog und spielt die Szene.
5. Werden Frauen auch heute noch benachteiligt? Begründet eure Meinung.

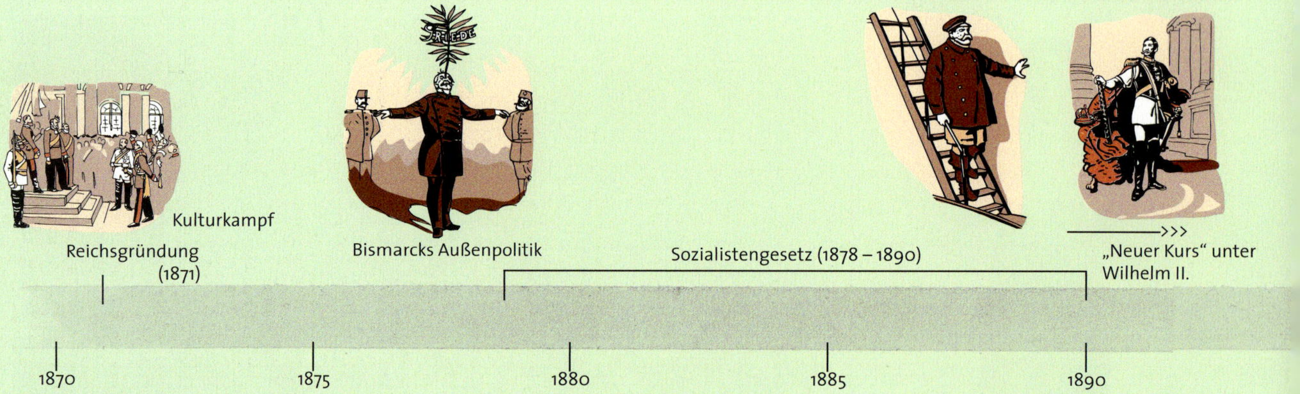


## Grundwissen: Zeit

1815 Wiener Kongress
1817 Wartburgfest
1832 Hambacher Fest
1848/49 Revolution in Deutschland
1849 Ablehnung der Kaiserkrone durch den preußischen König Friedrich Wilhelm IV.

**1862 Bismarck preußischer Ministerpräsident**
**1866 Deutscher Krieg**
**1870/71 Deutsch-Französischer Krieg**
**1871 Reichsgründung**
**1878 Sozialistengesetz**
**1888 Regierungsantritt Kaiser Wilhelms II.**
**1890 Entlassung Bismarcks**

1769 Erfindung der Dampfmaschine durch James Watt
um 1780 und 1830 Beginn der Industrialisierung in England und Deutschland
1834 Deutscher Zollverein
1835 Erste deutsche Eisenbahn
1848 Kommunistisches Manifest

1880–1914 Imperialismus
1914–1918 Erster Weltkrieg
1917 Russische Oktoberrevolution
1917 Kriegseintritt der USA
1918 Wilsons 14 Punkte

## Grundwissen: Begriffe

Deutscher Bund
Restauration
Legitimität
Liberalismus
Karlsbader Beschlüsse
Märzereignisse
Nationalversammlung
Reichsverfassung

**Nationalstaat**
**Kulturkampf**
**Reichstag**
**Militarismus**
**Sozialgesetzgebung**
**Entente cordiale**
**Rückversicherungsvertrag**

Industrielle Revolution
Unternehmer
Gewerkschaften
Kommunismus
Proletariat
Soziale Frage
Arbeiterpartei

Imperialismus
Kolonialismus
Nationalismus
Mittelmächte
Entente
Kriegsschuldfrage

## Grundwissen: Methoden

Arbeit mit Geschichtskarten

**Umgang mit Historienbildern**

Umgang mit Statistiken und Diagrammen

Umgang mit dem Internet

Deutsche Flottenpolitik >>>

Entente Cordiale (1904)

Deutsch-britischer Gegensatz

Erster Weltkrieg (1914 – 1918)

1900 – 1905 – 1910 – 1915 – 1920

## Zusammenfassung

Dass Deutschland in einem einheitlichen Nationalstaat vereinigt wird, war eine Forderung, die seit Beginn des 19. Jahrhunderts immer wieder erhoben wurde. Diese Hoffnung wurde allerdings erst 1871 – nach einer Reihe von Einigungskriegen – mit der Gründung des Deutschen Kaiserreichs erfüllt.

Der neue Staat war eine konstitutionelle Monarchie, die dem Kaiser und dem von ihm abhängigen Reichskanzler zwar große Macht einräumte, aber auch dem vom Volk gewählten Reichstag einigen Einfluss zugestand. Das Parlament und die in ihm vertretenen politischen Richtungen – Konservative, Liberale, Sozialdemokraten und Katholiken – gewannen immer mehr an öffentlicher Wirkung. Allerdings nutzte Otto von Bismarck seine Stellung als Reichskanzler und bestimmte bis zu seinem Rücktritt 1890 maßgeblich die deutsche Politik.

Außenpolitisch kam es ihm darauf an, die Existenz des neuen Staates zu sichern und den Kriegsgegner Frankreich mithilfe eines komplizierten Bündnissystems zu isolieren.Innenpolitisch versuchte er, die Katholiken und die immer stärker werdenden Sozialdemokraten politisch zu unterdrücken, was ihm jedoch nur zeitweise gelang.

Nach Bismarcks Rücktritt versuchte der junge Kaiser Wilhelm II. ein „persönliches Regiment“ auszuüben: Er wollte wichtige politische Entscheidungen selbst treffen. Innenpolitisch wurden wichtige Reformen nicht durchgeführt, sodass die inzwischen entstandene moderne Industriegesellschaft der seit der Reichsgründung beibehaltenen politischen Ordnung gegenüberstand. Außenpolitisch kam es zu einem grundlegenden Wandel, da Deutschland nun versuchte, eine weltpolitische Rolle zu spielen. Dabei isolierte sich aber das Deutsche Reich in Europa und konnte schließlich nur noch auf Österreich-Ungarn als Bündnispartner zählen.

# 3. Die Industrialisierung und ihre Folgen

Karl Marx (1818–1883)

„Der Streik", Gemälde von Robert Koehler, 1886

George Stephensons „Rocket" von 1829

Arbeiterfamilie in ihrer Wohnung, 1907

**'ahrhunderthalle mit Wasserturm in Bochum**
)ie links im Hintergrund sichtbare Jahrhun-
lerthalle wurde 1902 für eine Gewerbeaus-
tellung errichtet und später als Maschi-
ıenhalle für ein Stahlwerk genutzt. 2002
rfolgte der Umbau zur Festhalle. Der Was-
erturm vorn ist 70 m hoch.

**Lernen in der Schule „im Jahr 2000"**
Zeichnung, 1899

# Die Industrielle Revolution beginnt in England

## Eine weltgeschichtliche Veränderung

Mit der Jungsteinzeit änderte sich die Lebensweise der Menschen grundlegend. Aus Jägern und Sammlern wurden sesshafte Bauern und so bildete die Landwirtschaft für Jahrtausende die Grundlage der menschlichen Gesellschaft. Doch seit seit dem 18. Jahrhundert trat hier eine Veränderung ein, die bis heute fortwirkt. Es entwickelte sich die industrielle Produktionsweise, die es ermöglichte, mit Hilfe von Maschinen massenhaft Güter herzustellen. Es veränderten sich dabei aber auch die Organisation von Arbeit, das soziale Zusammenleben, die Wohnverhältnisse – kurz: die gesamten Lebensverhältnisse. Industrialisierung und politische und soziale Veränderungen, die sich im Zuge der Französischen Revolution vollzogen, hingen voneinander ab und verstärkten sich gegenseitig.

Die dramatische Veränderung der Produktions- und Lebensverhältnisse vollzog sich rasch und betraf das Leben des Einzelnen so entscheidend, dass diese Entwicklung als Industrielle Revolution bezeichnet wird. Die Welt hatte ihr Gesicht innerhalb eines kurzen historischen Zeitraums grundlegend gewandelt.

M 1

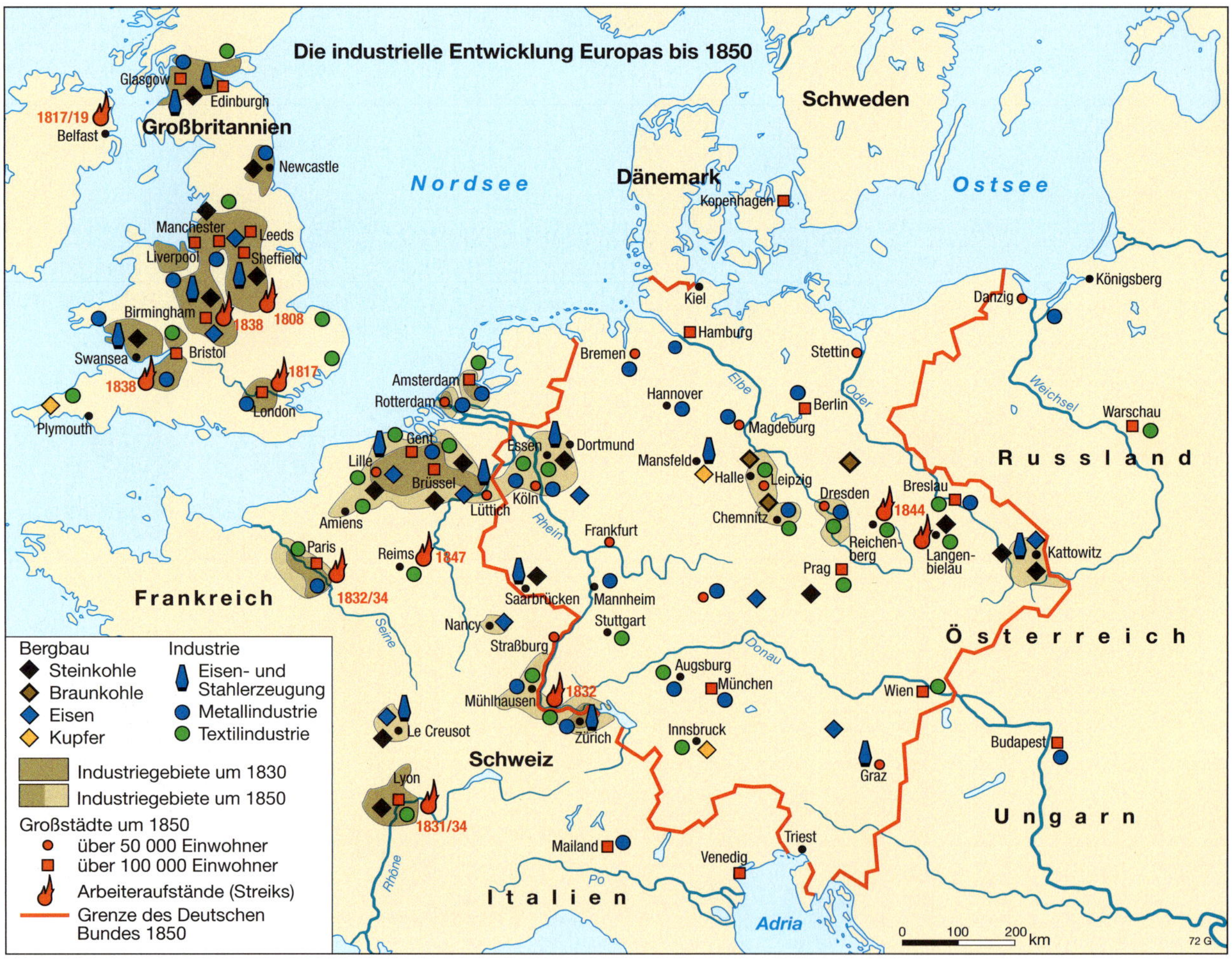

M 2 **James Watt (1736–1819)**
Er erfand 1769 die Dampfmaschine.

**England – „Mutterland der Industrialisierung"**
Die Industrielle Revolution begann in England. Dort hatte sich bereits Mitte des 18. Jahrhunderts der Übergang von traditioneller handwerklicher Fertigung in Kleinbetrieben zur modernen industriellen Produktion in Fabriken vollzogen. Damit entstanden erste industrielle Ballungszentren. War früher ein Produkt von Einzelnen hergestellt worden, gab es in den Manufakturen des Absolutismus bereits Arbeitsteilung. Nun kam der Einsatz von Maschinen hinzu.

Veränderungen in der Produktionsweise betrafen zunächst die Textilindustrie. Dies war der Wirtschaftszweig, der die weitere Entwicklung in England bestimmte. Zum einen verbesserten neu entwickelte Spinnmaschinen, die zunächst per Hand, später mit Pferde- und Wasserkraft angetrieben wurden, die Menge und Qualität der erzeugten Garne. Zum anderen ermöglichten bessere Webstühle die Herstellung hochwertiger Stoffe in kürzerer Zeit. Diese wurden durch die neuen Dampfmaschinen betrieben, die unabhängig vom Standort eine gleich bleibende Energieversorgung ermöglichten.
Der Einsatz von Dampfmaschinen beflügelte die Industrialisierung in Großbritannien. Dampfmaschinen senkten die Kosten und ermöglichten eine mechanisierte Großproduktion nicht nur in der Textilindustrie, sondern auch in der ständig wachsenden Zahl anderer Industriesparten. So z. B. in Bergwerken, Kohlenzechen, Hüttenwerken und später auch der Landwirtschaft.

Neben der Textilindustrie besaß die Schwerindustrie große wirtschaftliche Bedeutung. Der Abbau von Eisenerz, die Gewinnung von Eisen und die Weiterverarbeitung etwa im Maschinenbau spielten bei der Industrialisierung eine zentrale Rolle.

**Warum wurde England Geburtsort der Industrialisierung?**
Bei der Beantwortung dieser Frage muss man viele Aspekte berücksichtigen, denn nur das Zusammenwirken verschiedener Faktoren kann die Vorreiterrolle Englands erklären.

M 3 **Modell der Dampfmaschine**
von James Watt

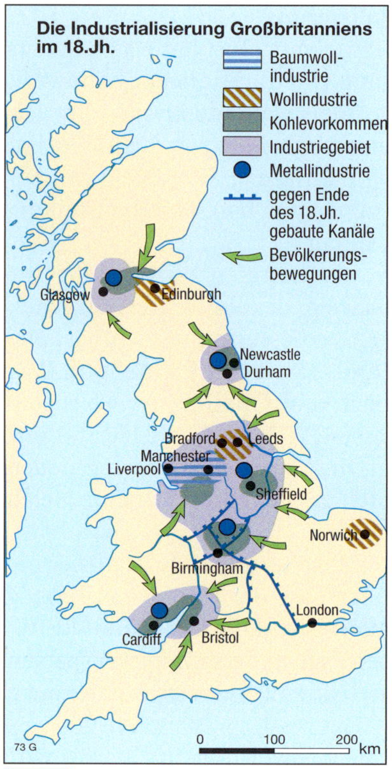


M 4

England profitierte von zahlreichen Faktoren, die das Emporwachsen einer Industrielandschaft begünstigten:

Zunächst förderte eine lange Friedensperiode den Ausbau der Infrastruktur. Kohle- und Eisenerzvorkommen in vorteilhafter Lage begünstigten zusammen mit einem leistungsfähigen Fluss- und Kanalsystem die Entstehung von Schwerindustrie und Maschinenbau. Rohstofflieferanten wie Nordamerika mit seinen Baumwollplantagen dienten zugleich als Absatzmarkt für englische Maschinen und Fertigprodukte.

Die insulare Lage begünstigte diese Entwicklung. Ein- und Ausfuhren wurden dadurch erleichtert, dass England nicht nur über gute Häfen verfügte, sondern bereits seit dem 17. Jahrhundert die Meere beherrschte. Wasserreiche Flüsse und Bäche lieferten die Antriebsenergie in der ersten Phase der Industrialisierung.

Zudem schufen Veränderungen in der Landwirtschaft günstige Voraussetzungen. Seit Mitte des 18. Jahrhunderts verbesserte sich die Nahrungsmittelversorgung für eine ständig wachsende Bevölkerung. Die Züchtung widerstandsfähiger Nutztiere und die intensive Nutzung des Bodens steigerten die Produktion landwirtschaftlicher Erzeugnisse. Die Grundbesitzer, meist Adlige, waren bestrebt ihre Erträge zu steigern. Viele Bauern konnten dieser Konkurrenz nicht standhalten und verloren ihre Selbstständigkeit. So standen sie nun den neu entstehenden Fabriken als Arbeitskräfte zur Verfügung.

Günstig für die Industrialisierung war auch Englands innenpolitische Lage. Es erwies sich als vorteilhaft, dass das Parlament auf die Gesetzgebung Einfluss nehmen konnte – anders als in anderen Staaten Europas – und so die Interessen der neuen Schicht von Unternehmern wahrte. Die Freiheit des Einzelnen auch in Wirtschaft und Industrie sowie die freie Verfügung über das Privateigentum charakterisierten ein System, das die Initiative des Einzelnen förderte. Aus religiöser Überzeugung strebten besonders Puritaner nach wirtschaftlichem Erfolg. So stieg England zur führenden Industrienation auf und konnte diese Stellung lange Zeit behaupten.

**M 5 Einsatz der Dampfmaschine**
Im Bergbau trieben Dampfmaschinen Wasserpumpen und Förderanlagen an, 19. Jahrhundert.

**M 6 Der Montagesaal einer Spinnmaschinenfabrik in Böhmen**
Über Transmissionsstangen und -riemen konnte eine Dampfmaschine viele einzelne Maschinen antreiben. Die Zahl der Arbeitsplätze wurde auf diese Weise entscheidend erhöht, ebenfalls auch die Zahl der gleichzeitig durchführbaren Arbeitsschritte, zeitgenössische Abbildung.

**M 7 Lokomobile**
Mit Dampfkraft betriebene Pflüge erleichtern auch die Produktion in der Landwirtschaft, Holzstich, 1890.

**M 8** **Spinnrad**

Höhere Nachfrage nach Stoffen erfordert eine Weiterentwicklung der Herstellung von Garn. Dieses wird aus Fasern wie etwa Wolle durch Drallgebung zu einem Faden versponnen. Um den Drall zu erhalten, verwendete man Tausende von Jahren einfache Spindeln. Verbesserungen in der Webtechnik steigerten den Bedarf an Garn. Die Antwort darauf war die Erfindung des Spinnrads gegen Ende des 13. Jahrhunderts. Hier wurde das Prinzip einer Kraftübertragung mittels eines Riemens angewandt, wobei ein Pedal und ein Schwungrad unterstützend wirkten. So konnte die Nachfrage lange ausreichend befriedigt werden.

**M 9** **Spinnmaschine**

Der englische Weber James Hargreaves entwickelte um 1764 die erste Spinnmaschine, die so genannte „Spinning Jenny“:
Bei dieser sitzen auf dem schräg in das Grundgestell eingebauten Rahmen Spulen mit Vorgarn (A). Von hier wird der Faserstrang über die so genannte Klaue (B) zu dem senkrecht im Grundgestell stehenden Spindeln geleitet (C). Die Klaue ist auf Rollen auf dem Rahmen hin- und herschiebbar. Die Spindeln werden durch ein Handrad (D) über eine Walze (E) angetrieben, von der die Drehbewegung durch Riemchen auf kleine Rollen auf den Spindelachsen (F) übertragen wird. Ein Draht (G) wird – fernbedient – von den Spindelspitzen aus heruntergedrückt, wenn der Faden beim Spinnen über die Spindelspitze abspringen soll.

Zit. nach: Almut Bohnsack, Spinnen und Weben. Entwicklung von Technik und Arbeit im Textilgewerbe, Reinbek 1981, S. 197.

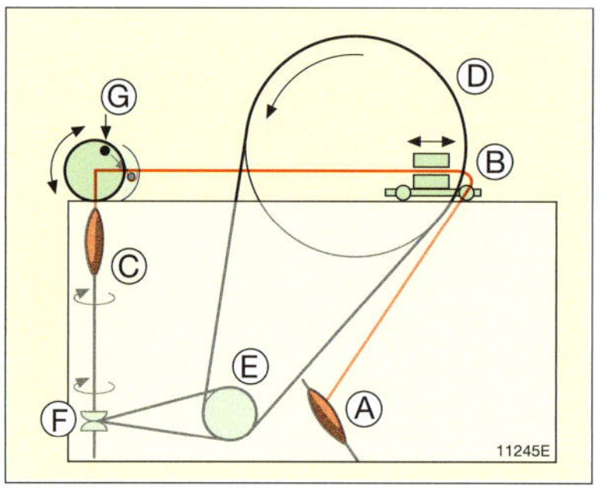

**M 10** **Die Industrielle Revolution**

*Der Historiker Carlo Cipolla schreibt über die Bedeutung der Industriellen Revolution:*

Ich sagte oben, dass das einzige geschichtlich vergleichbare Ereignis mit der Industriellen Revolution die neolithische ist. Aber – abgesehen von allen anderen Erwägungen: die neolithische Revolution entwickelte sich im Lauf Tausender von Jahren. Sie brauchte mehr als 5000 Jahre, um vom Mittleren Osten nach Skandinavien zu gelangen, und etwa 2500 Jahre, bis sie von Mexiko zum Quellgebiet des Ohio River vordrang. Der Mensch hatte Zeit sich nach und nach anzupassen. Die Industrielle Revolution hingegen hat die Welt überfallen, unsere ganze Existenz umgekrempelt, die Strukturen aller bestehenden menschlichen Gesellschaften über den Haufen geworfen – und das innerhalb von nur acht Generationen. Und heute beginnt sie uns mit größter Eile neue Probleme von solcher Ungeheuerlichkeit aufzuzwingen, dass der menschliche Geist in seinem gegenwärtigen Zustand sie kaum zu erfassen vermag: den unkontrollierten Bevölkerungszuwachs; die Wasserstoffbombe; die Verpestung der Luft und der natürlichen Umgebung durch Industriemüll; die Notwendigkeit der Massenerziehung; die stetige Zunahme von alten Menschen, die zwar am Leben erhalten, aber von der restlichen Gesellschaft zurückgewiesen werden; das Ende des traditionellen Staates; die wissenschaftliche Organisation unkontrollierbarer Machtzentren; die unbegrenzten Möglichkeiten, die Genetiker und Biologen besitzen, um die Natur und das Verhalten der Menschen zu beeinflussen. Unter dem Gewicht dieser Probleme brechen die alten Strukturen zusammen. Die Konservativen beklagen sich, sie verstünden nicht mehr, was vor sich geht, und täuschen sich selbst, indem sie eine Vergangenheit am Leben zu erhalten suchen, die längst tot ist. Diejenigen, die verstehen, was vor sich geht, aber nicht wissen, wie derart ungeheuerliche Probleme zu lösen sind, leiden. Die jungen Leute protestieren, wenn sie merken, wie überholt die alten Institutionen sind, aber auch sie haben keine besseren Heilmittel und machen ihrer Enttäuschung in Wogen leidenschaftlicher Anarchie und wütenden Hasses gegen ihr Erbe Luft. Alle sind überrumpelt worden. Es ist die Geschichte des „Zauberlehrlings", über die man lachen könnte, wenn sie nicht so tragisch wäre.

Cipolla, Carlo M./Borchardt, Knut (Hg.), Europäische Wirtschaftsgeschichte, Bd. 3, Die Industrielle Revolution, Stuttgart/New York 1985, S.10.

## Aufgaben

1. a) Suche die im Text genannten Rohstoffvorkommen auf den thematischen Karten.
   b) Erläutere den Zusammenhang zwischen Rohstoffvorkommen und industriellen Standorten in England.
   c) Welche günstigen Faktoren erleichterten den überseeischen Warenaustausch?
   → Text, M1, M5
2. a) Untersuche, welche Vorteile die Mechanisierung in der Textilproduktion brachte.
   b) Überlege, inwieweit durch diese Form der Produktion auch andere Bereiche der Industrie gefördert wurden.
   c) Erläutere, welche Auswirkungen diese Produktionsform auf die Arbeiter hatte.
   → Text
3. a) Versuche, aus einem Bausch Watte einen Faden zu flechten.
   b) Inwieweit stellt das Spinnrad eine Erleichterung dieses Vorganges dar?
   c) Beschreibe die Funktionsweise eines Spinnrads.
   d) Untersuche, welche Folgen der Einsatz von Spinnmaschinen auf die Produktion und die Arbeitsverhältnisse hat.
   e) Überlege, welche Folgen das Fehlen von Spinnmaschinen auf unser Leben heute hätte.
   → Text, M6, M8, M9
4. Fasse zusammen: Warum war England das „Mutterland" der Industrialisierung? → Text
5. a) Analysiere die Aussagen des Historikers Cipolla zur Industriellen Revolution.
   b) Welche Probleme wirft nach seiner Ansicht die Industrialisierung auf?
   c) Stimmst du dieser Sichtweise zu? Begründe.
   → M10

# Anfänge der Industrialisierung in Deutschland

## Die schlechte Ausgangslage

Im Vergleich zu England erfolgte die Industrialisierung in Deutschland zeitlich verzögert. Die Phase der so genannten Frühindustrialisierung dauerte bis Mitte des 19. Jahrhunderts. Erst ab 1850 erfolgte der umfassende Ausbau der Industrie; um 1900 schließlich war Deutschland eine Industriegesellschaft.

Die territoriale Zersplitterung Deutschlands erwies sich lange als Hemmnis der industriellen Entwicklung. Unterschiedliche Rechtssysteme und Zollgrenzen lähmten den Verkehr zwischen den einzelnen Territorien. Zwar gab es in Städten wie Augsburg, Nürnberg oder Solingen Schwerpunkte handwerklicher Fertigung und in einigen Mittelgebirgen Zentren mit Heimarbeitern. Doch blieb die Zahl der dort Beschäftigten gering, denn die überwiegende Mehrheit der Bevölkerung arbeitete in der Landwirtschaft. In den Städten regelten die Zünfte die handwerkliche Produktion, was sich hemmend auswirkte.

M 1

**Der Deutsche Zollverein (bis 1842)**

- Preußischer Zollverband mit Anschlüssen 1828
- Mitteldeutscher Handelsverein 1828 – 1831
- Bayerisch-Württembergischer Zollverein 1828 – 1833
- Deutscher Zollverein 1834
- Beitritte bis 1842
- Grenze des Deutschen Bundes 1839
- Eisenbahnen bis 1855

L. = Lippe,
S.-L. = Schaumburg-Lippe
W. = Waldeck

0 50 100 km

M 2 **Friedrich Harkort (1793–1880).** Der Industrielle gründete große Fabriken, bemühte sich um soziale Einrichtungen und war ein führender Politiker im preußischen Abgeordnenhaus, zeitgenössisches Gemälde.

## Der Staat greift ein

Einen wichtigen Schritt in die Zukunft bildeten Reformen, die Länder wie Preußen oder Bayern einleiteten. Die Bauernbefreiung beendete die jahrhundertelange Erbuntertänigkeit, ermöglichte den Bauern die Selbstständigkeit oder zwang sie zur Lohnarbeit. Weitere Gesetze hoben den Zunftzwang auf und gewährten allen Bewohnern Freizügigkeit und Gewerbefreiheit. So konnte jeder einen Betrieb mit beliebigen Produkten eröffnen. Durch Gewerbe- und Industrieausstellungen, durch Bankgründungen, die neuen Unternehmern Kapital zur Verfügung stellten, sowie durch zahlreiche Einzelmaßnahmen unterstützte der Staat die Industrialisierung. Auch im Bereich der Erziehung wurde der Staat aktiv. So gründete er Schulen, die der Ausbildung neuer technischer Eliten dienten.

Auch die Handelspolitik trug entscheidend zum Wandel der deutschen Wirtschaftsstruktur bei. 1818 schaffte Preußen die Zölle zwischen seinen Provinzen ab. Die süddeutschen Staaten reagierten 1828 mit der Gründung eines eigenen Zollvereins. 1834 schuf der auf Anregung des Wirtschaftsfachmanns Friedrich List zu Stande gekommene Deutsche Zollverein allmählich einen einheitlichen deutschen Wirtschaftsraum. Das brachte den Mitgliedsstaaten durch die Ausweitung des Handels eine kräftige Belebung der Wirtschaft. Viele Historiker betrachten die Gründung des Deutschen Zollvereins als entscheidenden Schritt zur nationalen Einheit Deutschlands.

## Die Rolle der Unternehmer

Eine nicht zu unterschätzende Rolle bei der Industrialisierung Deutschlands spielten Unternehmerpersönlichkeiten. So brachte der Industrielle Friedrich Harkort (1793–1880) von einer Informationsreise durch England Facharbeiter und Techniker mit. Es gelang ihm, Kredite zu erhalten und 1819 die „Mechanischen Werkstätten Harkort u. Co." in Wetter an der Ruhr zu gründen. 1820 wurden dort die ersten beiden Dampfmaschinen produziert. Harkort errichtete Kupfer- und Eisenwalzwerke und förderte die Eisenbahn und Binnenschifffahrt. Bis 1871 war er zudem als Liberaler politisch tätig.

M 3 **Harkortsche Fabrik 1834** auf Burg Wetter. Hier baute Harkort den ersten Hochofen ohne Rauchgemäuer: 16 m hoch, nur umgeben von Eisenreifen, zeitgenössische Darstellung.

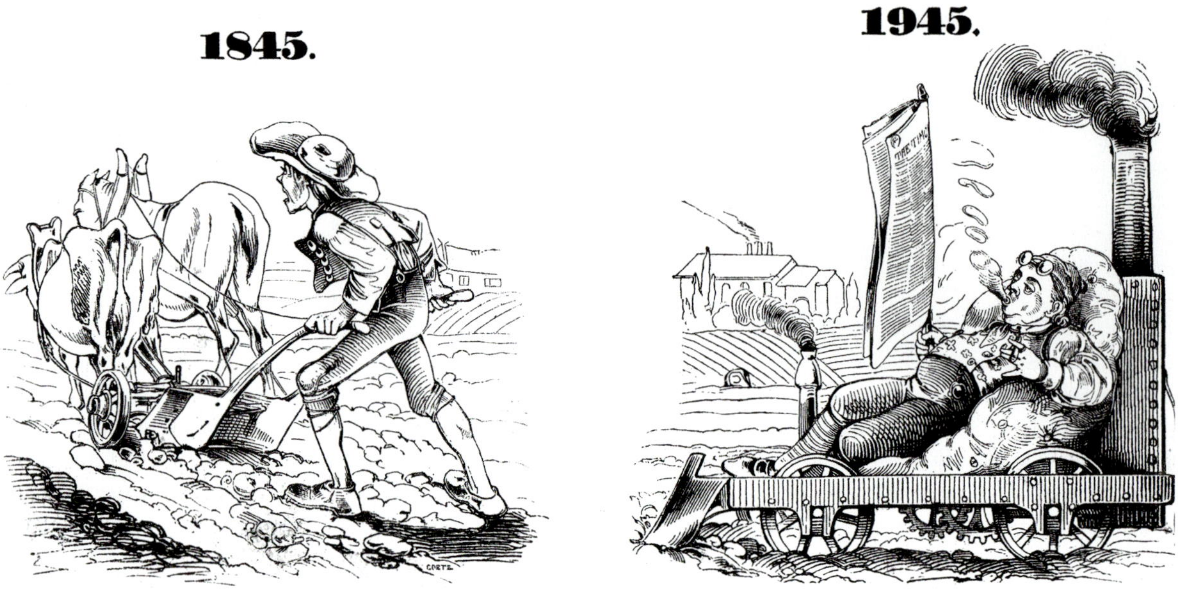


**M 4** **Gegenwart und Zukunft**
Karikatur aus: „Fliegende Blätter", 1845

**M 5** **Pro und contra Fabrikwesen (1841)**

*In einem Jahresbericht über die Königliche Kreis,-Landwirtschafts- und Gewerbeschule zu Regensburg für das Schuljahr 1840/41 wurde über das Fabrikwesen Folgendes geschrieben:*

Als bedeutende Vorteile unseres Fabrikwesens können mit unumstösslicher Gewissheit geltend gemacht werden:
1. dass viele Artikel für den heutigen Bedarf nur und einzig auf dem Fabrikwege herzustellen seien,
2. dass die Fabriken, so lange sie im Gange sind, mehr Hände beschäftigen, als früher einzelne Handwerker in demselben Fache beschäftigt waren,
3. dass ein gleichmäßiger, zu berechnender Effekt nur durch Maschinen erzielt werden könne,
4. dass die Handwerker teils durch Hilfe von Maschinen und Fabrikwaren, teils wegen Konkurrenz mit diesen bedeutenden Aufschwung erhielten,
5. dass viele der menschlichen Gesundheit schädliche Arbeiten durch Maschinen verrichtet werden, und
6. der menschlichen Kraft ein würdigeres und zweckmäßigeres Feld angewiesen wird.

Die Nachteile des Fabrikwesens sind nicht minder auffallend, sie verdienen um so mehr die ernsteste Betrachtung, als solche durch zweckdienliche Vorkehrungen und Verwaltungsmaßregeln großenteils gehoben werden könnten.
Es kann durch das Stillestehen einer Fabrik die Einwohnerschaft einer ganzen Gegend um den täglichen Unterhalt gebracht werden, weil die Fabrikarbeiter sich in andere Verrichtungen nicht zu schicken wissen, woraus sich von selbst ergibt, dass die Ausbildung dieser Leute teils durch die Einseitigkeit der Arbeit, teils durch den Umstand, dass die Kinder schon von frühester Jugend an in den Fabriken beschäftigt werden, sehr niedergehalten wird. Eine fernere Folgerung ist diese, dass auf solche Weise der arbeitenden Klasse die Mittel entzogen werden, sich höher zu schwingen und Selbstständigkeit zu erlangen; denn, indem jedes Unternehmen schon zum Beginne sehr bedeutende Mittel und umfassende Kenntnisse erheischt, verbinden

sich gewöhnlich Leute von hohem Wohlstande mit einem wissenschaftlich gebildeten unternehmenden Kopfe (der Kapitalist mit dem Ingenieur in England), wo dann der letztere alle Arbeiten angibt, leitet und in jedem Sinne des Wortes für alle denkt. Obwohl menschliche Kräfte durch die Maschinen erspart und wichtigem Zwecke zugewendet werden können, wollen sich, abgesehen von obigem Grunde, doch die Fabrikarbeiter nie zur Feldarbeit, der ersten und nützlichsten aller Verrichtungen bequemen, können es auch nicht, weil diese einen gesunden Körper erfordert: deshalb finden wir es häufig, wenn es in Gegenden an Feldarbeitern fehlt, so hunderte von Fabrikgehilfen auf Beschäftigung warten.

Dann werden nur zu häufig neue Luxusgegenstände erfunden und mit diesen bisher unbekannte Bedürfnisse eingeführt, die, wenn sie nicht als Fabrikwaren außerordentlich wohlfeil geliefert würden, nie Eingang fänden; oder es werden Gewerbe, welche weder große geistige Fähigkeiten noch bedeutenden Aufwand von Handarbeit erfordern, gänzlich durch eine Fabrik unterdrückt.

Wir gedenken hier eines einzigen Falles: Vor einigen Jahren kamen die Haarbürsten in Aufnahme, und ein industrieuser Engländer fasste den Plan, diesen Artikel im Großen anfertigen zu lassen. Das Unternehmen glückte, erhielt Ausdehnung, alles, was irgend von Borsten zu Markte kam, wurde durch englische Agenten aufgekauft, und jetzt sieht sich ein großer Teil von Europa (in Deutschland mehrere Gegenden ganz ausschließlich) mit Bürsten aller Arten aus England versehen, sodass den einschlägigen Handwerkern, welche auf keine Weise mit den englischen Unternehmern konkurrieren konnten, nichts übrig blieb, als Niederlassungen eines ausländischen Fabrikates zu errichten.

Ähnlich verhält sich`s mit unzähligen Artikeln. – Der größte Nachteil aber, der aus der leichten Maschinenproduktion erwuchs, ist ohne Zweifel ein hoch gesteigerter Kleiderluxus und Hang zum Aufwand bei den minder bemittelten Volksklassen, nebst all´ den Übeln, die sich hieran knüpfen.

Konrad v. Zwehl/Susan Boenke (Hg.), Aufbruch ins Industriezeitalter, Bd. 3: Quellen zur Wirtschafts- und Sozialgeschichte Bayerns vom ausgehenden 18. Jahrhundert bis zur Mitte des 19. Jahrhunderts, München 1985, S.137 f.

## Aufgaben

1. Untersuche, ab wann man von der Industrialisierung Deutschlands sprechen kann.
   → Text, S. 84 (M1)
2. Welche verschiedenen Maßnahmen ergriffen die Länder, um die Industrialisierung Deutschlands voranzutreiben?
   → Text
3. Welche Rolle spielten die Unternehmer?
   → Text
4. a) Ordne die Beitritte der Länder zum Deutschen Zollverein zeitlich ein.
   b) Welche Vorteile brachte den Ländern der Beitritt zum Deutschen Zollverein?
   c) Welche politische Bedeutung kommt dem Deutschen Zollverein zu?
   d) Warum ist Österreich dem Zollverein nicht beigetreten? Suche nach Gründen!
   → Text, M1
5. a) Wie wird die Situation 1848 dargestellt?
   b) Beurteile, inwieweit die Vision für 1945 verwirklicht wurde.
   → M4
6. Analysiere den Bericht von 1841 zum Fabrikwesen.
   a) Welche Vorteile schildert der Bericht?
   b) Welche Gefahren werden dargestellt?
   c) Wie beurteilst du die dargestellten „Gefahren" aus heutiger Sicht?
   → M5

M 1 **Erste Eisenbahnstrecke**
Am 7. Dezember 1835 wurde zwischen Nürnberg und Fürth die erste deutsche Eisenbahnstrecke eröffnet. Ihre Länge betrug 6,5 km, die Lokomotive „Adler" stammte aus England.

# Deutschland auf dem Weg zum Industriestaat

## Der Durchbruch der Industrialisierung

Nach zögerlichem Beginn vollzog sich zwischen 1850 und 1870 der Durchbruch zur Industriegesellschaft. Diese Periode wird in der Wissenschaft oft als „Take-off-Phase", als Phase des endgültigen „Abhebens" bezeichnet. Die Industrialisierung breitete sich in regional unterschiedlicher Geschwindigkeit aus, zuerst in Schlesien, Sachsen und im Rheinland, später in Westfalen, Hessen, Baden, Württemberg und Bayern. Neben Industrieregionen gab es von wirtschaftlichen Neuerungen weit gehend unberührte Gebiete. Während die politischen und sozialen Veränderungen durch das Scheitern der Revolution von 1848/49 gehemmt wurden, setzte sich der Prozess der Industrialisierung beschleunigt fort.

## Der Eisenbahnbau als Leitsektor

Wesentliche Triebkraft hinter der Beschleunigung der Industrialisierung war der Eisenbahnbau, dessen Anfänge in der ersten Hälfte des 19. Jahrhunderts liegen. Trotz anfänglicher Widerstände wurde nun Kapital in bisher ungekanntem Ausmaß eingesetzt, um die neue Technik zu finanzieren. Der Staat unterstützte den Ausbau eines Eisenbahnnetzes und genehmigte die Zulassung von Aktiengesellschaften: Gegen Einlage einer Geldsumme konnten Anteilscheine an einem Unternehmen, also Aktien, erworben werden. Dies verschaffte dem Unternehmen Geld. Die Aktionäre hofften natürlich auf Gewinn, mussten aber bei schlechtem Geschäft auch die Verluste tragen.

## Die Entwicklung der Eisenbahn

1814 hatte George Stephenson eine betriebstaugliche Dampflokomotive erfunden; 1820 wurden erstmals Eisenbahnschienen aus gewalztem Stahl hergestellt; 1825 ging die erste öffentliche Eisenbahnstrecke zwi-

M 2 **Dampflokomotive (1829)**
George Stephensons „Rocket" erreichte eine Geschwindigkeit von 48 km/h und beförderte etwa 30 Personen.

M 3 **Lokomotive „Beuth" (1843)**
Die dreiachsige Lokomotive wurde bei der 1837 in Berlin gegründeten Maschinenfabrik Borsig gebaut.

schen Stockton und Darlington in Betrieb. Am 7. Dezember 1835 wurde die erste deutsche Eisenbahnstrecke von 6,5 km Länge zwischen Nürnberg und Fürth eröffnet. Die Lokomotive „Adler“ hatte Stephenson in England gebaut, Flussschiffe und Ochsengespanne hatten sie zu ihrem Einsatzort transportiert. Der Lokomotivführer William Wilson, von Stephenson persönlich ausgebildet, baute sie an Ort und Stelle zusammen. Die herausragende Rolle englischer Technik zeigte sich daran, dass Wilsons Einkommen das des Direktors der Eisenbahnlinie erheblich übertraf.

In der Folgezeit bestimmten die Deutschen zunehmend das Eisenbahnwesen. Der in München geborene Joseph Anton von Maffei (1790–1870) erwarb 1838 ein Eisenhammerwerk in München. Er stellte Ingenieure aus George Stephensons Firma ein und erwarb so englisches Fachwissen auf dem Gebiet des Dampflokomotivbaus. 1841 war die erste Maffei-Dampflokomotive fertig. Bis 1870 lieferte die Firma mehr als 400 Lokomotiven allein an die Bayerischen Staatsbahnen, von denen manche über 50 Jahre ihren Dienst versahen. – In Berlin gründete August Borsig (1804–1854) eine Eisengießerei und Maschinenbauanstalt, die schon bald Lokomotivreparaturen ausführte und 1841 die ersten eigenen Lokomotiven produzierte. 1875 zählte Borsig neben Baldwin in den USA zu den größten Lokomotivfabriken der Welt und belieferte Staatsbahnen im In- und Ausland.

Die weitere Entwicklung verlief rasant: Die Bahn erwies sich als großer finanzieller Erfolg und beförderte innerhalb eines Jahres über 240 000 Personen. Durch das „Eisenbahnfieber“ schnellte die Zahl der eisen- und stahlverarbeitenden Betriebe in die Höhe und ließ den Bedarf an Arbeitskräften sprunghaft steigen. Davon profitierten Arbeitslose auch in ländlichen Gebieten. Das sich ausweitende Streckennetz verbilligte den Transport von Menschen und Gütern. Die Reisedauer zwischen den Städten verkürzte sich beträchtlich und die ungewohnte Mobilität veränderte das Lebensgefühl der Menschen entscheidend.

**M 4 Lokomotive (1867)**
Lokomotiven wie diese der Berliner Fabrik Schwarzkopff bestimmten die zweite Hälfte des 19. Jh.

**M 5 Schnellzuglokomotive (1906)**
Gebaut bei Maffei in München zog sie den Rheingoldexpress und fuhr einen Schnellfahrrekord von 154 km/h.

**M 6 Eisenbahnfahrt**

*Der folgende Bericht schildert, wie ein Zeitgenosse eine Eisenbahnfahrt im Jahr 1839 erlebte:*

Wir sitzen; die Maschine gibt sich mit einem durchdringenden Pfiffe selbst das Zeichen und rollt davon. Das Ungetüm jagt rasselnd, dampfend, schnaubend dahin und darüber kommt die ganze Gegend in Unordnung und fährt wie besessen durcheinander.

Die fernen Höhen rücken eiligst näher, einzelne Häuser schießen pfeilschnell daher und fahren pfeilschnell wieder davon. Wenn man durch die Alleebäume auf das Gebirge sieht, so ist´s gerade, als ob die ungeheure Zugspitze den andern Bergen nachjagte, die lustig vor ihr davon rennen. Fährt man durch einen Hain, so lassen sich zwar die vordern Bäume an der Straße ganz vernünftig an, aber hinten im Walde sieht es aus, als ob die Fichten scherzend durcheinander liefen. [...]

Die Maschine hält: wir sind in Lochhausen, einem stillen, verlegenen Dörfchen, zwei Stunden von München, von welchem ehedem nur die nächsten Nachbarn etwas wussten und das nun den Münchnern so bekannt geworden ist, wie Neuberghausen oder Hessellohe. Diese Ortschaft war nämlich viele Monden lang der Port, in dem der Dampfwagen seine Fahrt beschloss, zu einer Zeit, da er noch in Windeln lag und sich nicht weiter getraute, weil die Schienen nicht gelegt waren.

Damit ging ein glücklicher Stern auf für Lochhausen, das überrascht und freudetrunken täglich Hunderte von Hauptstädtern ankommen sah, die die Eisenbahn hatten probieren wollen. Diese Frequenz hat allerlei abgesetzt; ein solcher Niederschlag ist zum Beispiel der schmucke Wirtshauspavillon von Holz rechts der Bahn und das mächtige Belvedere gleichen Stoffes zu seiner Seite. [...] Auch ist hier eine Anhöhe durchgegraben, deren Ränder ein gemauerter Bogen verbindet, welcher geschmackvoll entworfen und nagelneu, wie er ist, die Umgebung nicht wenig heraushebt.

Nach ein paar Minuten, während deren manche Passagiere ausgeschifft und andere an Bord geladen worden sind, macht sich der Zug wieder auf und eilt wieder tobend davon. Doch wird noch an verschiedenen Dörfern gehalten, ehe wir nach Nannhofen kommen, das acht Stunden von München liegt und gegenwärtig der äußerste Punkt ist, bis zu dem die Lokomotive geht. Allenthalben werden an den Stationen Gebäude errichtet für die Leute der Bahn und geräumige Hallen zur Unterkunft für die Wartenden. [...]

Nun sind wir in Nannhofen und steigen immerhin zufrieden aus, wenn auch anderthalb Stunden darauf gegangen sind, um eine Strecke von acht Stunden zurückzulegen. Diese lange Dauer der Fahrt ist zunächst dem oftmaligen Anhalten zuzuschreiben; denn außer der Zeitversäumnis in den verschiedenen Dörfern geht aus der Kürze der Stationen auch noch der Übelstand hervor, dass der Drache an der Spitze nie dazu kommt, seine Flügel so recht kräftig zu schlagen, weil er immer schon wieder am Ziele ist, wenn er gerade in den besten Eifer geraten will.

Zit. nach: Konrad v. Zwehl/Susan Boenke (Hg.), Aufbruch ins Industriezeitalter, Bd. 3: Quellen zur Wirtschafts- und Sozialgechichte Bayerns vom ausgehenden 18. Jahrhundert bis zur Mitte des 19. Jahrhunderts, München 1985, S. 173 f.

**M 7 „Eisenbahnvermessung"**

„Aber mein Herr, so schätzenswert mir die Ehre Ihres Besuches ist, so muss ich doch gestehen, dass ich die Absicht hatte, auch heute dort in dem Bette zu schlafen."
Der Geometer: „Herr, schlafen Sie, wo Sie wollen, aber merken Sie sich diese offizielle Verkündigung: Im Namen der Eisenbahn! Wer irgend einen der zu der Vermessung nötigen Pfähle auch nur kurze Zeit herauszieht, muss die gesamten Vermessungskosten zahlen. Im Namen der Eisenbahn! – Guten Abend", Karikatur, 1845

M 8

## Länge der Eisenbahnstrecken in Deutschland

| Jahr | km | Jahr | km |
|---|---|---|---|
| 1845 | 2131 | 1880 | 3 3865 |
| 1850 | 5822 | 1885 | 37572 |
| 1855 | 7781 | 1890 | 41818 |
| 1860 | 11026 | 1895 | 45203 |
| 1870 | 18560 | 1900 | 49878 |
| 1875 | 27795 | 1905 | 54680 |

nach: Werner Sombart, Die deutsche Volkswirtschaft im 19. Jahrhundert (1903), Darmstadt 1954, S. 493

M 9

## Aufgaben

1. a) Welche Auswirkungen hat der Eisenbahnbau auf das Land?
   b) Wie stehen der Verfasser des Berichts über die Eisenbahnfahrt und der Karikaturist zum Ausbau der Bahn?
   → Text, M6, M7
2. a) Beschreibe die Entwicklung des Streckennetzes der Eisenbahn bis 1870.
   b) Welche Probleme ergeben sich daraus für die industrielle Erschließung Deutschlands?
   → M8, M9
3. a) Berechne den prozentualen Zuwachs der Streckenlängen zwischen 1845 und 1875.
   b) Welche Rückschlüsse lässt dies auf Deutschlands industrielle Entwicklung zu?
   → M8, M9

M 1 **Glühbirne**
Werbeplakat, Ende 19. Jahrhundert

M 2 **Waschmittel**
Werbeplakat, Anfang 20. Jahrhundert

# Deutschland – ein Industriestaat

**Neue Leitsektoren**

War zunächst die Eisenbahn Motor des Wirtschaftswachstums, so entwickelten sich in rascher Folge neue Industriezweige, die die Industrialisierung vorantrieben. Ende des 19. Jahrhunderts übernahmen die Elektro- und Chemieindustrie die Rolle der Leitsektoren. Nicht mehr die Landwirtschaft, sondern die Industrieproduktion bestimmte jetzt die wirtschaftliche Entwicklung. Um 1900 war Deutschland endgültig zum Industriestaat geworden und kein Agrarland mehr.

**Elektrizität verändert das Leben**

Hatte die Telegraphie als moderne Kommunikationstechnik im amerikanischen Bürgerkrieg und in den deutschen Einigungskriegen bereits eine bedeutende Rolle gespielt, fand sie zunehmend auch zivile Verbreitung und neue Anwendungsbereiche. Das von Alexander Bell 1876 erfundene erste brauchbare Telefon, über das schon ein Jahr später aus Berlin das erste kontinentaleuropäische Telefongespräch geführt wurde, erleichterte die Kommunikation über große Entfernungen.

Die Erfindung der Glühbirne durch Thomas Alva Edison 1879 machte Gaslaternen, Petroleumlampen und Kerzen in den Industriestaaten zunehmend überflüssig. Grundlage all dieser Entwicklungen war das 1866 von Werner von Siemens entdeckte dynamo-elektrische Prinzip, das die Grundlage für die Umwandlung mechanischer in elektrische Energie bildet.

Die Elektrizitätswerke dienten zunächst vor allem der Erzeugung von Strom für die Beleuchtung. Zukunftweisend war jedoch die Verwendung des Stroms für den Betrieb von Elektromotoren. Sie verdrängten bald die Dampfmaschine aus den Fabriken und ermöglichten es auch kleineren Betrieben, sich moderner Produktionsweisen zu bedienen. Besondere Bedeutung erlangte der Elektromotor auch im Verkehr; so konnten die Wohnungen der Arbeiter dank der elektrischen Straßenbahn in größerer Entfernung von der Arbeitsstätte gebaut werden. Immerhin stand 1913 bereits der Hälfte der deutschen Bevölkerung Strom zur Verfügung.

**Aufstieg der Chemieindustrie**

In der zweiten Hälfte des 19. Jh. führten verschiedene Entdeckungen zum rasanten Aufstieg der Chemie- und Farbenindustrie. Wissenschaftler dieser Industriesparten erprobten in Instituten und Forschungslabors neue Verfahrenstechniken. Das Zusammenwirken von Theorie und Praxis erwies sich als sehr erfolgreich und die deutsche Chemieindustrie gewann mit ihrer Produktion und Innovation die internationale Vorherrschaft. An großen Flüssen gelegene Städte wurden zu Produktionszentren, da dort die Rohstoffversorgung einfacher war und genügend Kühlwasser zur Verfügung stand. Allerdings begann damals auch die Einleitung von Schadstoffen in die Flüsse!

Seit 1900 wirkten Elektrizität und Chemie immer stärker zusammen, besonders im Bereich der Metallverarbeitung. Deutschland war zu einer wirtschaftlichen Weltmacht und zum größten Indstrieproduzenten nach den USA aufgestiegen.

**M 3** **Bayer AG (um 1880)**
Das 1863 gegründete Unternehmen zählt zu den bedeutendsten der deutschen Chemieindustrie. 1910 gelang ihm die Herstellung des ersten synthetischen Kautschuks.

**M 4**

Steinkohlenförderung (in Mio. t)

| Jahr | GB | D | Ruhrgebiet |
|---|---|---|---|
| 1820 | 17,7 | 1,3 | 0,5 |
| 1830 | 22,8 | 1,8 | 0,7 |
| 1840 | 34,2 | 3,2 | 1,2 |
| 1850 | 50,2 | 5,1 | 2,0 |
| 1860 | 81,3 | 12,3 | 4,9 |
| 1870 | 112,2 | 26,4 | 11,8 |
| 1880 | 149,3 | 47,0 | 22,5 |
| 1890 | 184,5 | 70,2 | 35,5 |
| 1900 | 228,8 | 109,3 | 59,6 |
| 1910 | 268,7 | 152,8 | 86,9 |

## Entstehung von Großbetrieben

In dieser Phase bildeten sich im Bereich der neuen Leitsektoren sowie im Bergbau und der Schwerindustrie immer mehr Großbetriebe. Siemens, Krupp, Thyssen, AEG, BASF und Bayer sind hierfür Beispiele. Sie entstanden im Zuge des enormen Wirtschaftswachstums oder durch Zusammenlegung bisher selbstständiger Firmen. Solche durch Kapitalbeteiligung miteinander verflochtene Firmen unter einheitlicher Leitung bezeichnet man als „Konzerne". Ihre Belegschaft kann zehntausende Menschen umfassen.

Der Konzentrationsprozess konnte dazu führen, dass die Konkurrenz ausgeschaltet wurde und marktbeherrschende Großunternehmen auf bestimmten Sektoren die Preise weit gehend allein diktierten.

## Industrielandschaften entstehen – das Ruhrgebiet

Das Ruhrgebiet galt für Jahrzehnte als wichtigste Industrieregion Deutschlands. Um die Mitte des 19. Jahrhunderts war es allerdings noch weit gehend ländlich geprägt. Die etwa 300 000 Einwohner verteilten sich auf kleine Landstädte und Dörfer. Erst 1837 wurde der erste Bergwerksschacht eingerichtet und 1847 erreichte die erste Eisenbahnlinie das Ruhrgebiet.

Durch die Kohlevorkommen entwickelte sich das Ruhrgebiet zum industriellen Ballungszentrum. Zwar hatte man hier schon seit dem Mittelalter in Kleinschachtanlagen Kohle gefördert, doch konnte der steigende Brennstoffbedarf der Hochöfen und Dampfmaschinen damit nicht länger gedeckt werden. So wurden weitere Vorkommen im Norden erschlossen und der Berbau technisch perfektioniert.

**M 5 Krupp-Werke (um 1884)**
In den Industrieanlagen, durch die sich 73 km Eisenbahnschienen zogen, arbeiteten über 15 000 Menschen, Gemälde um 1884.

Da die Eisenindustrie Unmengen von Kohle verschlang, musste sie dem Kohlebergbau folgen. Das war umso notwendiger, als das dürftige Straßennetz und die wenigen Pferdebahnen und Treidelschiffe größere Transportleistungen nicht bewältigen konnten. Obwohl ergiebige Kohlenflöze meist ziemlich tief lagen, lohnte sich der Abbau. Das lag daran, dass man um 1850 bereits eine bisher nicht für möglich gehaltene Schachttiefe von 160 m erreicht hatte. Diese Verklammerung von Bergbau und Schwerindustrie machte das Ruhrgebiet zur wichtigsten Industrieregion Deutschlands, die ein Heer von Arbeitskräften anzog. Sie kamen aus allen Teilen Deutschlands, denn die Nachfrage überstieg das Arbeitskräftereservoir der Region bei weitem.

Zehntausende von Arbeitern benötigten mit ihren Familien nun eine Unterkunft, sodass neben den Industriebetrieben große Arbeitersiedlungen entstanden. Kleine Orte wie Essen, Bochum, Dortmund oder Gelsenkirchen wuchsen innerhalb kurzer Zeit zu Großstädten heran. So zählte Essen im Jahr 1850 nur 9000 Einwohner, 1880 bereits 57 000 und hatte 1910 eine Einwohnerzahl von 300 000 erreicht. Nach und nach wurde die notwendige Infrastruktur, also Straßen, Wasserversorgung und Schulen errichtet. Bis dahin gestalteten sich die Wohn- und Lebensverhältnisse außerordentlich schlecht und besserten sich nur sehr langsam.

Heute spielen Bergwerke und Schwerindustrie keine entscheidende Rolle mehr für die Wirtschaft des Ruhrgebiets. Es gibt im Gegenteil große Probleme, denn die „alten“ Industrien sind weit gehend abgestorben, neue Industrien jedoch nicht ausreichend nachgerückt. Die meisten alten Industrieflächen dienen heute anderen Zwecken oder sind sogar in Naturflächen zurückverwandelt worden.

**M 6 „Lernen in der Schule“**

Für eine Sammelbildreihe aus dem Jahr 1899 wurden zahlreiche Zeichnungen angefertigt, die Vorstellungen des Zeichners über das Jahr 2000 aufzeigen.

**M 7 „Die Kosmetikmaschine“**

**M 8 „Die Diktiermaschine“**

**M 9 Das Kruppsche Betriebsgelände „mit etwas Rauch"**, Fotografie von 1867

## M 10 Luftverschmutzung

*a) Alfred Krupp schrieb 1867:*

Nizza, 12. Januar 1867

Für die Pariser Ausstellung und für einzelne Geschenke an hochstehende Personen müssen wir neue Fotografien im Mai, wenn alles grünt und der Wind sille ist, ausführen. Ich denke nämlich, dass die kleinen Fotografien vollkommen im Allgemeinen ausreichen, daneben wünsche ich aber in größtem Maßstabe eine oder besser zwei Ansichten mit Staffage und Leben auf den Plätzen, höfen und Eisenbahnen. Ich würde vorschlagen, dass man dazu Sonntage nehme, weil die Werktage zu viel Rauch, Dampf und Unruhe mit sich führen, auch der Verlust zu groß wäre. Ob 500 oder 1000 Mann dazu nötig sind, stelle ich anheim. Es ist nachteilig, wenn zu viel Dampf die Umgebung unklar macht, es wird aber sehr hübsch sein, wenn an möglichst vielen Stellen etwas weniger Dampf ausströmt. Die Lokomotiven und Züge sind auch sehr imponierend so wie die großen Transportwagen für Güsse.

Historisches Archiv Krupp, Alfred Krupps Briefe und Niederschriften, Bd. 9, 1866–1879, Bl. 108 f.

*b) Der Dichter Philipp Wilkop schrieb 1901 über das Ruhrgebiet:*

Aus tausend Schloten steigt ein dicker Rauch,
Der wälzt sich langsam durch die Lüfte her,
Dann sinkt er nieder dicht und schwarz und schwer
Und brütet dumpf auf Haus und Baum und Strauch.
Es lauert rings ein großes schwarzes Sterben,
Und alle Blätter sind so welk und grau,
Als funkelte hier nie ein Tropfen Tau.
Kein Frühling will die Straße bunter färben [...].

Ihr wisst es nicht, ihr könnt es nimmer wissen,
Und nimmer fühlen könnt ihr all das Leid,
Das mir die ganze Jugend hat zerrissen
Das mich durchbebt so lange, lange Zeit – –
Nur Rauch, nur Qualm, der sich voll träger Ruh
Aus tausend Schloten wälzt in schwarzer Masse –
Wie ich dich hasse, meine Heimat du!
Wie ich seit Kindertagen schon dich hasse!

P. Witkop, Ein Liebeslied und andere Gedichte, Kempten-München 1902, S. 73 f.

*c) Aus dem Ratgeber „Über die Beseitigung der Rauchplage" von 1906:*

Smog, ein neues Wort, mit dem der englische Sprachschatz auf dem Hygiene-Kongress in London 1905 bereichert wurde. Er ist aus den Worten smoke und fog zusammengezogen, etwa wie das Wort „Raubel", „Rauel" oder „Raul" aus Rauch und Nebel.

K.W. Jurisch, Über die Beseitigung der Rauchplage in Städten (Soberdruck aus dem Gewerblich Technischen Ratgeber 5, H. 20), Berlin 1906, Anmerkung S. 13.

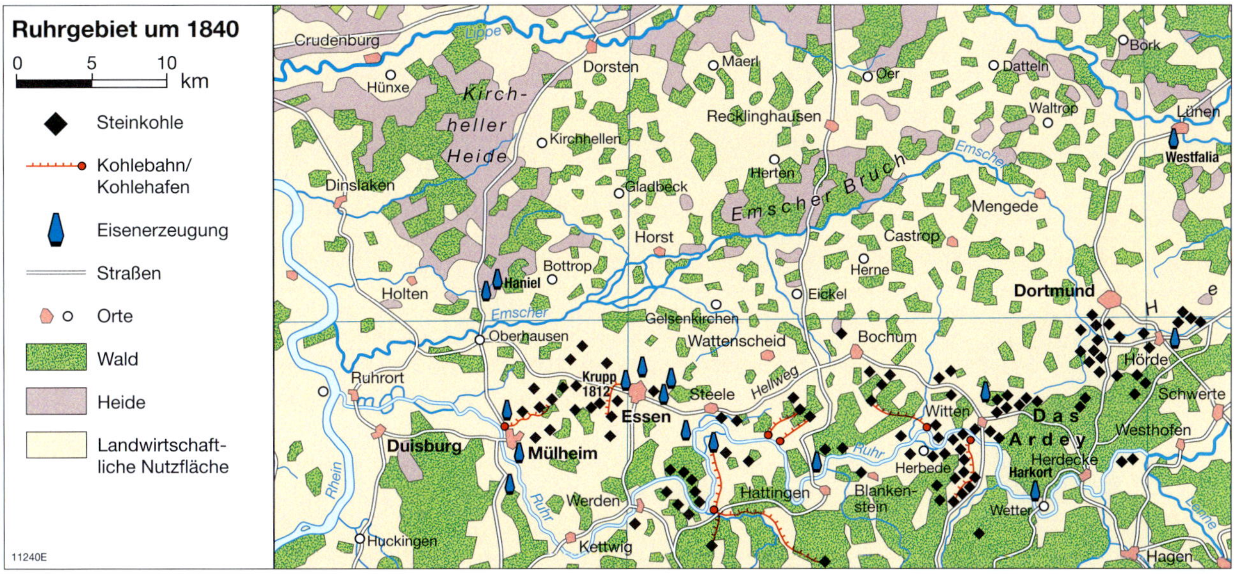


M 11

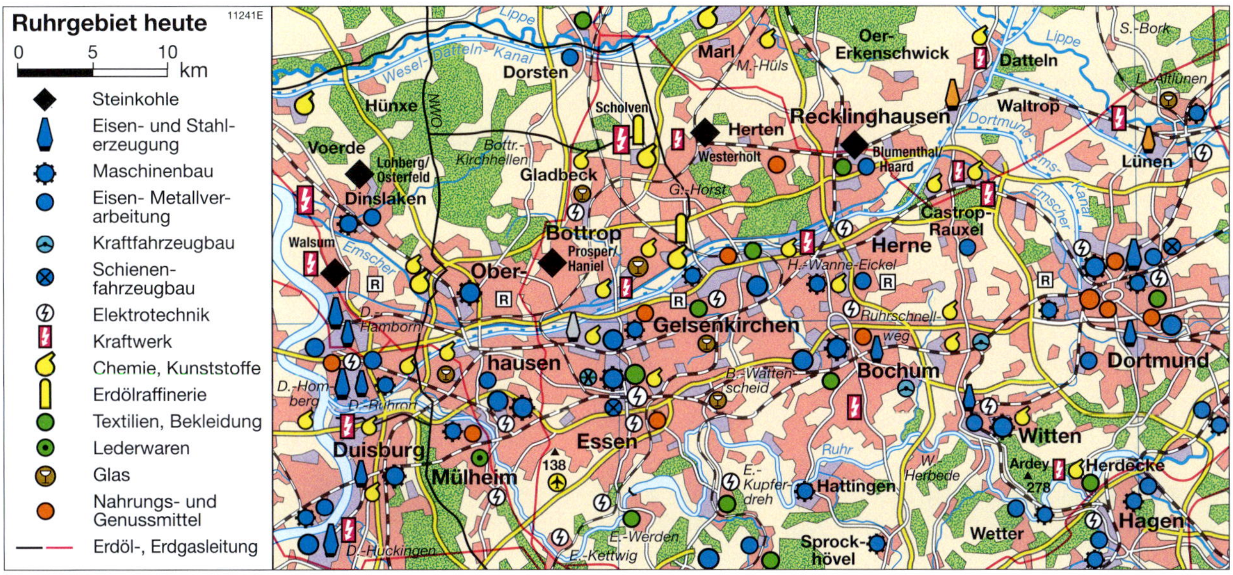


M 12

## Aufgaben

1. Welche neuen Leitsektoren wurden in der zweiten Hälfte des 19. Jh. immer wichtiger? → Text
2. a) Erläutere die Funktionsweise der Erfindungen, die im Jahr 2000 zur Verfügung stehen sollten.
   b) Vergleiche die damaligen Erwartungen mit der tatsächlichen Entwicklung.
   → M6–M8
3. a) Welche Informationen über die Umweltverschmutzung lassen sich aus den Texten entnehmen?
   b) Welche der vorliegenden Quellen erscheint dir am glaubwürdigsten? Begründe!
   c) Beurteile die Schwere der Umweltbelastung.
   → M9, M10
4. a) Wie hat sich das Ruhrgebiet verändert? Stelle die wichtigsten Veränderungen, die aus den beiden Karten ablesbar sind, zusammen?
   b) Informiere dich, welche Bedeutung der Bergbau und die Schwerindustrie heute im Ruhrgebiet haben.
   → M11, M12

## Sachsen wird führende Industrieregion

### Chemnitz - ein „sächsisches Manchester“

Seit etwa 1800 entstanden im Vogtland und im Erzgebirge - besonders im Raum Chemnitz - kleine Spinnereibetriebe, die ihre aus England importierten Maschinen von der Wasserkraft der Gebirgsbäche antreiben ließen. Diese Baumwollspinnerei in Sachsen entwickelte sich so stürmisch, dass sie bereits 1846 mehr Fabriken besaß, als die damals führenden Länder Preußen, Bayern und Württemberg zusammen. Aus Werkstätten, welche Spinnmaschinen reparierten, entstanden bald leistungsfähige Fabriken für Textilmaschinen. Und als Wasserkraft nicht mehr reichte, setzte die Textilindustrie zum Antrieb der Spinnmaschinen und mechanischen Webstühle Dampfmaschinen ein, zumal Sachsen über reiche Steinkohlevorkommen verfügte.

In Chemnitz gründete der aus dem Elsass stammende Richard Hartmann (1809–1878) 1837 eine Werkstatt mit drei Arbeitern, die sich bis 1845 zu einer Maschinenfabrik mit 350 Beschäftigten entwickelte. Neben Dampfmaschinen stellte die Firma Hartmann Turbinen, Bergwerksmaschinen und seit 1848 auch Lokomotiven her. Da war Chemnitz längst zum „sächsischen Manchester“ geworden, einer aufstrebenden Industriestadt, schon von weitem erkennbar an zahllosen qualmenden Schornsteinen. Der Raum Chemnitz–Zwickau stieg zur führenden Maschinenbauregion Deutschlands auf und überflügelte sogar Berlin. Auch die sächsische Textilindustrie gewann Weltgeltung; so errang die Strumpfherstellung um Chemnitz vor dem Ersten Weltkrieg fast ein Weltmonopol. Zugleich wuchs die Bevölkerung Sachsens von 1,6 Millionen im Jahr 1834 auf 4,8 Millionen im Jahr 1910.

**M 1 Richard Hartmann**
Der Unternehmer gründete 1837 in Chemnitz eine Maschinenfabrik, die seit 1848 auch Lokomotiven baute.

**M 2 Maschinenfabrik Richard Hartmann**
Fabriksaal des Chemnitzer Unternehmens im Jahr 1876. 1870 wurde die Firma in eine Aktiengesellschaft umgewandelt und nannte sich seither „Sächsische Maschinenfabrik AG“.

## Sachsen als Achse des deutschen Eisenbahnnetzes

Auch in Sachsen trug der moderne Verkehr entscheidend zur Industrialisierung bei. Schon 1837 befuhren Dampfschiffe die Elbe und zwei Jahre später wurde die erste deutsche Bahnlinie für Fernzüge zwischen Dresden und Leipzig in Betrieb genommen.

Friedrich List hatte diese Strecke als Achse eines deutschen Eisenbahnnetzes gefordert, Leipziger Kaufleute wie Gustav Harkort trieben den Bau voran. Noch vor der Vollendung unternahm die erste deutsche Lokomotive – die vom sächsischen Ingenieur Johann Andreas Schubert (1808–1870) in Übigau bei Dresden gebaute „Saxonia" – hier ihre Jungfernfahrt. Diese Bahnlinie verknüpfte Sachsen schon 1840 mit Magdeburg.

Bis Anfang der 50er Jahre wurde die Leipzig-Dresdener Bahn durch weitere Strecken mit Bayern, Böhmen, Schlesien und der preußischen Provinz Sachsen verbunden (vgl. S. 97). Mit der kühnen Konstruktion der mächtigen Göltzschtal- und Elstertalbrücke, die noch heute voll dem Verkehr des 21. Jahrhunderts gewachsen sind, vollbrachten sächsische Ingenieure technische Meisterleistungen. Die wirtschaftliche Bedeutung der Eisenbahnen zeigt sich daran, dass die auf der Leipzig-Dresdener Stecke transportierten Güter nach 25 Jahren auf fast das Vierzigfache stiegen. Viele Städte erfasste die Industrielle Revolution erst nach ihrem Anschluss an das Eisenbahnnetz und neben der Belebung von Wirtschaft und Gewerbe wandelten sie dadurch auch ihr städtebauliches Gesicht.

Um 1850 war Sachsen das einzige deutsche Land, in dem über die Hälfte der Bevölkerung (51,3 %) von Gewerbe und Industrie lebte. In Preußen machte dies zu jener Zeit nur etwa ein Viertel aus.

**M 3 Göltzschtalbrücke**
Die vom sächsischen Ingenieur J. A. Schubert konstruierte Brücke wurde von 1849–1851 erbaut.

**M 4 „Leipziger Bahnhof" in Dresden**
Er wurde am 7./8. April 1839 festlich eingeweiht, lag im heutigen Stadtteil Dresden-Neustadt und war Ausgangspunkt der Eisenbahnstrecke Dresden–Riesa–Leipzig.

**M 5 Die Königin-Marien-Hütte bei Zwickau um 1840**
Das Unternehmen wurde in Cainsdorf im sächsischen Steinkohlenrevier errichtet und zählte zu den größten und modernsten Hüttenwerken Deutschlands.

## M 6 Ausbau des Eisenbahnnetzes

*Schreiben des Leipziger Eisenbahnkomitees an das Magdeburger Komitee im Jahr 1835:*

Wir stehen nicht an zu wiederholen, was wir bereits öffentlich und privat ausgesprochen haben: dass wir unsere Leipzig-Dresdner Bahn nicht als ein für sich geschlossenes Ganzes, sondern nur als einen Anfang und Anknüpfungspunkt betrachten und dass wir ihren Erfolg erst dann in voller Ausdehnung zu sehen erwarten, wenn Verlängerungen derselben in angemessene Richtungen bewirkt werden. Namentlich haben wir von jeher die Verbindung mit Ihrem für den Verkehr von Leipzig und ganz Sachsen so wichtigen Platz im Auge gehalten und uns stets der frohen Hoffnung hingegeben, dass selbige binnen kurzem zu Stande kommen werde.

F. Borchert, Die Leipzig-Dresdner Eisenbahn, Berlin 1989, S. 23 f.

## M 7 Das Los sächsischer Fabrikspinner

*Ein moderner Historiker berichtet über das Leben der Arbeiter zu Beginn der Industrialisierung:*

Ein erschütterndes Bild vom harten Los der Fabrikspinner zeichnet ein Brief der Arbeiter der Baumwollspinnerei Himmelsmühle bei Wiesenbad im Erzgebirge aus dem Jahr 1848. Darin hieß es: „Wir arbeiten ... von früh halbsechs Uhr bis abends halbneun Uhr. Ein jeder Spinner hat 2 gegenüberstehende Maschinen, demnach muss ein jeder Spinner zwei Kinder als Andreher [zum Ingangsetzen des Getriebes] halten" und für sie Lohn und Schulgeld aus eigener Tasche zahlen. Nach allen Abzügen für Beleuchtung, Krankenkasse, zeitweiligen Stillstand der Maschinen und von Strafgeldern „beim allergeringsten, kaum bemerkbaren Versehen, welches oft bei manchen absichtlich gesucht wird", blieb einem Spinnereiarbeiter mit meist größerer Familie in 14 Tagen ein reiner Lohn von etwa 2 Talern und 18 bis 20 Neugroschen. Das waren nur etwa 60 Prozent des Existenzminimums eines unverheirateten Berliner Arbeiters. Weiter hieß es:
„Für diesen geringen Lohn müssen größtenteils viele Spinner, welche eine halbe, eine ganze Stunde und noch weiter von ihrer Heimat entfernt sind, demnach von früh 4 Uhr bis abends 10 Uhr ununterbrochen auf den Beinen sein, und mit welcher körperlichen Anstrengung ..."

Geschichte Sachsens, herausgegeben von Karl Czok, Weimar 1989, S. 547.

**M 8 Dampfschiff „Königin Maria"**

Die in Dresden gegründete „Sächsische Elbe-Dampf-Schiffahrtsgesellschaft" finanzierte den Bau dieses Personendampfers. Das Schiff trat 1836 seine erste Fahrt an und nahm 1837 den Passagierverkehr von Dresden nach Meißen und Rathen auf. Das war der Anfang der „Weißen Flotte" auf der Elbe.

**M 9 Chemnitz im 19. Jahrhundert**

*Die Entwicklung von Chemnitz im 19. Jh. beschrieb 1888 ein Bürger der Stadt:*

Als dann der große industrielle Aufschwung der Stadt seinen Anfang nahm, da schwanden nach und nach die letzten Reste von Stadtmauer und Zwingerwall, von Graben und Stadttoren. Jahrzehnt um Jahrzehnt reihten sich neue Stadtteile an, immer weiter hinausrückende nach der Grenze der Stadtflur. Und da, wo noch am Anfang dieses Jahrhunderts der Pflug des Landmanns die Ackerfurche zog, da kreuzen sich jetzt von hoch ragenden Häusern begrenzte Straßen.

In den Gassen und Straßen der inneren Stadt aber, wo sich vordem das einförmige Leben der Kleinstadt in gleichmäßigem Takt abspielte, da hat sich seit Jahrzehnten ein immer mehr wachsender Menschen- und Wagenverkehr entwickelt, der zu gewissen Tagzeiten zu einer wahren Hochflut sich anstaut. Und draußen, wo vor noch nicht allzulanger Zeit noch ländliche Stille über den Fluren ausgebreitet lag, da donnern jetzt die gewaltigen Schläge dampfgetriebener Riesenhämmer, da sausen und schwirren zahllose Maschinenräder, da rasseln und ächzen vom frühen Morgen bis in die späte Nacht hinein die vielen Eisenbahnzüge.

Und wenn in früheren Zeiten dem Reisenden die zahlreichen Türme der Stadt entgegenblinkten, so meldet ihm jetzt die Anzahl von hoch ragenden Fabrikschloten, dass er sich der größten Fabrikstadt des Landes nähert. Ja, noch ehe es ihm möglich war, in den Talkessel der Stadt hineinzuschauen, da hat ihm schon lange zuvor die gewaltige, über der Stadt lagernde, so viel verrufene, schwere Rauchwolke das Dasein der Stadt verkündet.

C.W. Zöllner, Geschichte der Fabrik- und Handelsstadt Chemnitz, Frankfurt/M. 1888, S. 492 f., leicht gekürzt

## Aufgaben

1. Welche Industriebranchen bildeten die Basis für Sachsens Industrialisierung?
   → Text
2. Beschreibe, wie sich die um 1800 entstandenen Betriebe zu großen Fabriken entwickelten.
   → Text
3. Welche Bedeutung hatte der Eisenbahnbau für Sachsens wirtschaftliche Entwicklung?
   → Text, M6
4. a) Berechne die tägliche Arbeitszeit der sächsischen Fabrikspinner von 1848.
   b) Vergleiche sie mit der Arbeitszeit heutiger Fabrikarbeiter und ermittle die Differenz.
   c) Beschreibe die Folgen solcher Arbeitszeiten und bedenke dabei die lange Anfahrt.
   → M7
5. Beschreibe die Entwicklung von Chemnitz.
   → M9

M 1

Roheisenproduktion
(in 1000 Tonnen)

| Jahr | Belgien | Frankreich | Deutsches Reich | Russland | Groß-britannien | USA |
|---|---|---|---|---|---|---|
| 1870 | 565 | 1178 | 1261 | 359 | 6059 | |
| 1880 | 608 | 1725 | 2468 | 449 | 7873 | |
| 1890 | 788 | 1962 | 4100 | 828 | 8031 | |
| 1900 | 1019 | 2714 | 7550 | 2937 | 9104 | |
| 1910 | 1852 | 4038 | 13111 | 3047 | 10173 | |
| 1914 | 1454 | 2736 | 12481 | 4137 | 9067 | 27304 (1912) |

Quelle: Wolgang J. Mommsen, Imperialismus, Hamburg 1977, S. 34

11251E

M 2

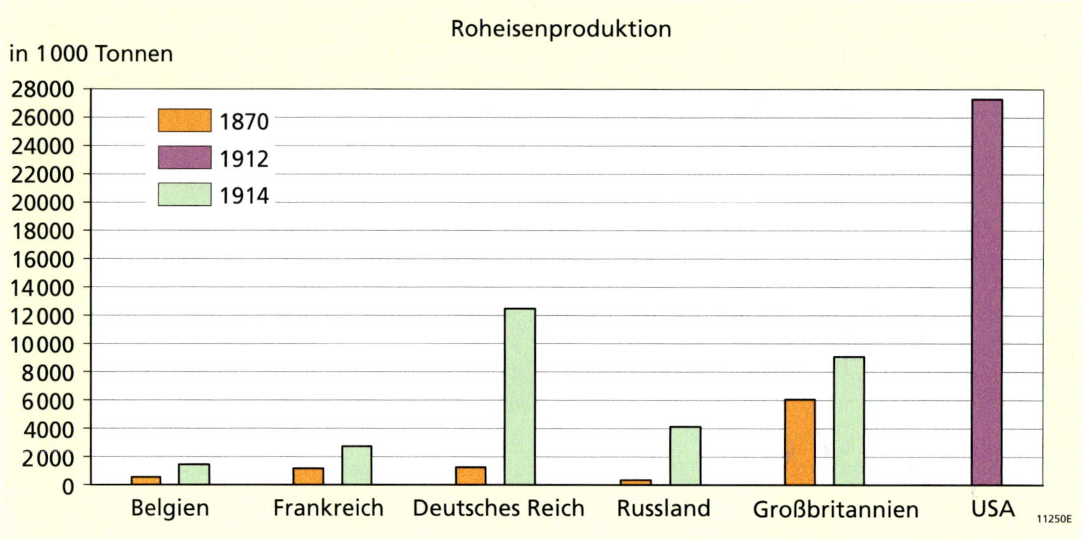


M 3

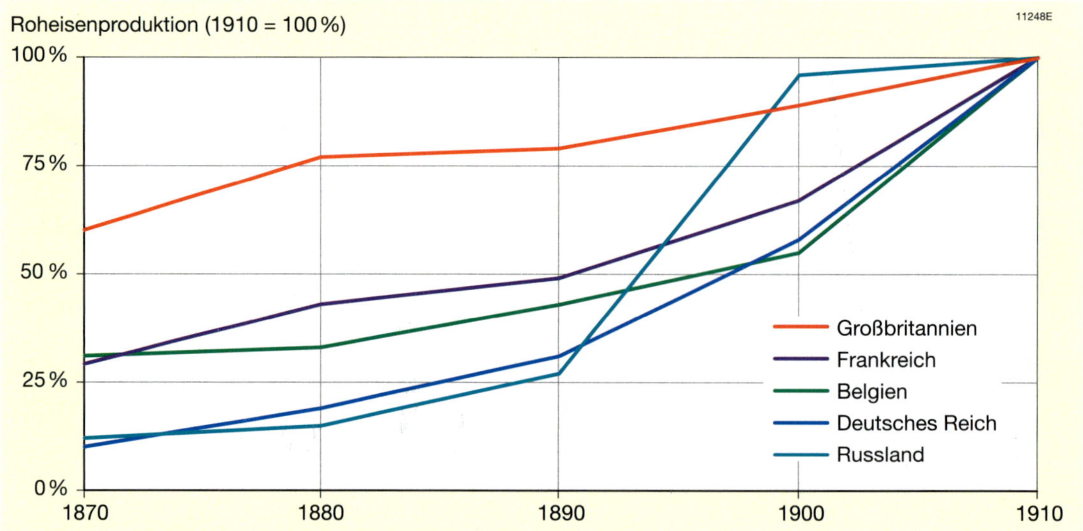

## Statistiken und Diagramme zur Industrialisierung

Statistiken sind heute allgegenwärtig. Fast alles wird zahlenmäßig erfasst. Es handelt sich dabei um nach bestimmten Gesichtspunkten ausgewählte und geordnete Daten, die meist in Tabellen zusammengestellt werden. Sehr häufig veranschaulicht man statistische Ergebnisse auch grafisch in einem Diagramm.

Es gibt dabei verschiedene Formen: So informieren Kreisdiagramme, die wie eine „Torte“ in Einzelstücke aufgeteilt sind, über die Anteile an einem Ganzen. Balken- oder Säulendiagramme werden oft verwendet, wenn Daten zu einem bestimmten Phänomen zu verschiedenen Zeitpunkten miteinander vergleichen werden sollen. Kurvendiagramme geben eine kontinuierliche Entwicklung wieder.

Die Erstellung von Statistiken ist jedoch eine relativ junge Errungenschaft. Da für frühere Zeiten keine entsprechenden Daten existieren, müssen sich Historiker anderweitig behelfen oder auf Schätzungen zurückgreifen.

Heute wird zum Beispiel die Wirtschaftsleistung eines Landes durch das Bruttosozialprodukt angegeben, das ist der Wert aller in einem Jahr produzierten Waren und erbrachten Dienstleitungen. Wenn dieser Wert ansteigt, spricht man von Wirtschaftswachstum.

Für das 19. Jahrhundert gibt es keine entsprechenden Daten. Aber für das Verständnis der Industrialisierung ist es wichtig zu wissen, ob, in welchem Zeitraum und wie stark die Wirtschaft eines Landes gewachsen ist oder wann es wirtschaftliche Krisen gab. Deshalb behelfen sich die Historiker damit, die Entwicklung der Roheisenproduktion zu untersuchen. Besonders die Nachfrage aus den Bereichen des Maschinenbaus und des Eisenbahnbaus erforderte immer größere Eisenmengen, sodass Rückschlüsse möglich sind, in welchem Umfang und mit welcher Schnelligkeit die Industrialisierung in den jeweiligen Ländern erfolgte.

## Fragen an Statistiken und Diagramme

**1. Thema der Statistik**

a) Erläutere die Bedeutung der Roheisenproduktion für die Industrialisierung.
b) Finde genaue Überschriften für die einzelnen Darstellungen.

**2. Darstellung der Statistik**

a) Zeichne aufgrund der Angaben in M1 eine Kurve.
b) Benenne markante Veränderungen bei der Roheisenproduktion in den einzelnen Ländern.
c) Welche Vorteile hat die Darstellung in M2 mit Säulendiagrammen?
d) Überlege, welche Informationen dabei verloren gehen.
e) Informiere dich über den Begriff Index.
f) Wieso wurde für das Jahr 1913 der Index 100 angesetzt?
g) Bedeutet der Index 100 im Jahr 1910, dass zu diesem Zeitpunkt alle Länder die gleiche Menge Roheisen produzierten?

**3. Informationsgehalt der Statistik**

a) Welche Darstellung enthält die meisten Informationen?
b) Welchen Vorteil hat die Darstellung mit Indexzahlen? Vergleiche dazu die mit den Werten der Tabelle (M1) angefertigte Kurve.
c) Welche Darstellungsform ist am besten geeignet, um die Entwicklung der Roheisenproduktion zu veranschaulichen?
d) Welcher Staat wies zwischen 1890 das größte Wirtschaftswachstum auf?

# Soziale Folgen der Industrialisierung

### Woher wissen wir etwas über die Situation der Menschen?

„Die ausserordentliche Ueberhandnahme des Bettels veranlasst dringend, das Verbot dieses Unfugs neuerdings einzuschärfen, und vor Begünstigung des Bettels ernstlich zu warnen", hieß es 1846 in einer offiziellen Bekanntmachung in Augsburg. Dies lässt erkennen, dass die Behörden gegen das Betteln mit Verboten vorgingen. Anscheinend, so lässt sich vermuten, war die Not in dieser Zeit bei vielen Menschen besonders groß.

Von den Arbeitern selbst erfahren wir nichts über die eigene Lage. Direkte Zeugnisse aus der ersten Hälfte des 19. Jh. sind selten, da viele nicht schreiben konnten, keine Zeit für private Aufzeichnungen hatten oder auch keinen Sinn darin sahen. Es gibt allerdings Berichte z.B. von Regierungsbeauftragten, Ärzten, Politikern oder Theologen, die sich für die Lage der Arbeiter interessierten.

In der zweiten Hälfte des 19. Jh., als das Selbstbewusstsein der Arbeiter stieg und sie sich in Gewerkschaften organisierten, wuchs auch die Zahl der Niederschriften über das eigene Leben. Darüber hinaus kann man mithilfe von zeitgenössischen Fotografien oder Statistiken einen Einblick in das Leben der Arbeiter erhalten.

### Die Entstehung des „Proletariats"

Mit der Industrialisierung änderte sich die Gesellschaft in England und – zeitlich versetzt – in Deutschland grundlegend. Da viele Menschen in der Landwirtschaft kein Auskommen mehr fanden oder ihr Glück in der Fabrik suchten, zogen sie in die rasch wachsenden Städte. Dazu kamen viele arbeitslose Handwerker, deren Produkte nicht mit der Massenware aus den Fabriken konkurrieren konnten und die nicht länger durch Zünfte geschützt waren. Da sie fast keinen Besitz mehr hatten, sondern „von der Hand in den Mund" lebten, wurden sie „Proletarier" genannt. Dieser Begriff ist vom lateinischen „Proles" = Nachkommen abgeleitet. Er bringt zum Ausdruck, dass die Proletarier nur ihre eigene Arbeitskraft und die ihrer Familie besaßen.

Ihnen gegenüber standen die Fabrikbesitzer, denen die Produktionsstätten und Maschinen gehörten, die also im Besitz der so genannten „Produktionsmittel" waren. Mit kaufmännischem Geschick, guten technischen Kenntnissen sowie Risikobereitschaft und Glück konnten solche Fabrikherren reich werden. So übernahm der Stahlunternehmer Alfred Krupp 1826 den kleinen Familienbetrieb in Essen mit 7 Arbeitern. Bis zu seinem Tod 60 Jahre später baute er die Firma zu einem Weltunternehmen mit 21 000 Mitarbeitern aus.

**M 1 Sorgen der Arbeiterfrauen**
Jede neue Schwangerschaft vermehrte die Sorgen der Arbeiterfrau. Erst ab 1900 ging die durchschnittliche Kinderzahl auf vier zurück, Zeichnung von Käthe Kollwitz, 1909.

### Bedrückende Armut

Armut war in früheren Zeiten eine bekannte Erscheinung. Die bedrückende Armut der Arbeiterschaft trat mit der Industrialisierung jedoch massenhaft auf. Dies nannte man damals „Pauperismus" von lat. pauper = arm. Der Grund dafür war, dass in der ersten Hälfte des 19. Jh. Arbeitsplätze in der Landwirtschaft und im Handwerk wegfielen, aber in den wenigen Fabriken noch nicht genügend neue entstanden. Hinzu kam ein rasanter Bevölkerungsanstieg, der die Situation noch ver-

M 2 **Unfall in der Fabrik**
Gemälde von Johann Bahr, 1889

schärfte. Aber auch als die Industrialisierung fortschritt und eine große Zahl von Fabriken entstanden war, blieb die Lage der Arbeiter noch lange Zeit außerordentlich schlecht.

**Schlechte Arbeitsbedingungen und fehlende soziale Absicherung**
Da viele Menschen Arbeit suchten, gab es ein Überangebot an Arbeitskräften und eine hohe Arbeitslosigkeit. Das nutzten die Fabrikbesitzer aus. Sie zahlten niedrige Löhne und ließen die Arbeiter extrem lang arbeiten, wobei Arbeitszeiten von bis zu 16 Stunden keine Seltenheit waren. Allein gut ausgebildete Facharbeiter verdienten relativ gut, da sie nicht so leicht zu ersetzen waren. Die Fabrikordnungen waren sehr streng: Wer dagegen verstieß, musste mit Lohnkürzungen oder gar Entlassung rechnen.

Ferner hatten die meisten Fabriken unzumutbare Arbeitsbedingungen, denn nur wenige Arbeitsplätze verfügten über Schutzvorrichtungen und waren daher sehr gefährlich. Arbeitsunfälle waren an der Tagesordnung. Ein verletzter oder kranker Arbeiter blieb jedoch ohne finanzielle Unterstützung, denn es gab weder eine Lohnfortzahlung im Krankheitsfall noch eine Kranken- oder Unfallversicherung.

Da der niedrige Lohn gerade zum Nötigsten reichte, konnte die Familie fast nichts sparen und keine Vorsorge für Notfälle treffen. Arbeitslosigkeit und Arbeitsunfähigkeit durch Krankheit oder Unfall waren für Arbeiterfamilien daher existenzbedrohend und konnten schnell zu Obdachlosigkeit und völliger Verarmung führen.

**Kinder- und Frauenarbeit**
Meist reichte ein Verdienst nicht für die ganze Familie, sodass Kinder und Frauen mitarbeiten mussten. Sie wurden in der Fabrik oder am „Heimarbeitsplatz“ noch schlechter bezahlt: Frauen verdienten oft nur

**M 3 Große Wäsche**
Das Rubbeln der Wäsche auf dem Waschbrett war eine sehr kraftraubende Tätigkeit, zeitgenössisches Foto.

die Hälfte, Kinder ein Viertel vom Lohn eines ungelernten Arbeiters. Arbeiterkinder konnten wegen der Fabrikarbeit gar nicht oder nur kurz zur Schule gehen. Sie waren damit von höherer Bildung und besseren Arbeitsplätzen ausgeschlossen. Zudem schadete die lange und schwere Arbeit ihrer Gesundheit. Der Staat griff mit Verboten ein: In Preußen wurde 1839 Fabrikarbeit für Kinder unter 9 Jahren untersagt. Erst ab 1891 bestand jedoch ein wirksamer Schutz für die unter 13-Jährigen. Ein wichtiges Motiv war dabei die Sorge, dass die künftigen Soldaten nicht gesund sein könnten.

Für die Frauen bedeutete die Arbeit eine gewaltige Mehrbelastung: Sie mussten sich um die Kinder und den Haushalt kümmern – elektrische Haushaltsgeräte gab es noch nicht – und täglich mehrere Stunden in der Fabrik oder zu Hause an einem Heimarbeitsplatz arbeiten. Da der Verdienstausfall zu hoch gewesen wäre, konnten sich die Frauen auch nicht während der Schwangerschaft oder nach der Entbindung schonen. Dies bot Gefahren für die Gesundheit der Mutter und die ungeborenen Kinder.

Neben der Fabrikarbeit fanden Mädchen manchmal eine Anstellung als Dienstmädchen. Meist hatten sie bei der „Herrschaft" eine Schlafstelle und mussten rund um die Uhr zur Verfügung stehen.

**Elende Wohnverhältnisse**

Wegen des akuten Wohnungsmangels drängten sich viele Menschen auf sehr geringem Raum – sechs Personen in einem Zimmer waren lange Zeit keine Seltenheit. Dabei bewohnte eine Familie eine kleine und meist teure Wohnung mit 1–2 Zimmern.

Bis Ende des 19. Jh. gab es in vielen Ballungsgebieten weder fließendes Wasser noch eine Kanalisation. Die Wohnungen waren dunkel, schlecht zu lüften, häufig kalt, feucht oder gar schimmelig. Unter diesen unhygienischen Bedingungen konnten sich gefährliche Krankheiten wie Tuberkulose oder Cholera stark ausbreiten. Um das Familieneinkommen aufzubessern, wurden Teile der engen Wohnungen untervermietet. Oft vermietete man auch ein Bett im Rhythmus der Fabrikschichten stundenweise an mehrere Schlafgänger.

**M 4 Mietskasernen**
Berlin-Wedding, zeitgenössische Fotografie

## M 5 Kinderarbeit im Spiegel der Zeit

*a) Ein Bericht eines anonymen Reisenden über Elberfeld und Barmen (das heutige Wuppertal) aus dem Ende des 18. Jahrhunderts:*

Das Abspulen des Garns [...], die Baumwollspinnereien nebst den Schnierriemenmaschinen beschäftigen eine Menge armer Kinder, wovon jedes, wenn es nur etwas fleißig ist, sich seinen Unterhalt selbst reichlich verschaffen kann. Man zeigte mir drei Kinder von neun bis 13 Jahren, die einem Vater gehörten, wovon das älteste täglich neun, das zweite sieben und das dritte sechs Stüber, mit Baumwollenspinnen auf Maschinen, verdiente. [...]

Durch diesen Verdienst werden freilich viele Eltern gereizt, ihre Kinder mehr zur Arbeit, als zum Schulgehen anzuhalten. Indessen wurde es den Eltern dieser Kinder mehr zum Ruhme nachgesagt, dass sie die beiden ältesten Knaben, jeden Nachmittag zwei Stunden in eine Schule schickten. Ebenso hat mir die Einrichtung bei einigen hiesigen Fabrikanten gefallen, die wöchentlich einige Stüber von dem verdienten Arbeitslohn der Kinder zurückbehalten, und den Kindern Hemden und andere Kleidungsstücke dafür anschaffen, wenn sie sehen, dass die Eltern darin selbst zu nachlässig sind.

Zit. nach: Jürgen Reulecke/Gerhard Huck, Reisen im Bergischen Land, S. 68.

*a) Adolf Diesterweg schrieb 1828 nach einem Besuch der Textilfabriken von Wuppertal, das als Manchester Preußens galt:*

Wie unglücklich sind diese Menschen, die, um ihr Leben zu fristen, von früh bis spät in diesem glänzenden Elende ihre Tage zubringen und durch wechsellose, durch die Einförmigkeit ermüdende, markverzehrende Arbeit sich und die ihrigen kümmerlich ernähren müssen!

Vollends zerrissen hat mir das Herz der Anblick der Kinder, welche in diesen Fabriken um den Frühling ihres Lebens gebracht werden. Oh, rühmet mir nicht einseitig das Glück des Tales! Ich sehe hier nur allgemein Jammer und schleichendes Elend neben einigen scheinbar Glücklichen, welche sich durch das Blut der Armen, durch die Arbeit der Kinder bereichern. [...]

Anstatt dass unsere Bauernkinder unter Bäumen und Blumen aufleben, durch einfache Kost und frische Luft fröhlich aufwachsen, sich ergötzen an dem Gesange der Nachtigall und dem Getriller der Lerchen, hören diese Sklavenkinder nichts als das Geschnurr der Maschinen, an die sie vom 7. oder 8. Lebensjahre an geschmiedet werden, ihr Leben lang.

Wie ist da an eine fröhliche Entfaltung des Leibes und des Geistes zu denken? Nein, diese Kinder verkrüppeln an Seele und Leib; dieses Tal ist nicht eine Stätte des Glücks, sondern eine Wohnung des menschlichen Elends und des irdischen Jammers.

Zit. nach: Jürgen Reulecke/Gerhard Huck, Reisen im Bergischen Land, S. 141.

*c) Bericht eines Gewerbeinspektors aus dem Jahr 1891*

Bleiche Gesichter, matte und entzündete Augen, geschwollene Leiber, aufgedunsene Backen, Hautausschläge und asthmatische Zufälle unterscheiden diese unglücklichen Geschöpfe, die früh dem Familienleben entfremdet werden und ihre Jugendzeit in Kummer und Elend verbrachten, in gesundheitlicher Beziehung von Kindern derselben Volksklasse, welche nicht in Fabriken arbeiteten. Entsprechend mangelhaft war ihre geistige und sittliche Bildung.

Zit. nach: Alfons Labisch, Die Montanindustrie in der Gewerbeaufsicht des Regierungsbezirks Düsseldorf, S. 48.

## M 6 Kinderarbeit

Ein zwölfjähriges Mädchen in einer Baumwollspinnerei, Fotografie von 1908

**M 7 Familie in ihrer Wohnung**
Arbeiterviertel in Berlin, 1907

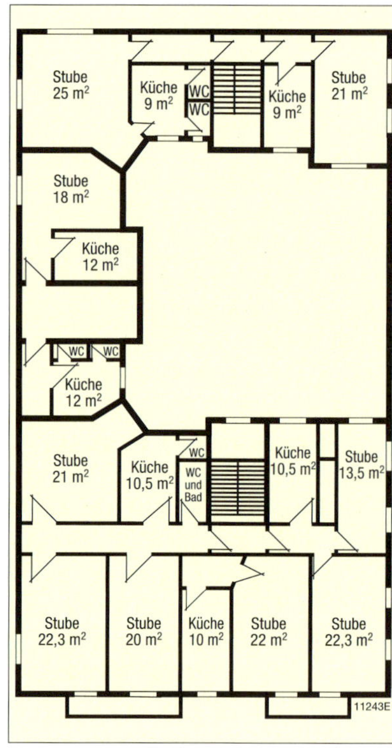


**M 8 Grundriss einer Mietskaserne**
Berlin um 1905

## M 9 Mietskasernen

*Ein Bericht von 1908 schildert die Wohnbedingungen von Arbeitern in einer Großstadt:*

Wir betreten eine der berüchtigten Mietskasernen, welche im hiesigen Industriegebiet in so großer Anzahl vorhanden sind und noch täglich allerorts wie Pilze aus der Erde hervorschießen, eine natürliche Folge tatsächlichen Wohnungsmangels und das Produkt wahnsinniger Bodenspekulation. Diese Häuser, meist 3 bis 4 Stockwerke hoch, werden mit Vorliebe an neuangelegten Straßen errichtet. Inmitten Haufen von Schutt und Geröll bieten sie schon von weitem einen öden und trostlosen Anblick. In halbfertigem Zustande werden sie oft bezogen.

Das ganze Haus besteht durchweg aus Abteilungen von 2 bis 3 Zimmern, für je eine Familie bestimmt. Ein pestilenzartiger Geruch strömt uns entgegen, wenn wir die langen, dunklen und feuchten Korridore, die die einzelnen Wohnabteile auf jeder Etage verbinden und in welchen Licht und Luft sehr seltene Erscheinungen sind, betreten. Überall strotzt es von Unrat und Unsauberkeit. Ein Armeleutegeruch in des Wortes verwegenster Bedeutung. Fast 40 bis 50% aller Arbeiterwohnungen bestehen aus 2 Zimmern, werden bewohnt von Familien, die 6 bis 10 Köpfe stark sind, und zum Überfluss noch 2 bis 3 Kostgänger beherbergen. In gesundheitlicher Beziehung jeder Beschreibung spottend, wie den elenden, krankhaft aussehenden Insassen unschwer anzusehen ist. Und erst die innere Wohnungseinrichtung! Das dürftigste Möblement, ohne jeglichen Sinn für häusliche Zweckmäßigkeit, keine Spur von Heimats- und Familiensinn verratend.

In einem Schlafraume, mit zwei Bettstellen ausgestattet, der nie gelüftet, noch seltener gereinigt wird und dessen Bettzeug daher einem Haufen stinkender Lumpen ähnlich ist, kampieren oft bis 10 Personen, vier Kinder in einem Bette, zwei am Kopf und zwei am Fußende, ohne Rücksicht auf Alter und Geschlecht. […]

Man mache sich einen Begriff davon, wie das Familienleben unter diesen Umständen gedeihen soll. Vervollständigt wird dieser grauenvolle Zustand erst, wenn neben den Familienmitgliedern einige Kostgänger beherbergt werden, die zusammengeworfen aus aller Herren Länder auf der tiefsten Kulturstufe stehen, und unter welchen sich vielfach allerlei verkommenes Gesindel, rohe Wüstlinge usw. befinden.

N. Joniak, Das Arbeiterwohnungselend im rheinisch-westfälischen Industriebezirk, Frankfurt/Main 1908, S. 4 f.

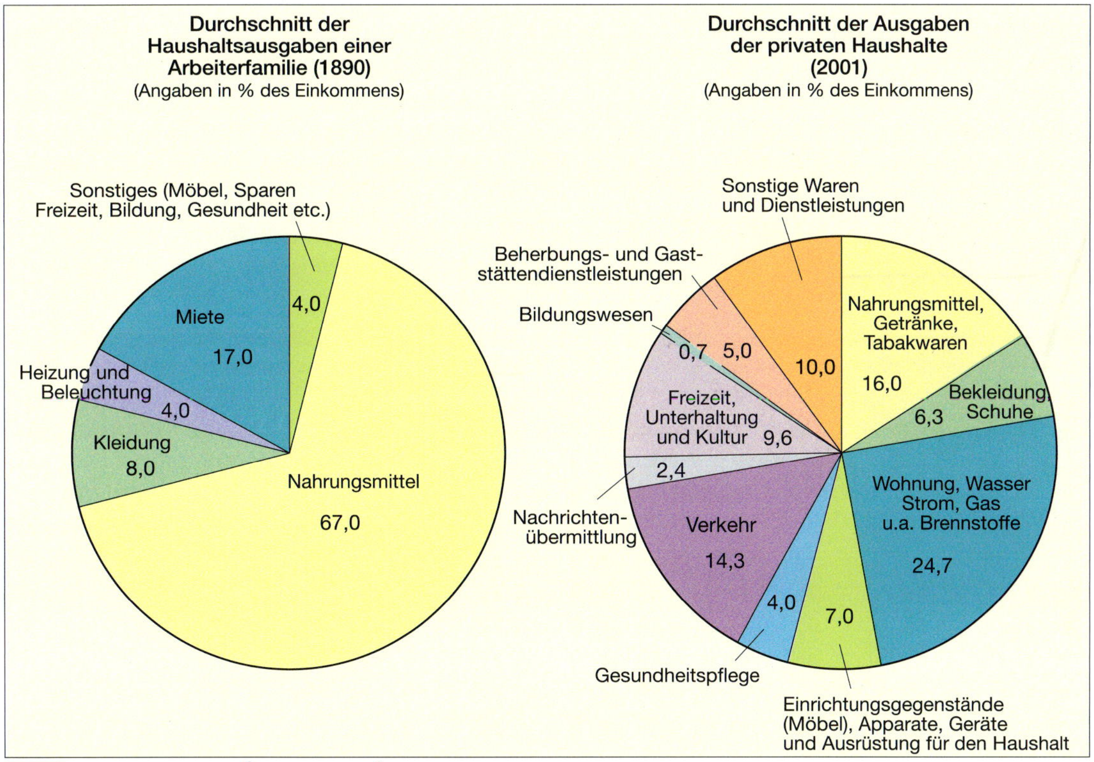


M 10

1910 Ø-Lohn 75 Mark
1 Brot (1 kg) 32 Pf
1 kg Schwein 1,68 M

## Aufgaben

1. a) Erläutere den Begriff „Proletariat".
   b) Stelle stichpunktartig dar, wodurch die Lebenssituation der Arbeiter gekennzeichnet war.
   → Text
2. a) Von wem stammen die Berichte über Kinderarbeit? Überlege, ob dies Folgen für die Art des Berichts hat?
   b) Vergleiche die Berichte. Welcher Bericht enthält die genauesten Angaben zur Kinderarbeit?
   c) Sind Veränderungen im Lauf des 19. Jahrhunderts festzustellen? Begründe.
   → M5, M6
3. a) Vergleiche das Familienbild mit einem Foto deiner Familie. Welche Unterschiede und Gemeinsamkeiten fallen dir auf?
   b) Zeichne den Grundriss deiner Wohnung. Was hat sich verändert?
   c) Erläutere den Begriff „Mietskaserne".
   d) Welche Besonderheiten des Lebens in Mietskasernen werden im Bericht hervorgehoben?
   → M7, M9
4. a) Vergleiche die Ausgaben früher und heute. In welchen Bereichen sind die auffälligsten Veränderungen feststellbar?
   b) Welche Rückschlüsse auf die jeweilige Lebensweise sind aufgrund der Gegenüberstellung möglich? Welche Informationen fehlen dir?
   → M10

# Lösungsversuche der Sozialen Frage

## Die „Soziale Frage“

Die elende Situation der Arbeiter war bald so unübersehbar, dass eine Diskussion über Gegenmaßnahmen begann. Die Lösung der Sozialen Frage wurde immer drängender, das heißt man suchte eine Antwort, wie das Massenelend als Begleiterscheinung der Industrialisierung zu beseitigen sei. Von verschiedener Seite kamen dazu Vorschläge und Initiativen: vom Staat, von der Kirche sowie von Unternehmern. Da diese jahrzehntelang öffentlich diskutiert wurden, sind wir über Motive und Ziele sowie über einzelne Maßnahmen gut informiert.

**M 1 Traditionsbanner der SPD** mit dem Handschlag, dem alten Symbol der Arbeiterverbrüderung

## Die deutsche Arbeiterbewegung

Bereits zu Beginn der Industrialisierung machten Arbeiter und Handwerker einen entscheidenden Schritt zur Verbesserung ihrer Lage: Sie schlossen sich zusammen, um gemeinsam Forderungen durchzusetzen und im Notfall auch zu streiken. Solche Zusammenschlüsse erfolgten zunächst spontan, räumlich begrenzt und zeitlich befristetet, später in dauerhaften Organisationen.

Erste Zusammenschlüsse gab es um 1830 im Ausland, wo sich führende Köpfe der Arbeiterbewegung wegen der Verfolgung in Deutschland zu Geheimbünden zusammenschlossen. Auf deutschem Boden trat die Arbeiterbewegung erstmals in der Zeit der Revolution von 1848/49 mit der „Allgemeinen Deutschen Arbeiterverbrüderung“ offen auf. Ihr Symbol war der „brüderliche Handschlag“.

Seit etwa 1860 wurde die Arbeiterbewegung zu einer Massenbewegung: Arbeiter schlossen sich in Gewerkschaften zusammen, um gemeinsame soziale und wirtschaftliche Ziele durchzusetzen. Ferner bildeten sich Parteien mit dem Ziel, die gesellschaftlichen Zustände zu verändern und politischen Einfluss für die Arbeiterschaft zu erringen.

**M 2 Ferdinand Lassalle (1825–1864)**, ein „Gründervater“ der deutschen Sozialdemokratie, zeitgenössisches Gemälde

## Gewerkschaften und Parteien

In den Gewerkschaften schlossen sich Angehörige einzelner Berufszweige zusammen, also zum Beispiel die Drucker, die Metallarbeiter oder die Bergleute. Sie halfen sich gegenseitig, beispielsweise wenn es zu Einnahmeausfällen bei Streiks kam. Wichtige Forderungen waren:

- ausreichender Mindestlohn und Begrenzung der Arbeitszeit,
- mehr Rechte für Arbeitnehmer,
- Förderung der Bildung für Arbeiter,
- Verbesserung der Arbeitsbedingungen, z.B. besserer Schutz vor Arbeitsunfällen.

Diese Forderungen wurden von den Arbeiterparteien geteilt. Sie formulierten aber noch weiter gehende Vorstellungen, vor allem wie der Staat der Zukunft aussehen solle.

Ferdinand Lassalle (1825–1864) stand an der Spitze des 1863 gegründeten „Allgemeinen Deutschen Arbeitervereins“ (ADAV), August Bebel (1840–1913) und Wilhelm Liebknecht (1826–1900) riefen 1869 in Eisenach die „Sozialdemokratische Deutsche Arbeiterpartei“ (SDAP) ins Leben. Die 1875 aus dem Zusammenschluss hervorgegangene Partei nannte sich seit 1891 „Sozialdemokratische Partei Deutschlands“ (SPD). Forderungen der Arbeiterparteien waren unter anderem:

M 3 **Karl Marx (1818–1883)** Philosoph und Verfasser des „Kommunistischen Manifests", zeitgenössisches Gemälde

- Errichtung eines freien Staats und einer gerechten Gesellschaft, deren Produktionsmitteln sich in Gemeineigentum befinden,
- das allgemeine, gleiche und geheime Wahlrecht,
- Demokratisierung des Staates, zum Beispiel durch Meinungsfreiheit, und Beteiligung des Volkes an der Gesetzgebung,
- Gleichberechtigung von Mann und Frau.

**Sozialismus und Kommunismus**

In der Arbeiterbewegung waren sozialistische und kommunistische Gedanken weit verbreitet. Sozialismus leitet sich von lat. socius = „Genosse" ab, „Kommunismus" von lat. communis = „gemeinsam". Sozialisten und Kommunisten hatten das Ziel, die kapitalistische Wirtschaftsordnung zu überwinden. Das Eigentum der Fabrikbesitzer an den Produktionsmitteln – also an Fabrikanlagen und Maschinen – sollte wenn nötig gewaltsam beseitigt und in gemeinschaftlichen Besitz der arbeitenden Bevölkerung überführt werden. So sollte eine gerechte Wirtschafts- und Gesellschaftsordnung entstehen.

Zwei wichtige Theoretiker waren Karl Marx und Friedrich Engels, die eine kommunistische Lehre vertraten. Sie gingen davon aus, dass die Geschichte vom Klassenkampf bestimmt ist. Eine Klasse ist eine soziale Gruppe mit gemeinsamen wirtschaftlichen und politischen Interessen. Im 19. Jh. waren es für Marx und Engels die Fabrikbesitzer, die die besitzlosen Arbeiter in Elend und Unfreiheit hielten. Das besitzende Bürgertum, die „Bourgeoisie", stand demnach dem „Proletariat" gegenüber. Die sozialen Gegensätze, so vermuteten sie, würden sich so zuspitzen, dass eine Weltrevolution unvermeidlich sei. Am Ende einer sozialistischen Übergangsphase stände dann die klassenlose kommunistische Gesellschaft, in der Freiheit und Gleichheit verwirklicht wären und es nur noch gesellschaftlich verwalteten Besitz gäbe.

Auch wenn einfache Arbeiter von dieser Theorie zunächst wenig Kenntnis hatten, so war ihr Einfluss auf die Führungsschicht der Arbeiterbewegung doch außerordentlich groß. Auf diese Weise fanden die Ideen des Kommunismus und Sozialismus bald weite Verbreitung.

**Initiativen der Kirchen**

In der katholischen und evangelischen Kirche bemühten sich zunächst einzelne Geistliche um eine Verbesserung der Lage der Arbeiter, wobei Seelsorge und christliche Nächstenliebe zentrale Motive bildeten. Doch stellten sich die Kirchen strikt gegen sozialistische Pläne, die Gesellschaftsordnung grundlegend zu verändern.

Der protestantische Theologe Johann Hinrich Wichern gründete 1833 in Hamburg das „Rauhe Haus", eine soziale Einrichtung, in der arme und verwaiste Jungen untergebracht und ausgebildet wurden. 1848 rief Wichern auf einem evangelischen Kirchentag zur „Inneren Mission" in Deutschland auf, eine Verbindung aus Seelsorge und praktischer Hilfe für Menschen in Armut und Not. So wurden in der Folgezeit viele soziale Einrichtungen gegründet und Kranken- und Altenfürsorge betrieben.

Auf Initiative des katholischen Priesters Adolph Kolping wurden zwischen 1846 und 1865 zahlreiche Aufenthalts- und Wohnheime für allein stehende Arbeiter in Städten eingerichtet.

M 4 **Johann Hinrich Wichern (1808–1881),** Begründer der „Inneren Mission" und des „Rauhen Hauses" in Hamburg, zeitgenössisches Gemälde

M 5 **Wilhelm Emanuel von Ketteler (1821–1877)**
Der Mainzer Bischof trat für eine staatliche Sozialpolitik ein und beeinflusste die Sozialenzyklika Papst Leos XIII., zeitgenössisches Gemälde.

M 6 **Alfred Krupp (1812–1887)**
Der Industrielle schuf mit seinem Stahlkonzern ein Weltunternehmen, dessen soziale Einrichtungen weithin als vorbildlich galten, zeitgenössisches Gemälde.

Diese später nach ihm benannten „Kolpingwerke“ umfassten 1864 bereits 420 Vereine mit 60 000 Mitgliedern.

Politische Forderungen erhob der Mainzer Bischof Wilhelm Emanuel Freiherr von Ketteler. Er trat für höhere Arbeitslöhne, Arbeitszeitverkürzung und das Recht der Arbeiter auf gewerkschaftliche Vereinigung ein und forderte den Staat zu Sozialreformen auf. 1891 kritisierte Papst Leo XIII. in einem Rundschreiben – der nach ihren Anfangsworten „Neue Entwicklungen“ benannten Enzyklika „Rerum Novarum“ – die Ausbeutung der Arbeiter. Zwar lehnte er sozialistische Forderungen nach Abschaffung des Privateigentums ab, sprach sich aber dafür aus, dass Staat und Unternehmer die Lage der Arbeiter verbessern müssten.

Die Aufrufe und Maßnahmen der Kirchen zur Linderung des Elends wurden vor allem im kirchlichen Umfeld wirksam, sollten aber auch führende Politiker und Industrielle zu Taten ermutigen.

### Fürsorgliche Unternehmer?

Die Unternehmer waren „Herren im Haus“, denn über einen langen Zeitraum schränkte keine staatliche Regulierung ihr Schalten und Walten in den Fabriken ein. Daher konnte der Großindustrielle Emil Kirdorf (1847–1938) den Standpunkt der Unternehmer so zusammenfassen: „Weder Kaiser noch Könige haben in den Betrieben etwas zu sagen. Da bestimmen wir allein.“

Andererseits nahmen auch die Unternehmer die Nöte und Bedrängnisse innerhalb der Arbeiterschaft wahr und besonders sozial eingestellte kümmerten sich um ihre Arbeiter mit speziellen Maßnahmen. Einer der ersten, der für seine Arbeiter aus Gründen „der Nützlichkeit und der Nächstenliebe“ sorgte, war der Unternehmer Alfred Krupp (1812–1887): 1835/36 führte er für seine Stahlarbeiter in Essen eine Pensions- und Betriebskrankenkasse ein, ließ ab 1861 eigene Wohnanlagen bauen, errichtete 1868 einen Konsumladen und 1872 sogar ein eigenes Krankenhaus. So produzierte seine Großbäckerei täglich bis zu 24 000 Brote für die Angestellten seiner Firma.

Der Mitgründer der Carl-Zeiss-Werke in Jena, Ernst Abbe (1840–1905), der selbst aus ärmlichen Verhältnissen stammte, gründete die Carl-Zeiss-Stiftung. Deren Statuten sicherten den Arbeitern unter anderem bezahlten Urlaub, Gewinnbeteiligung, Anspruch auf Pension und im Jahr 1900 sogar eine nur 8-stündige Arbeitszeit zu.

Dies alles war jedoch freiwillig und hing von der sozialen Einstellung des Unternehmers ab. Und natürlich verfolgte ein Fabrikbesitzer damit auch eigennützige Zwecke. Er wollte mit solchen Maßnahmen die Leistungsfähigkeit und Motivation seiner Arbeiter erhalten, sie an seine Firma binden, einen Arbeitsplatzwechsel vermeiden und Streiks verhindern.

Solch gut gemeinte Maßnahmen linderten die größte Not der Arbeiter. Doch reichten unternehmerische Initiativen oder Selbsthilfeeinrichtungen der Arbeiterschaft nicht aus, die soziale Lage der Beschäftigten nachhaltig zu verändern. So wurde der Ruf nach einem Einschreiten des Staates immer lauter, was schließlich 1883 zur Sozialgesetzgebung des Reichskanzlers Otto von Bismarck führte, die eine wesentliche Verbesserung erreichte (vgl. S. 57, 59).

**M 7** **Allegorische Abbildung**

In Arbeiterzeitungen wurden wiederholt allegorische Abbildungen veröffentlicht, also Bilder, die wichtige Gedanken und Zusammenhänge bildlich darstellen. Friedrich Kaskeline gestaltete 1891 mit seiner Abbildung „Allegorie" das Mittelblatt der Maiausgabe der Zeitschrift „Glühlichter", in der linken Bildhälfte ist Karl Marx mit seinem Hauptwerk „Das Kapital" in der Hand zu erkennen.

**M 8** **„Manifest der Kommunistischen Partei"**

*a) Karl Marx und Friedrich Engels verfassten im Auftrag des „Bundes der Kommunisten" dessen programmatische Schrift, das „Manifest der Kommunistischen Partei". Im Februar 1848 wurde das Manifest veröffentlicht und verbreitete sich rasch in revolutionären Kreisen. Die vermutlich einflussreichste politische Schrift im Bereich des Sozialismus und Kommunismus beginnt folgendermaßen:*

Ein Gespenst geht um in Europa – das Gespenst des Kommunismus. Alle Mächte des alten Europa haben sich zu einer heiligen Hetzjagd gegen dies Gespenst verbündet, der Papst und der Zar, Metternich und Guizot, französische Radikale und deutsche Polizisten.
Wo ist die Oppositionspartei, die nicht von ihren regierenden Gegnern als kommunistisch verschrien worden wäre, wo die Oppositionspartei, die den fortgeschritteneren Oppositionsleuten sowohl wie ihren reaktionären Gegnern den brandmarkenden Vorwurf des Kommunismus nicht zurückgeschleudert hätte?
Zweierlei geht aus dieser Tatsache hervor.
Der Kommunismus wird bereits von allen europäischen Mächten als eine Macht anerkannt.
Es ist hohe Zeit, dass die Kommunisten ihre Anschauungsweise, ihre Zwecke, ihre Tendenzen vor der ganzen Welt offen darlegen und dem Märchen vom Gespenst des Kommunismus ein Manifest der Partei selbst entgegenstellen.
Zu diesem Zweck haben sich Kommunisten der verschiedensten Nationalität in London versammelt und das folgende Manifest entworfen, das in englischer, französischer, deutscher, italienischer, flämischer und dänischer Sprache veröffentlicht wird. [...]

*b) Das Manifest endet wie folgt:*

Die Kommunisten unterstützen überall jede revolutionäre Bewegung gegen die bestehenden gesellschaftlichen und politischen Zustände. In allen diesen Bewegungen heben sie die Eigentumsfrage [...] als die Grundfrage der Bewegung hervor. Die Kommunisten arbeiten endlich überall an der Verbindung und Verständigung der demokratischen Parteien aller Länder.
Die Kommunisten verschmähen es, ihre Ansichten und Absichten zu verheimlichen. Sie erklären es offen, dass ihre Zwecke nur erreicht werden können durch den gewaltsamen Umsturz aller bisherigen Gesellschaftsordnung. Mögen die herrschenden Klassen vor einer kommunistischen Revolution zittern. Die Proletarier haben nichts in ihr zu verlieren als ihre Ketten. Sie haben eine Welt zu gewinnen.
Proletarier aller Länder, vereinigt euch!

Karl Marx, Friedrich Engels, Manifest der Kommunistischen Partei, in: Karl Marx, Friedrich Engels – Ausgewählte Schriften in zwei Bänden, Band 1, Berlin (Ost) 1966, S. 56 f.

**M 9** **„Der Streik"**, Gemälde von Robert Koehler, 1886

**M 10** **Arbeitsniederlegung im Jahr 1870**

*Ottilie Baader (1847–1925), Arbeiterin aus Frankfurt/Oder, begann mit 13 Jahren als Näherin in einer Fabrik zu arbeiten. Sie schloss sich um 1870 der Sozialdemokratie an und setzte sich bis zu ihrem Tod aktiv für die Emanzipation der Frau und eine Änderung der überaus schlechten Arbeitsbedingungen ein. In ihren Lebenserinnerungen berichtet sie über eine spontane Arbeitsniederlegung während des Deutsch-Französischen Kriegs 1870:*

Unsere Firma wollte das „Risiko" auf sich nehmen, uns auch bei dem eingeschränkten Absatz voll zu beschäftigen, wenn wir für den „halben" Lohn arbeiten wollten. Von Organisation hatten wir keine Ahnung – und wir waren in einer Notlage, denn die meisten Arbeiterinnen [...] lebten, wie man sagt, von der Hand in den Mund. So sagten wir zu, es einmal eine Woche zu versuchen.

Nun wurde drauf losgeschuftet. Das Resultat war kläglich; von dem um die Hälfte gekürzten Lohn wurden uns die vollen Kosten für Garn und Nadeln in Abzug gebracht. Das brutale Vorgehen des Unternehmers brachte uns zur Besinnung. Wir beschlossen einmütig, lieber zu feiern, als für einen solchen Schundlohn zu arbeiten, von dem zu existieren nicht möglich war.

Drei Arbeiterinnen, zu denen auch ich gehörte, wurden bestimmt, dies dem Chef mitzuteilen. [Dieser] wollte [...] uns damit beschwichtigen, dass er erzählte, sobald Siegesnachrichten eingingen, würde das Geschäft sich sofort wieder heben und die Löhne steigen. Er hatte wohlweislich vermieden, zu sagen, „die alte Höhe erreichen". Wir [antworteten], der Lohn steige nie so schnell, wie er herabgesetzt würde, und zudem habe dann das Geschäft ein volles, zu den niedrigen Löhnen hergestelltes Lager.

Als der Chef merkte, dass wir uns nicht so leicht unterkriegen ließen, wurde er so wütend, dass er uns rot vor Ärger anschrie: "Na, dann werde ich euch den vollen Preis wieder zahlen! Wollt ihr nun wieder arbeiten?" Da antworteten wir ihm kurz: „Jawohl, nun werden wir wieder arbeiten."

Ottilie Baader, Ein steiniger Weg, Lebenserinnerungen, Stuttgart 1921, S. 13 f.

### M 11 Alfred Krupp

*Auszug aus der Ansprache des Unternehmers Alfred Krupp an seine Arbeiter von 1877:*

Ich habe die Erfindungen und neuen Produktionen eingeführt, nicht die Arbeiter. Er ist abgefunden mit seinem Lohne, und ob ich darauf gewinne oder verliere, das ist meine eigene Sache [...]. Ich habe den Mut gehabt, für die Verbesserung der Lage der Arbeiter Wohnungen zu bauen, worin bereits 20 000 Seelen untergebracht sind, ihnen Schulen zu gründen und Einrichtungen zu treffen zur billigen Beschaffung von allem Bedarf. Ich habe mich dadurch in eine Schuldenlast gesetzt, die abgetragen werden muss. Damit dies geschehen kann, muss jeder seine Schuldigkeit tun in Frieden und Eintracht und in Übereinstimmung mit unsern Vorschriften [...].

Genießet, was Euch beschieden ist. Nach getaner Arbeit verbleibt im Kreise der Eurigen, bei den Eltern, bei der Frau und den Kindern und sinnt über Haushalt und Erziehung. Das sei Eure Politik, dabei werdet ihr frohe Stunden erleben. Aber für die große Landespolitik erspart Euch die Aufregung. Höhere Politik treiben erfordert mehr freie Zeit und Einblick in die Verhältnisse, als dem Arbeiter verliehen ist. [...]

Man erwärmt keine Schlange an seiner Brust und wer nicht von Herzen ergeben mit uns geht, wer unsern Ordnungen widerstrebt, der beeile sich auf anderen Boden zu kommen, denn seines Bleibens ist hier nicht.

Wilhelm Berdrow (Hg.), Alfred Krupps Briefe 1826–1887, Berlin 1928, S. 346 ff.

### M 12 „Der Herr im Haus"

*Der Industrielle Stumm-Halberg berichtet 1878 über sein System der „milden und der strengen Hand":*

Wenn ein Fabrikunternehmen gedeihen soll, so muß es militärisch, nicht parlamentarisch geordnet sein. Hat ein Arbeiter einmal die Autorität des Arbeitgebers über den Haufen geworfen, dann wird die Autorität auf anderen Gebieten, in Staat und Kirche, sehr bald folgen.

Ich würde keinen Augenblick länger an Eurer Spitze aushalten, wenn ich an die Stelle meines persönlichen Verhältnisses zu jedem von Euch das Paktieren mit einer Arbeiterorganisation unter fremder Führung setzen müßte.

Ich könnte eine ganze Reihe von Handlungen von Arbeitern außerhalb des Betriebes nennen, gegen die ich es für die absolute Pflicht eines Arbeitgebers halte, einzuschreiten und sich nicht auf den bequemen Standpunkt zurückzuziehen und zu sagen: das, was der Arbeiter außerhalb des Betriebes macht, ist mir gleichgültig. Ich tue damit einfach meine Pflicht als Mensch, als Christ und als Haupt der großen Neunkircher Arbeiterfamilie. Ich glaube sagen zu dürfen, daß ich keinem meiner Berufsgenossen in den Wohlfahrtseinrichtungen nachstehe, jedenfalls nicht in dem Bestreben, nach bestem Wissen und Gewissen für Euer materielles und geistiges Wohl zu sorgen. Auf diese Weise hoffe ich, weit über meine eigenen Lebenstage dafür zu sorgen, daß Ihr für die Lockungen falscher Propheten unempfänglich bleibt.

Fritz Hellwig, Carl Ferdinand Freiherr von Stumm-Halberg, Heidelberg 1936, S. 295–300.

## Aufgaben

1. Nenne Ursachen, Folgen und Gefahren der Massenarmut. → Text
2. Welche Ansätze zur Lösung der „Sozialen Frage" gab es? → Text
3. a) Unterteile das Bild „Der Streik" in Abschnitte mit Handlungsschwerpunkten und beschreibe die „Geschichte" der jeweiligen Handlung.
   b) Überlege, warum das Bild die Entstehung eines Streiks so ausführlich darstellt.
   → M9
4. a) Fasse das Programm und die Vorstellungen des „Bundes der Kommunisten" zusammen.
   b) Wie charakterisiert Marx die Geschichte der Menschheit?
   c) Warum empfanden Unternehmer und Politiker den Kommunismus als bedrohlich?
   → Text, M8
5. a) Fasse zusammen, warum die Arbeiterinnen ihre Arbeit niederlegten.
   b) Warum lenkte der Unternehmer am Ende ein?
   → M10
6. Was wollte der Zeichner mit seiner Allegorie ausdrücken? → M7
7. a) Wie begründen die Unternehmer Krupp und Stumm-Halberg ihren Standpunkt?
   c) Welches Bild vom Arbeiter und Arbeitgeber haben beide Unternehmer?
   → M11, M12

# Armut und Abhängigkeit

### Kinderarbeit in der Antike

Kinderarbeit gab es zu allen Zeiten. Sie war stets verknüpft mit Armut, denn Kinder aus der Oberschicht traf dieses Los nicht. So finden wir in den Industriestaaten Europas heute keine Kinderarbeit mehr, während sie in armen Entwicklungsländern weit verbreitet ist.

In der Antike hatten Kinder von Sklaven die schlechtesten Lebensbedingungen. Sie wurden in den Stand des Sklaven hineingeboren und waren von Kindesbeinen an dem Herrn zu Diensten verpflichtet. Bei einer guten Herrschaft war die Arbeit erträglich, bei einer schlechten wurde das Leben zur Qual. Ob Sklavenkinder in der Stadt oder auf dem Land besser lebten, ist nicht zu entscheiden: Alles hing von der Güte des Herrn ab, dem die Kinder gleich ihren Eltern wie eine Sache ausgeliefert waren. Kinder der Mittelschicht hatten ein besseres Los. Doch mussten auch sie schon früh mitarbeiten, z.B. im Laden oder Handwerksbetrieb des Vaters oder als Bauernkinder auf den Feldern.

### Kinderarbeit im Mittelalter

Auch im Mittelalter wurden Kinder früh zur Arbeit herangezogen. Schon mit 5 Jahren mussten sie täglich Gänse hüten, Reisig und Beeren sammeln, Vögel von den Feldern verscheuchen und Unkraut jäten. Waren sie 7 Jahre alt, dann trieben sie Schweine zur Mast in den Wald, hüteten Schafe oder Kühe und machten sich im Haus, Garten und auf

**M 1 Handwerkerfamilie im 15. Jahrhundert**
Unten rechts sieht man den kleinen Sohn des Schreiners, der abfallende Sägespäne in einen Korb sammelt.

**M 2 Bauerndorf im späten Mittelalter**
Während Bauern ihrer Tätigkeit nachgehen, führt ein kleiner Junge im roten Kittel die Schafherde vom Hof.

**M 3** **Bettlerfamilie mit Kindern** beim Einzug in die Stadt, Holzschnitt aus Augsburg von 1532

den Feldern nützlich. Dort halfen sie beim Garbenbinden und Dreschen oder sammelten Steine vom Feld. Vom 7.–12. Lebensjahr lernten die Jungen alles, was sie als Bauern brauchten, und wurden spätestens mit 14 Jahren als volle Arbeitskräfte eingesetzt. Die Mädchen lernten kochen, spinnen und weben, putzten das Haus, bereiteten Käse und Butter und pflegten den Garten. – Eltern behandelten ihre Kinder wie Erwachsene und bestraften jeden Ungehorsam hart. Wurde das Essen knapp, mussten auch die Kinder hungern.

In der Stadt verdienten Kinder aus der Unterschicht ihr Geld als Haus- oder Laufbursche und mit Gelegenheitsarbeiten. Wer aus einer Handwerkerfamilie stammte, verließ schon mit 7 Jahren das Elternhaus und verbrachte eine langjährige Lehrzeit bei einem Lehrherrn. Dort half er im Haushalt und erledigte in den ersten Lehrjahren auch Botengänge. Der Meister durfte den Lehrling mit der Rute schlagen, wenn er es für angebracht hielt. Die lange Dauer des Arbeitstages von 13 und mehr Stunden galt auch für die beschäftigten Kinder. Spiel und Nichtstun betrachteten die Erwachsenen als Müßggang und hielten es für ihre Pflicht, Kinder frühzeitig an Arbeit zu gewöhnen.

Verbreitet waren barfüßige, zerlumpte Kinder, die in ungeordneten Verhältnissen von der Hand in den Mund lebten. Sie ernährten sich vom Betteln, was damals keine Schande war. In diese kaum veränderbare Lebenssituation wurden solche Kinder chancenlos hineingeboren.

## Aufgaben

1. Wie unterscheidet sich das Leben von Kindern aus der Antike und dem Mittelalter von heute?
2. Zeigt in einem Rollenspiel den Tagesablauf von Kindern im Mittelalter. Spielt euren eigenen Tagesablauf heute. Bedenkt bei den Rollen, dass Väter, Mütter oder Lehrherren sehr streng waren und Kinder zu gehorchen hatten.

# Industrialisierung und Kinderarbeit

**Der Kampf ums Überleben!**
Ein besonders schlimmes Kapitel der Industrialisierung ist die Kinderarbeit. Väter und Brüder, die in den Fabriken arbeiteten, verdienten meist so wenig, dass es kaum zum Nötigsten reichte. Daher mussten Kinder mitarbeiten, um das Überleben der Familie zu sichern.

Da Kinder die Maschinen oft ebenso gut wie Erwachsene bedienen konnten, machten sich das Fabrikbesitzer zu Nutze. Sie stellten bevorzugt Frauen und Kinder ein, denen sie erheblich weniger Lohn als den Männern zahlten, und steigerten so ihren Gewinn. Auch kam es vor, dass sich Fabrikanten an ein Waisenhaus wandten und dort Kinder mieteten, die dann in Werkhallen schuften mussten. Vor allem in der Textil- und Tabakindustrie, der Eisen- und Metallindustrie sowie im Bergbau wurde Kinderarbeit geleistet.

M 1 **Kinderarbeit in einem englischen Bergwerk,** Lithografie von 1844

M 2 **Kinderarbeit heute**
Kind beim Weben von Teppichen in Guatemala, Foto von 2003

**Bergwerksarbeit und Gesundheitsschäden**

Besonders schlimm war für Kinder die Arbeit in den Kohle- und Eisenbergwerken. Da die Kleinen gut durch enge Stollen kriechen konnten, stellten Bergwerksbesitzer sie gern ein. Dunkelheit, staubverseuchte Luft und giftige Gase machten jedoch die Arbeit „unter Tage“ zur Hölle. Der Tod durch einstürzende Stollen, Wassereinbruch oder Ersticken war stets gegenwärtig.

Die Kinderarbeit führte zu schweren gesundheitlichen Schäden, da Kinder und Jugendliche den unmenschlichen Arbeitsbedingungen nicht gewachsen waren. Meist litten sie ihr ganzes Leben unter Krankheiten der Knochen, des Muskelsystems oder einer Staublunge.

**Das Ende der Kinderarbeit**

Die schlimmsten Missstände gab es zu Beginn der Industrialisierung, als viele Unternehmer Kinder und Jugendliche schamlos ausbeuteten. Später lag es oft an den staatlichen Kontrolleuren, welche die Angaben der Fabrikanten selten vor Ort nachprüften, dass Kinder noch in Bergwerken und Fabriken schuften mussten.

In Deutschland verdrängte die allgemeine Schulpflicht und vor allem die Kindergesetzgebung die Kinderarbeit in den Fabriken. Sie untersagte in Preußen 1839 die Beschäftigung von Kindern unter 9 Jahren in Bergwerken, beschränkte 1853 die Arbeitszeit der 12- bis 14-jährigen auf 6 Stunden und verbot Kinderarbeit 1891 gänzlich.

Vor allem in armen Entwicklungsländern ist Kinderarbeit noch heute anzutreffen. Nur wenn die Armut dort wirksam bekämpft wird, ist auch ein Rückgang der Kinderarbeit zu erwarten. Dazu können die reichen Industriestaaten einen großen Beitrag leisten.

M 3 **Kinder in einer Buntpapierfabrik in Aschaffenburg,** Stahlstich von 1858

## M 4 Kinder ohne Kindheit

*1832 veröffentlichte eine englische Kommission einen Bericht, der unter anderem das Schicksal der kleinen Betty Drake enthielt. Er beruhte auf den Angaben ihres Vaters Joshua Drake und wird hier von einer Jugendbuchautorin nacherzählt:*

Die 12-jährige Betty Drake lebte in Leeds. Ihre Familie war arm. Zwar hatten ihr Vater und ihr ältester Bruder John Arbeit in der nahen Wollfabrik, doch was sie dort verdienten, reichte kaum zum Notwendigsten. Wehe, jemand wurde krank und brauchte einen Arzt oder Medizin.
Schon lange hatte sie mit ihrem Vater über das, was ihr im Kopf herumging, sprechen wollen. Doch das war nicht so einfach, denn morgens um fünf, wenn Vater und John zur Arbeit gingen, schlief sie meistens noch; und wenn Vater abends um neun heimkam, war er stets zu müde gewesen. Auch war sich Betty nicht sicher, ob ihr Vater erlauben würde eine bezahlte Arbeit anzunehmen. Bisher hatte er sehr darauf geachtet, dass sie regelmäßig sonntags den Gottesdienst und die Schule besuchte, um schreiben, lesen und rechnen zu lernen. Und musste sie wirklich Mutter noch im Garten und Stall und bei der Versorgung der beiden kleinen Geschwister helfen? Konnte nicht Anne, jetzt, da sie zehn war, das kleine Stück Land versorgen, wo sie Kartoffeln anbauten und das Schwein fütterten, das sie jedes Jahr mästeten und verkauften, um sich über Wasser zu halten?
Sicher, sie würde nicht 5 Schilling pro Woche verdienen wie die Jungen, die schon mit neun Jahren 12 Stunden täglich – außer Sonntags – ins Bergwerk gingen und dort Kohlewagen schoben. Mr. Benyon zahlte den Mädchen in seiner Flachsmühle für eine nicht allzu schwere Arbeit, wie Bettys Freundinnen meinten, 3 Schilling die Woche – die Miete für Haus und Garten, mit der ihre Eltern so oft in Rückstand gerieten.
Begeistert war Joshua Drake vom Vorschlag seiner Tochter nicht. Er wusste, dass die Arbeit viel zu lang war und die Aufseher die Kinder prügelten, wenn ihnen die Augen zufielen und sie einen Fehler machten oder nicht schnell genug waren. Gewiss konnten nun, da die Maschinen überall von Dampfmaschinen angetrieben wurden, auch Frauen und Kinder viele Fabrikarbeiten verrichten, doch was waren das für Zeiten, die Väter zwang ihre Kinder in der Fabrik oder im Bergwerk arbeiten zu lassen?
Betty freute sich über die Einwilligung ihres Vaters. In der Flachsmühle, wo aus dem Stroh der Flachspflanze in mehreren Arbeitsgängen feine lange Flachsfasern für die Leinengarnherstellung gewonnen wurden, verarbeiteten die Mädchen die kürzeren Fasern, das Werg. Der Raum war heiß und stickig. Alles voller Staub, sodass man die anderen nur durch einen Nebel sehen konnte. Nur der Gedanke ans Geld ließ Betty durchhalten und sich an die Arbeitsbedingungen gewöhnen.
Zwar war Betty froh, ihrem Vater jede Woche 3 Schilling geben zu können, doch machten ihr Hitze und Staub schwer zu schaffen. Heftige Schweißausbrüche und Hustenanfälle peinigten sie immer öfter. Und der Aufseher, der Betty anfangs geduldig alle Handgriffe gezeigt hatte, trieb nun auch sie mit Ohrfeigen zur Arbeit an. Nach einem Vierteljahr erkrankte Betty und starb ebenso wie ihre Freundinnen wenige Wochen später.

frei nach: Freya Stephan-Kühn, Was in Höhlen begann, Würzburg 1992, S. 176–179.

**M 5 Kinderarbeit in einer Baumwollspinnerei**
Um 1900 waren die Arbeitsbedingungen in den Fabriken immer noch hart, wenn auch nicht mehr so unmenschlich wie zur Zeit von Betty Drake. Dennoch beschäftigte die Textilindustrie nach wie vor 12-jährige Mädchen wie auf diesem Foto von 1890.

**M 6 Heimarbeit und Botendienste**
Kinderarbeit nach dem Verbot der Fabrikarbeit, Foto um 1925

**M 7 Die Straße als Spielplatz**
Kurze Ablenkung während der knappen Freizeit

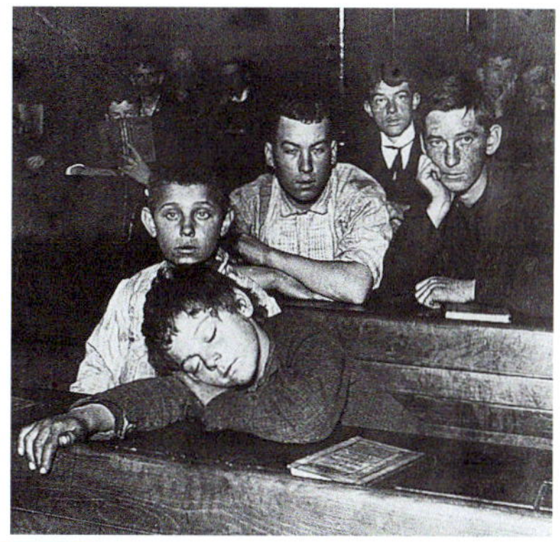

**M 8 Erschöpft in der Schule**
Außerhalb der Schule mussten Kinder armer Familien kräftig zupacken.

## M 9 Ein Bürgermeister über die Kinderarbeit

*Nachfolgend die Antworten des Bürgermeisters von Ratingen auf eine Befragung durch den Düsseldorfer Landrat am 22. August 1841:*

1. Wie ist die Lebensart oben genannter Kinder beschaffen und wie ist sie von der nicht in Fabriken arbeitender Kinder gleichen Standes verschieden? *„Sie arbeiten 12 Stunden, die nicht in Fabriken arbeitenden betteln."*

2. Wie ist der Gesundheitszustand dieser Kinder an sich und im Verhältnis zu den nicht in Fabriken arbeitenden Kinder derselben Volksklasse? *„Die meist gehend und stehend verrichtete Arbeit in luftigen Gebäuden erhält die Kinder gesund, die nicht darin arbeitenden sind krank von Elend und betteln."*

3. Wie verhalten sich hinsichtlich der Gesundheit diejenigen Erwachsenen, die in ihrer Kindheit in Fabriken gearbeitet haben, zu denen, die nicht gebraucht worden sind? *„Die in der Spinnerei in der Kindheit gearbeitet haben, sind erwachsen meist gesunde, starke Handwerker."*

4. Welche Gesetze über die Benutzung der Kinder zu Fabrikarbeiten erscheinen zweckmäßig? *„Keine."*

**Verzeichnis der in Fabriken arbeitenden Kinder**

Bezeichnung der Fabriken, wo Kinder arbeiten: *Baumwollspinnerei*
Wie viele Kinder arbeiten tags: *150;* nachts: *keine*
In welchem Alter sind die Kinder: *von 6–16 Jahren*
Arbeitsstunden: *12*
Gesundheitszustand: *gut*
Welche Arbeiten verrichten die Kinder : *Aufpassen und andere Baumwollarbeiten*
Wie lange bestehen die Fabriken: *40 Jahre*
Bestanden vormals ähnliche Fabriken, welche sind eingegangen: *Die hiesige Maschinenspinnerei war die erste auf dem Kontinent.*

nach: W. Köllmann, Die Ind. Revolution, Stuttgart 1987, S. 86 f.

## Aufgaben

1. Warum war Kinderarbeit im 19. Jh. so stark verbreitet? → Text
2. Beschreibe die Arbeitsbedingungen der Kinder. → Text, M1, M3, M4
3. Fertige ein Protokoll von Betty Drakes Tagesablauf. Schreibe in Ich-Form. → M4
4. Stell dir vor, du müsstest Montags bis Samstags jeden Tag 12 Stunden arbeiten und hättest nur Sonntags etwas Freizeit. Beschreibe, was das für dein Leben bedeuten würde.
5. Lies die Antworten des Bürgermeisters von Ratingen zur Kinderarbeit durch.
   a) Welche Arbeiten verrichten die Kinder?
   b) Wie alt sind sie? Wie lang ist die Arbeitszeit?
   c) Wie glaubhaft sind die Angaben des Bürgermeisters zur Gesundheit der Kinder?
   → M9
6. Erkundige dich, wo es auf der Welt noch heute Kinderarbeit gibt. Wie ließe sich das ändern? → Text, M2, Internet, Lexikon

Erfindung der Dampfmaschine (1769)

Wiener Kongress (1815)

Erste Eisenbahnstrecke in Deutschland eröffnet (1835)

Karl Marx verfasst das Kommunistische Manifest (1847)

1765 — 1780 — 1805 — 1820 — 1835

| Grundwissen: Zeit | Grundwissen: Begriffe | Grundwissen: Methoden |
| --- | --- | --- |
| 1815 Wiener Kongress<br>1817 Wartburgfest<br>1852 Hambacher Fest<br>1848/49 Revolution in Deutschland<br>1849 Ablehnung der Kaiserkrone durch den preußischen König Friedrich Wilhelm IV. | Deutscher Bund<br>Restauration<br>Legitimität<br>Liberalismus<br>Karlsbader Beschlüsse<br>Märzereignisse<br>Nationalversammlung<br>Reichsverfassung | Arbeit mit Geschichtskarten |
| 1862 Bismarck preußischer Ministerpräsident<br>1866 Deutscher Krieg<br>1870/71 Deutsch- Französischer Krieg<br>1871 Reichsgründung<br>1878 Sozialistengesetz<br>1888 Regierungsantritt Kaiser Wilhelms II.<br>1890 Entlassung Bismarcks | Nationalstaat<br>Kulturkampf<br>Reichstag<br>Militarismus<br>Sozialgesetzgebung<br>Entente cordiale<br>Rückversicherungsvertrag | Umgang mit Historienbildern |
| **1769 Erfindung der Dampfmaschine durch James Watt**<br>**um 1780 und 1830 Beginn der Industrialisierung in England und Deutschland**<br>**1834 Deutscher Zollverein**<br>**1835 Erste deutsche Eisenbahn**<br>**1848 Kommunistisches Manifest** | **Industrielle Revolution**<br>**Unternehmer**<br>**Gewerkschaften**<br>**Kommunismus**<br>**Proletariat**<br>**Soziale Frage**<br>**Arbeiterparteien** | **Umgang mit Statistiken und Diagrammen** |
| 1880–1914 Imperialismus<br>1914–1918 Erster Weltkrieg<br>1917 Russische Oktoberrevolution<br>1917 Kriegseintritt der USA<br>1918 Wilsons 14 Punkte | Imperialismus<br>Kolonialismus<br>Nationalismus<br>Mittelmächte<br>Entente<br>Kriegsschuldfrage | Umgang mit dem Internet |

Zunehmende Industrialisierung
>>> in Deutschland

Industriezentren entstehen

Urbanisierung

Deutschland ist Industrienation

1865 | 1880 | 1895 | 1910 | 1925

## Zusammenfassung

Seit dem Ende des 18. Jahrhunderts vollzog sich eine Entwicklung von weltgeschichtlicher Bedeutung: die Industrielle Revolution. Die Produktion von Gütern erfolgte nunmehr in Fabriken mit Hilfe von Maschinen, zugleich ergab sich ein tief greifender Wandel im Leben und Denken aller Menschen.

Die Industrialisierung begann mit der Erfindung der Dampfmaschine durch James Watt 1789, die ein Zeitalter der Maschinen und Fabriken einleitete. Ausgehend von England als führender Industrienation erfasste die Entwicklung um 1830 auch Mitteleuropa und Deutschland. Während in England jedoch die Textilindustrie der Industrialisierung zum Durchbruch verhalf, war in Deutschland der Eisenbahnbau der auslösende Faktor. Staatliche Maßnahmen förderten die Entwicklung aller Industriesparten und bildeten eine wichtige Voraussetzung für Deutschlands industriellen Aufschwung.

In Industrieregionen wie dem Ruhrgebiet wurden der Bergbau, die Eisen- und Stahlindustrie sowie der Maschinenbau zum Vorreiter einer neuen Phase industrieller Entwicklung. Hier und in anderen Ballungsgebieten kam es zu einer Verstädterung: Industriestädte erlebten einen gewaltigen Bevölkerungszuwachs und es entstanden Stadtteile mit großen Arbeitersiedlungen.

Besonders in ihrer frühen Phase zeigte sich aber auch die Schattenseite der Industriellen Revolution am Elend der Arbeiterklasse. Sie erduldete unzumutbare Arbeitsbedingungen, menschenunwürdige Wohnverhältnisse, niedrige Löhne, schwere Frauen- und Kinderarbeit sowie nahezu uneingeschränkte Willkür des Arbeitgebers.

Versuche zur Lösung der „Sozialen Frage“ kamen von einzelnen Unternehmern, der Kirche, vor allem jedoch durch die vom Staat 1883 eingeleitete Sozialgesetzgebung. Sie basierte auf der Erkenntnis, dass Armut und Elend ein unverschuldetes Massenschicksal sei. Die Arbeiter selbst bemühten sich im Rahmen von Gewerkschaften und Arbeiterparteien um eine Durchsetzung ihrer Interessen und schufen mehrere Selbsthilfeorganisationen.

Revolutionär wirkte die Lehre des Kommunismus, die Karl Marx und Friedrich Engels 1847 in ihrem „Kommunistischen Manifest“ propagiert hatten. Sie enthielt die Vorstellung einer klassenlosen, gerechten Gesellschaft, was durch Umsturz der bestehenden Gesellschaftsordnung erreicht werden sollte.

**Kartoffel-Verkauf** am Alexanderplatz in Berlin,
Fotografie um 1916

**Mahatma Gandhi (1869–1948)**
Fotografie, Anfang 20. Jh.

**Ein Denkmal wird gestürzt**
Fotografie, Hamburg 1967

**Soldatenabschied 1914**

**„Lenin auf der Tribüne"**
Gemälde von 1930

Gräberfelder in Verdun

# Das Zeitalter des Imperialismus

### Vorgeschichte
Seit Beginn der Neuzeit hatten europäische Seefahrer immer neue Teile der Erde in Amerika, Afrika, Asien und Australien entdeckt. Ihnen folgten Eroberer, Missionare und Kaufleute, die in den gewonnenen Gebieten Handelsniederlassungen und Missionsstationen errichteten. Aus dem Zusammenschluss dieser verschiedenartigen Besitzungen in Übersee entstanden die Kolonialreiche Spaniens, Portugals, Großbritanniens und anderer europäischer Staaten. Häufig waren dabei private Handelsgesellschaften Träger der Kolonialpolitik, die die Regierung des Mutterlandes förderte, ohne aber direkt dafür verantwortlich zu sein. Fast alle Kolonialerwerbungen folgten dem Grundsatz „The flag follows the trade“: Die Flagge folgt dem Handel!

### Historische Einordnung
Die Entstehung rivalisierender Nationalstaaten und die fortschreitende Industrialisierung veränderten jedoch das Mächtesystem. Die großen Industrieländer trieben seit Ende des 19. Jh. eine aktive Kolonialpolitik, vorangetrieben durch einen übersteigerten Nationalismus. Statt einzelne „Schutzgebiete“ zu erwerben suchten sie künftig einen möglichst umfangreichen Herrschaftsraum (lat. imperium) außerhalb der nationalen Grenzen zu gewinnen. Der sprunghafte Fortschritt der

**M 1 Die Welt in der Kralle**
Die französische Karikatur von 1899 zeigt die Welt in den Krallen Großbritanniens. Der Text „Verachtet sei, wer böses dabei denkt“ ist das Motto des höchsten englischen Ordens.

Begriff Imp.

Technik und die wachsende Industrieproduktion ermöglichten die Durchdringung großer Räume. Dieses Streben nach umfassender Beherrschung fremder Gebiete nennt man Imperialismus.

Der Imperialismus erreichte sein Ziel durch militärische Intervention, Kapitalexport und kulturelle Beeinflussung. So machte er ein Land und seine Bevölkerung abhängig und schuf die Voraussetzungen für seine kolonialen Ausbeutung.

Bestimmende Faktoren des Imperialismus waren jedoch nicht nur Rohstoffinteressen und überseeische Absatzmärkte. Imperialistische Herrschaft rechtfertigte sich auch mit der angeblichen „Mission des weißen Mannes", die westliche Zivilisation in allen Teilen der Welt zu verbreiten. Das ging einher mit der festen Überzeugung einer Überlegenheit der „weißen Rasse".

## Europäisierung und Aufteilung der Welt

Eckdaten für das Zeitalter des Imperialismus sind die Besetzung Ägyptens durch Großbritannien im Jahr 1882 und das Ende des Ersten Weltkriegs 1918. Von den europäischen Staaten trieb Großbritannien als früh entwickeltes Industrieland zuerst eine imperialistische Politik, Deutschland als spät entstandener Nationalstaat zuletzt. Daneben beteiligten sich vor allem Frankreich, Italien, Japan, Belgien und die USA am Wettlauf um die Aufteilung der Welt.

**M 2**

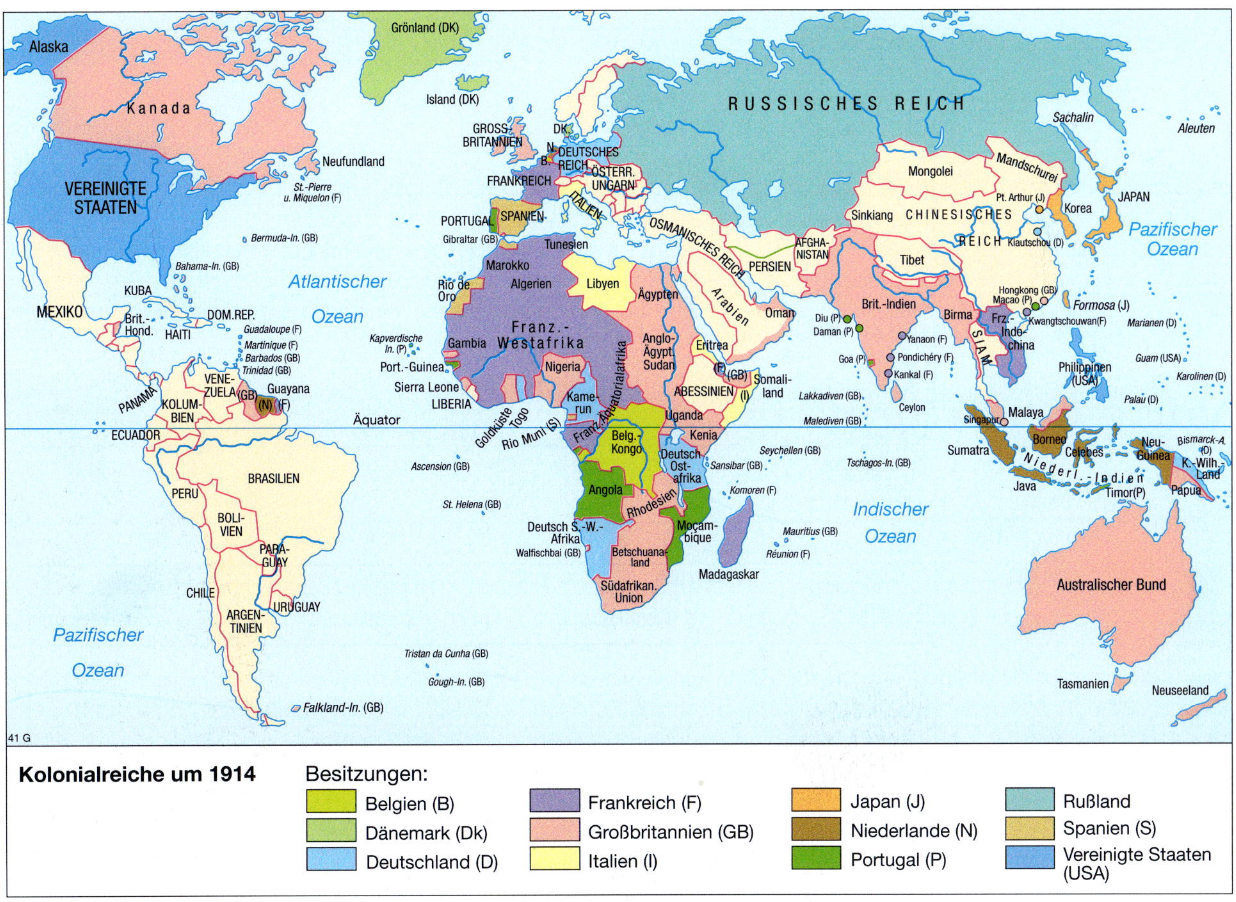

**M 3**

## Großbritannien – koloniale Besitzungen

11252E

| Besitzungen in | 1881 km² | 1881 Bevölkerung | 1895 km² | 1895 Bevölkerung | 1912 km² | 1912 Bevölkerung |
|---|---|---|---|---|---|---|
| Europa | 375 | 172613 | 328 | 203266 | 328 | 246458 |
| Amerika | 9267707 | 5278366 | 9491401 | 6790070 | 10335558 | 9534141 |
| Afrika | 670953 | 2141645 | 5965519 | 27161174 | 6209602 | 35833501 |
| Asien | 4400768 | 243697000 | 5324379 | 296749727 | 5281000 | 324628804 |
| Australien/ Ozeanien | 8055489 | 2616131 | 8240059 | 4773707 | 8261341 | 6452978 |
| gesamt | 22395292 | 253905755 | 29021686 | 335677944 | 30087829 | 376695882 |

Quelle: Wolfgang J. Mommsen, Imperialismus, Hamburg 1977, S. 37

**M 4**

## Die Französische Republik – koloniale Besitzungen

11253E

| Besitzungen in | 1881 km² | 1881 Bevölkerung | 1895 km² | 1895 Bevölkerung | 1912 km² | 1912 Bevölkerung |
|---|---|---|---|---|---|---|
| Afrika | 320972[1] | 3288756 | 2381476 | 14894783 | 6480200[2] | 27292626 |
| Asien | 60007 | 1863000 | 490009 | 19132263 | 720759 | 17294392 |
| Amerika | 124504 | 257548 | 81993 | 377341 | 82000 | 452005 |
| Australien/ Ozeanien | 21103 | 61000 | 623599 | 3845728 | 623770 | 3458107 |
| gesamt | 526586 | 5470304 | 3577077 | 38850115 | 7906729 | 48497130 |

[1] ohne Senegambien und Gabun  [2] ohne Marokko (1911: 569400; 3,6 Mill.)

Quelle: Wolfgang J. Mommsen, Imperialismus, Hamburg 1977, S. 37

**M 5**

## Das Deutsche Reich – koloniale Besitzungen

11254E

| Besitzungen in | 1881 km² | 1881 Bevölkerung | 1895 km² | 1895 Bevölkerung | 1912 km² | 1912 Bevölkerung |
|---|---|---|---|---|---|---|
| Afrika | – | – | 2385100 | 6950000 | 2657300 | 11163539 |
| Neuguinea | – | – | 255900 | 387000 | 242000 | 602478 |
| Südsee-Inseln | – | – | 400 | 12824 | 2600 | 37985 |
| China | – | – | – | – | 552 | 173225 |
| gesamt | – | – | 2641400 | 7349824 | 2907452 | 11977277 |

Quelle: Wolfgang J. Mommsen, Imperialismus, Hamburg 1977, S. 37

**M 6**

## USA – koloniale Besitzungen

11255E

| Besitzungen in | 1881 km² | 1881 Bevölkerung | 1895 km² | 1895 Bevölkerung | 1912 km² | 1912 Bevölkerung |
|---|---|---|---|---|---|---|
| Mittelamerika und Westindische Inseln[1] | – | – | – | – | 10567 | 1272267 |
| Pazifik[2] | – | – | – | – | 297027 | 8387918 |
| gesamt | – | – | – | – | 307594 | 9660185 |

[1] Philippinen; Samoa; Sulu-Arch  [2] nicht mitgezählt wurden Alaska, Columbia, Hawaii

Quelle: Wolfgang J. Mommsen, Imperialismus, Hamburg 1977, S. 37

**M 7** **Imperialismus**

*a) Der Begriff „Imperialismus" wurde zu verschiedenenen Zeiten unterschiedlich gebraucht, wie die folgenden Ausschnitte aus einem Konversationslexikon zeigen. Aus dem Jahre 1905:*

**Imperialismus** (neulat.), Bezeichnung für den politischen Zustand der Staaten, in denen, wie unter römischen Kaisern, nicht das Gesetz, sondern die auf Militärmacht sich stützende Willkür des Regenten herrscht.

Meyers Großes Konversations-Lexikon, 6. Auflage, 9. Band, Leipzig/Wien 1905, S. 778.

*b) Aus dem Jahr 1927:*

**Imperialismus** (neulat.), ein politisches, zu verschiedenen Zeiten verschieden verwendetes Schlagwort. [...]
Neuen Inhalt erhielt das Wort nach 1900 [...]: einerseits Zusammenschluss Großbritanniens mit seinen Kolonialreichen, Organisation des Weltreichs, dazu Ausdehnung, planmäßiges Ausgreifen, um den Zusammenschluss zu ermöglichen, Wettbewerber auszuschalten [...]; außerhalb Großbritanniens jedes Herrschaftsstreben im Gegensatz zur grundsätzlichen Selbstbeschränkung und zur Betonung des Innerstaatlichen. Im engeren Sinn wird I. das Streben nach dem „Großreich" genannt. In beiden Bedeutungen dient das Wort auch zur Kennzeichnung älterer entsprechender Geschichtsepochen.
H. Fredjung („Das Zeitalter des Imperialismus", 1919–1922, 3 Bde.) hat zuerst die Zeit von 1880 bis zum Weltkrieg als Zeitalter des I. bezeichnet.

Meyers Lexikon, 7. Aufl., 6. Band, Hornberg-Korrektur, Leipzig 1927, Sp. 377 f., hier 377.

*c) Aus dem Jahr 1974:*

**Imperialismus** [frz., zu lat. imperialis = die Staatsgewalt betreffend, kaiserlich],
polit.-ökonom. Herrschaftsverhältnis mit dem Ziel, die Bevölkerung eines fremden Landes mit polit., ökonom., kulturellen und ideolog. Mitteln zu beeinflussen, auszubeuten, abhängig zu machen und direkt oder indirekt zu beherrschen. Historisch wurde die Bez. zuerst auf die Beherrschung von Absatz- und Kapitalmärkten angewandt, dann auch auf die polit.-ökonom. Expansionspolitik der europ. Großmächte, Japans und der USA vom letzten Drittel des 19. Jhs. bis zum 1. Weltkrieg, deren Ziel die Imperialismusbildung oder die polit.-formale Kontrolle (auch Interessensphäre) unterentwickelt-vorindustrieller, meist überseeischer Gebiete war.

Meyers Enzyklopädisches Lexikon, Mannheim/Wien/Zürich 1974, Bd. 12, Hf–Iz, S. 485.

## Aufgaben

1. a) Erläutere, weshalb die Entstehung von Kolonialreichen eine „Europäisierung der Welt" bedeutete.
   b) Nenne den Zeitraum, in dem es zum Aufbau von Kolonialreichen kam.
   → Text
2. a) Beschreibe, wie sich der Kolonialbesitz in den angegebenen Staaten zwischen 1881 und 1912 entwickelt hat.
   b) Welches der angegebenen Länder hatte den größten Kolonialbesitz?
   c) Auf welchen Kontinenten lagen die Schwerpunkte des Kolonialbesitzes von Großbritannien, Frankreich, dem Deutschen Reich und der USA?
   → M3–M6
3. Beurteile, bei welchem Staat der Kolonialbesitz geografisch besonders günstig lag.
   → M2
4. a) Vergleiche die Lexikoneinträge aus den Jahren 1905, 1927 und 1974. Seit wann wird der Begriff zur Bezeichnung einer historischen Epoche verwendet?
   b) Wie wird der Imperialismus in den Lexikonartikeln von 1927 und 1974 jeweils bewertet?
   c) Suche eine aktuelle Definition, und überlege, ob sich die Bedeutung des Begriffes seit 1974 verändert hat.
   → M7

# Britischer Imperialismus

## Großbritannien beherrscht ein Weltreich

Als das Zeitalter des Imperialismus begann, besaß Großbritannien bereits zahlreiche Kolonien. Dieses Kolonialreich zu vergrößern war das Ziel des Premierministers Benjamin Disraeli (1868–1880). Er legte den Grund zum britischen Empire, dem britischen Weltreich.

Machtpolitische Grundlage des britischen Empire war die Flotte. Um den Seeweg nach Indien – der wichtigsten Kolonie – zu sichern, erwarb der britische Staat die Aktien des Suezkanals und unterwarf Ägypten 1882 seiner „Schutzherrschaft". Mit dem „Kap-Kairo-Plan" verfolgte London die Absicht, ein geschlossenes Kolonialgebiet von Südafrika bis Ägypten zu errichten. Führender Vertreter des Commonwealth-Gedankens war der Kolonialminister Joseph Chamberlain.

## Indien – das britische „Kronjuwel"

Der indische Subkontinent zerfiel in zahlreiche Fürstentümer, die die Engländer durch Verträge und Waffengewalt nach und nach unter ihre Herrschaft brachten. Daneben bestand Britisch-Indien als unmittelbar unterworfenes Gebiet, das der englischen Verwaltung unterstand. Um die Abhängigkeit der Kolonie zu unterstreichen, veranlasste Disraeli die englische Königin Viktoria im Jahr 1877 den Titel einer „Kaiserin von Indien" anzunehmen. Königin Viktoria hat das Land, dessen Kaiserin sie war, jedoch nie gesehen. An der Spitze der Verwaltung stand vielmehr ein Vizekönig.

Die indischen Völker mussten nicht nur durch Steuern das Militär und die Beamten der Kolonialmacht unterhalten, sondern auch Tribute an die britische Staatskasse entrichten. Große Profite erzielten auch die englischen Kaufleute und Kapitäne, denn britische Industriewaren überschwemmten den indischen Markt. Indische Plantagen lieferten Baumwolle, Tee und Jute, eine Faser, die zur Herstellung von Verpackungsmaterial genutzt wurde. Zur besseren Erschließung ihrer Kolonie bauten die Engländer Straßen, Eisenbahnen und Häfen. Diese Maßnahmen begünstigten vor allem die Verbreitung britischer Industrieprodukte.

**M 1 Königin Viktoria (1837–1901)** mit einem indischen Diener, Fotografie, Ende 19. Jahrhundert

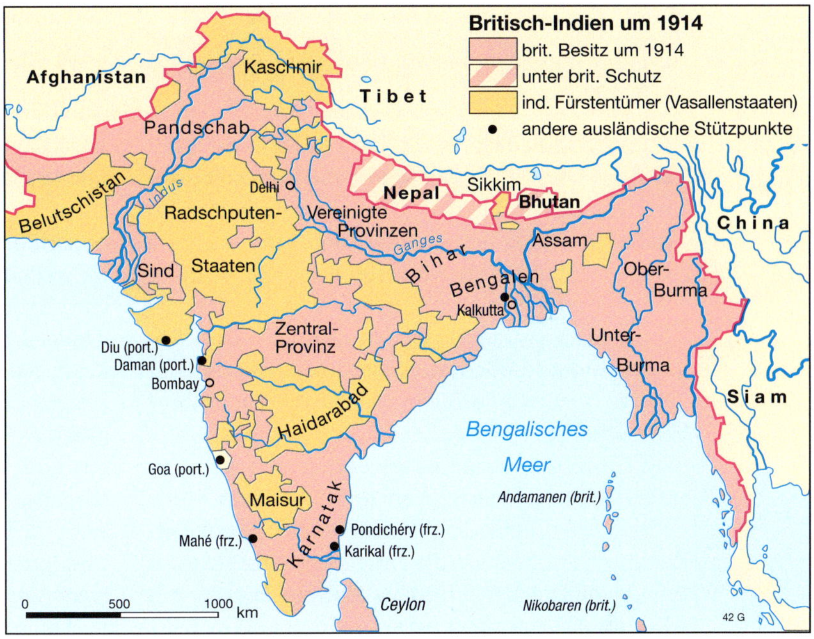


M 2

## Direkte und indirekte Herrschaft

Die Einheit der Kolonie sicherten Beamte, Militär und Polizei. Für die Verwaltung hatte London einen besonderen Dienst geschaffen, den „Indian Civil Service". Die indischen Fürsten begrüßten die Tätigkeit der englischen Beamten und unterstützten sie, denn die Engländer verstanden es, sich die Sympathien der einheimischen Oberschicht zu verschaffen. So konnten sie gleichsam eine indirekte Herrschaft ausüben.

## Der indische Freiheitskampf

Mit dem aufkommenden Nationalgefühl der Inder wuchs auch die Bereitschaft zum Widerstand gegen die Fremdherrschaft. Gebildete Vertreter der Mittelschicht verlangten mehr Einfluss auf die Regierung. Um den Forderungen entgegenzukommen und die Unzufriedenheit zu kanalisieren, unterstützten die Briten die Bildung eines National-Kongresses, dessen erste Sitzung 1885 in Bombay erfolgte. Aus ihm ging die Kongress-Partei als stärkste Partei des Landes hervor.

Hungersnöte, Pestepidemien und die Teilung der Provinz Bengalen stärkten jedoch um 1900 die Kampfbereitschaft der indischen Nationalisten gegen die britische Herrschaft. Sie führten ihren Kampf mit Terror und Boykott (Kaufstreik) gegen englische Einrichtungen und Waren. Auf den Boykott reagierte die britische Regierung mit harten Gegenmaßnahmen. Die indischen Nationalisten gingen jedoch dazu über, entwürdigende Strafen als Opfer für den Freiheitskampf klaglos hinzunehmen. So entstand der gleichermaßen selbstbewusste und friedliche Widerstandswille der Inder als grundlegende Voraussetzung für Gandhis Politik des passiven Widerstands.

Im Ersten Weltkrieg stellte Indien über eine Million Soldaten den britischen Streitkräften zur Verfügung. Viele Inder erwarteten als Ausgleich dafür die politische Unabhängigkeit, die Großbritannien jedoch erst im Jahr 1947 gewährte.

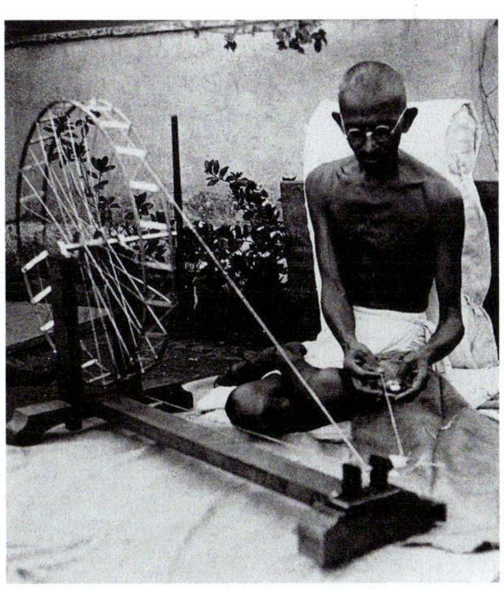

**M 3 Mahatma Gandhi (1869–1948)**
Der Freiheitskämpfer am Spinnrad, Fotografie, Anfang 20. Jh.

## M 4 Die auserwählte englische Rasse

*Der britische Kolonialpolitiker Cecil Rhodes im Jahr 1877:*

Ich behaupte, dass wir die erste Rasse in der Welt sind und dass es für die Menschheit um so besser ist, je größere Teile der Welt wir bewohnen. Ich behaupte, dass jedes Stück Land, das unserem Gebiet hinzugefügt wird, die Geburt von mehr Angehörigen der englischen Rasse bedeutet, die sonst nicht ins Dasein gerufen worden wären. Darüber hinaus bedeutet es einfach das Ende aller Kriege, wenn der größere Teil der Welt in unserer Herrschaft aufgeht. […]

Die Förderung des Britischen Empire, mit dem Ziel, die ganze zivilisierte Welt unter britische Herrschaft zu bringen, die Wiedergewinnung der Vereinigten Staaten, um die angelsächsische Rasse zu einem einzigen Weltreich zu machen. Was für ein Traum! Aber dennoch ist er wahrscheinlich. Er ist realisierbar. […]

Da [Gott] sich die englischsprechende Rasse offensichtlich zu seinem auserwählten Werkzeug geformt hat, durch welches er einen auf Gerechtigkeit, Freiheit und Frieden gegründeten Zustand der Gesellschaft hervorbringen will, muss es auch seinem Wunsch entsprechen, dass ich alles in meiner Macht Stehende tue, um jener Rasse soviel Spielraum und Macht wie möglich zu verschaffen.

Wolfgang J. Mommsen, Imperialismus. Seine geistigen, politischen und wirtschaftlichen Grundlagen, Hamburg 1977, S. 48 f.

## M 6 Die Bedeutung Indiens

*1909 hielt Lord Curzon, 1898–1905 Vizekönig von Indien, einen Vortrag über das Land:*

Es ist […] klar, dass der Herr Indiens unter modernen Verhältnissen die größte Macht auf dem asiatischen Kontinent und damit, so darf man wohl hinzufügen, in der Welt sein muss. Die Zentrallage Indiens, seine mächtigen Hilfsquellen, seine stets zunehmenden Menschenmassen, seine großen Handelshäfen, sein Vorrat an militärischer Kraft, die uns eine Armee liefert, die dauernd auf einem hohen Stande der Kriegsbereitschaft ist und jeden Augenblick nach irgendeinem Punkte Asiens oder Afrikas geworfen werden kann – alles dies beweist unwiderleglich seinen überragenden Wert. […]

Überlegen wir uns einmal, was geschehen würde, wenn wir Indien verlören und eine andere Macht dort an unsere Stelle träte […]: wir würden seinen unschätzbaren und unerschöpflichen Markt verlieren, den man uns durch Tarife verschließen würde. Wir würden damit das […] hauptsächlichste, ja einzigste ausschlaggebende Element unserer Streitmacht verlieren, unser Einfluss in Asien würde schnell dahinschwinden, die Stützpunkte und Kohlenstationen, die die Hochstraßen des Seeverkehrs umsäumen, würden unseren Händen entgleiten.

Günter Schönbrunn, Das bürgerliche Zeitalter 1815–1914, München 1980, S. 659.

## M 5 Der Rattenfänger

Cecil Rhodes, der im Diamantengeschäft in Südafrika ein Vermögen erwarb, war 1890 bis 1896 Premierminister der Kap-Kolonie. 1888 bis 1897 entstand die nach ihm benannte Kolonie Rhodesien, das heutige Simbabwe. Die Karikatur von 1899 zeigt den einflussreichen Politiker als Rattenfänger für Rhodesien.

## M 7 Gewaltloser Widerstand

*Aus Mahatma Gandhis Buch „Hind Swaraj" („Indische Selbstregierung"), 1908:*

Wir werden die Freiheit erlangen, wenn wir lernen uns selbst zu beherrschen. Wir brauchen nur zuzugreifen. Diese Freiheit ist kein Traum. Wir brauchen daher nicht zu warten. Die Freiheit, die ich Dir und mir vor Augen führen will, ist von solcher Art, dass wir, wenn wir sie einmal begriffen haben, bis an unser Lebensende danach trachten, andere zu überreden, es uns nachzutun. Doch solche Freiheit muss von jedem einzelnen am eigenen Leibe erfahren werden. Ein Ertrinkender kann nie einen Ertrinkenden retten. […]

Ich glaube doch, dass Du die Millionen Indiens glücklich sehen willst und nicht, dass Du nur die Regierungsgewalt an Dich bringen möchtest. Wenn dem so ist, dann gibt es nur einen Gedanken: Wie können die Millionen zur Selbstregierung gelangen? […]

Passiver Widerstand ist eine Methode der Erringung von Rechten durch persönliches Leiden; es ist das Gegenteil von bewaffnetem Widerstand. Wenn ich mich weigere etwas zu tun, das gegen mein Gewissen geht, dann setze ich meine Seelenstärke ein.

Nehmen wir an, die Regierung hat ein Gesetz erlassen, das mich betrifft, das ich jedoch nicht billigen kann. Wenn ich die Regierung durch Gewaltanwendung dazu zwinge, das Gesetz zu widerrufen, wende ich sozusagen die Stärke meines Körpers an. Wenn ich jedoch das Gesetz übertrete und die Strafe für diese Übertretung auf mich nehme, dann wende ich meine Seelenstärke an. Es geht dabei um die Selbstaufopferung. Jedermann gesteht ein, dass die Selbstaufopferung weit höher zu bewerten ist als die Aufopferung anderer. […]

Es ist eine Tatsache, dass die indische Nation im allgemeinen den passiven Widerstand in den verschiedensten Lebensbereichen angewandt hat. Wir arbeiten mit unseren Herrschern nicht zusammen, wenn sie uns zuwider sind. Das ist passiver Widerstand. Ich kann mich an einen Fall erinnern: als in einem kleinen Fürstenstaat einige Bauern sich durch einen Befehl des Fürsten beleidigt fühlten, zogen sie aus ihrem Dorf aus. Der Fürst war betroffen, entschuldigte sich bei seinen Untertanen und widerrief den Befehl. In Indien gibt es viele solcher Fälle. Wirkliche Selbstregierung ist nur dort möglich, wo passiver Widerstand die leitende Kraft des Volkes ist. Jede Regierung ist fremde Regierung. […]

Auf Grund meiner langen Erfahrung glaube ich, dass jemand, der für sein Vaterland passiven Widerstand leisten will, vollkommene Keuschheit bewahren muss, freiwillige Armut auf sich nehmen muss, der Wahrheit folgen muss und sich zur Furchtlosigkeit erziehen muss.

Dietmar Rothermund, Der Freiheitskampf Indiens, Stuttgart 1976, S. 40 f.

## Aufgaben

1. a) Stelle dar, warum es Großbritannien gelang, ein Weltreich aufzubauen.
   b) Erläutere, warum Indien als „Kronjuwel" bezeichnet wurde.
   → Text
2. Erkläre anhand eines Beispiels den Unterschied zwischen direkter und indirekter Herrschaft.
   → Text
3. a) Wie rechtfertigt Cecil Rhodes die britischen Kolonialherrschaft in Indien?
   b) Beurteile die Position von Cecil Rhodes aus deiner heutigen Sicht.
   c) Erläutere, warum Rhodes in der Karikatur als Rattenfänger dargestellt wird.
   → M4, M5
4. Worin bestand für Lord Curzon die besondere Bedeutung Indiens für Großbritannien?
   → M6
5. a) Fasse die Argumentation von Gandhi knapp zusammen.
   b) Sind passiver und gewaltloser Widerstand identisch? Begründe.
   c) Überlege, unter welchen Voraussetzungen passiver Widerstand erfolgreich sein kann.
   → M7

# Deutschland als Kolonialmacht

### Erste Anfänge unter Bismarck

In den Ländern Afrikas und Asiens, die von der europäischen Kolonialherrschaft geprägt wurden, finden sich nur geringe deutsche Spuren. Das liegt daran, dass Deutschland im Gegensatz zu Großbritannien und Frankreich erst spät die imperialistische Arena betrat. Bismarck lehnte den Erwerb von Kolonien ab, weil ihm die Stabilisierung des 1871 gegründeten Deutschen Reichs im europäischen Mächtefeld wichtiger erschien, als eine weitere Expansion in Übersee. Seine Außenpolitik folgte dem Grundsatz, Spannungen zwischen den europäischen Großmächten nach außen – also in die Kolonien – abzuleiten, um Deutschlands schwierige geografische Lage in der Mitte Europas zu sichern.

Im Zeitalter des Imperialismus entschied aber die in Übersee betriebene Politik zunehmend über die Position der Großmächte. Daher wurde im Kaiserreich immer häufiger gefordert, dass Deutschland beim Wettlauf um die Aufteilung der Welt nicht länger tatenlos zusehen solle. So bestimmte das Streben nach Prestige und Gleichberechtigung viele politische Entscheidungen.

Besonders Vertreter der Großindustrie verlangten den Erwerb von Kolonien. Sie versprachen sich davon die Einfuhr billiger Rohstoffe und die Erschließung neuer Absatzmärkte für die stark gestiegene Industrieproduktion. So erwarb das Deutsche Reich nach 1884 so genannte „Schutzgebiete“ in Afrika und in der Südsee. Dazu zählten Togo, Kamerun, Deutsch-Ostafrika, Deutsch-Südwestafrika und Inselgruppen im Pazifik wie die Marshall-Inseln. Im Vergleich zu anderen Mächten war dieser Kolonialbesitz jedoch unbedeutend.

M 1

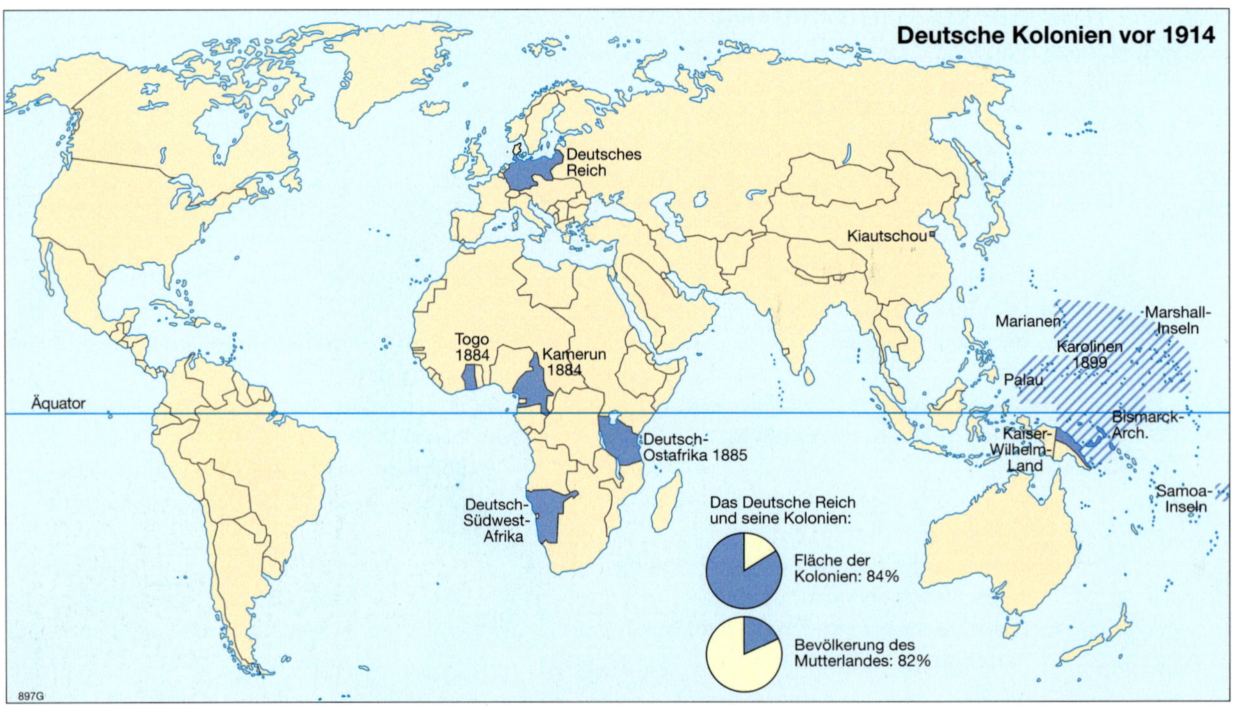

## Deutschlands Eintritt in den Kreis der imperialistischen Großmächte

Nach Bismarcks Rücktritt vom Amt des Reichskanzlers 1890 und dem Beginn des „persönlichen Regiments" Kaiser Wilhelms II. betrieb das Deutsche Reich eine offensive imperialistische Politik. Deutschland wollte, wie der damalige Reichskanzler von Bülow erklärte, auch einen „Platz an der Sonne".

Interessengruppen wie der Alldeutsche Verband und der Flottenverein unterstützen auf aggressive Art und Weise diese Politik in der Öffentlichkeit. Da die älteren Kolonialmächte jedoch entschlossen waren, ihre Positionen zu behaupten, erschien ihnen Deutschland als Störenfried und lästiger Konkurrent.

Der Aufbau einer starken Kriegsflotte seit 1897 markierte den Übergang Deutschlands zur Weltpolitik. Damit verfolgte Admiral Alfred von Tirpitz, Staatssekretär des Reichsmarineamtes, das Ziel, die vom Kaiserreich beanspruchte Weltmachtstellung gegenüber Großbritannien durchzusetzen. „Unsere Zukunft liegt auf dem Wasser", meinte Kaiser Wilhelm II. Das Flottenbauprogramm trübte indes die Beziehungen zu Großbritannien, das sich jetzt zu einem Rüstungswettkampf gezwungen sah, um seine Überlegenheit zur See aufrechtzuerhalten und sein Empire zu sichern.

## Deutschland als Kolonialmacht

Bis zum Beginn des Ersten Weltkriegs 1914 hatte Deutschland sein Kolonialreich nicht wesentlich erweitern können. Weder wirtschaftlich noch bevölkerungspolitisch als Siedlungsland besaßen die deutschen Kolonien nennenswerte Bedeutung. Zudem waren die Kriege, die Deutschland zur Sicherung seiner Herrschaft führte, äußerst blutig und kostspielig. So zum Beispiel die Niederschlagung des Aufstands der Herero 1904/05 in Südwestafrika. Truppen unter General von Trotha trieben den Stamm in die wasserlose Omaheke-Wüste, wo Zehntausende umkamen.

**M 2** **„So kolonisiert der Deutsche"**
Karikatur aus dem Simplicissimus

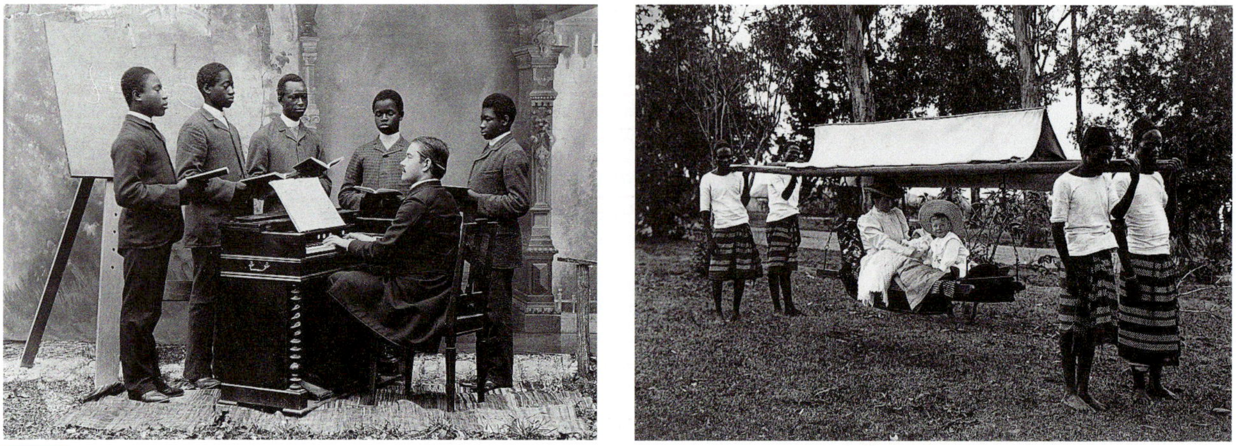

M 3 **Fotografien aus Südwestafrika um 1900**

M 4

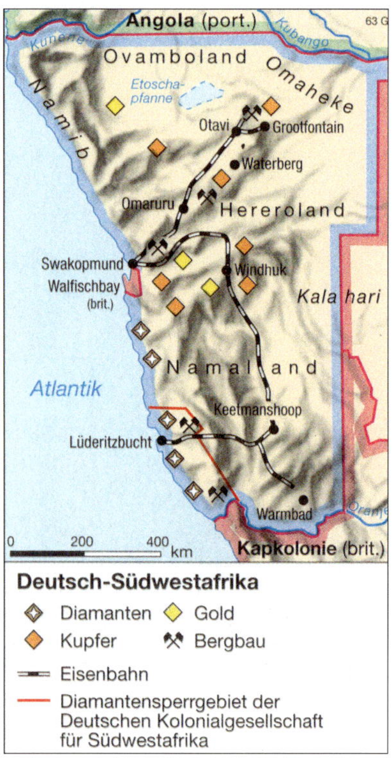


### Deutsche Kolonien: Das Beispiel Südwestafrika

1883 landete der Bremer Kaufmann Adolf Lüderitz in der später nach ihm benannten südwestafrikanischen Meeresbucht, um von den Eingeborenen Land zu erwerben. Für 500 englische Pfund und 60 Gewehre kaufte er einen Streifen Land an der Küste Südwestafrikas. Anschließend beantragte Lüderitz für dieses Gebiet den Schutz des Deutschen Reiches, den Bismarck am 24. April 1884 per Telegramm offiziell gewährte.

Mit der Kolonie Südwestafrika hatte das Deutsche Reich ein eher unfruchtbares Wüstengebiet erworben, von dem man sich jedoch Bodenschätze – vor allem Diamanten, Gold und Silber – erhoffte. Der Ausbau der Kolonie begann 1885 mit drei Beamten, denen bald Siedler und erste Soldaten einer deutschen „Schutztruppe“ folgten. In dem Gebiet lebten mehrere Eingeborenenstämme wie die Herero und Nama, die untereinander verfeindet waren. Der Gouverneur der Kolonie, Theodor Leutwein, spielte die Stämme gegeneinander aus, um so die deutsche Herrschaft zu sichern.

Dennoch kam es immer wieder zu Konflikten zwischen deutschen Siedlern und Eingeborenen, denen die Siedler Land und Vieh wegnahmen. In den anschließenden Prozessen fielen die Urteile gegen Eingeborene viel härter aus als gegen Deutsche. Das schürte die Unzufriedenheit in den Stämmen ebenso wie die wachsende Armut und die Ausbeutung der Bevölkerung durch die Kolonialherren.

### Der Aufstand der Hereros

Der größte Aufstand in Südwestafrika brach am 12. Januar 1904 aus. Die ohnehin angespannte Stimmung hatte sich entladen, als ein deutscher Offizier Morddrohungen gegen den Häutling der Herero, Samuel Maharero, äußerte. Die Hereros töteten über 100 deutsche Siedler und besetzten ihr altes Stammesgebiet.

Gouverneur Leutwein musste das Kommando an Generalleutnant von Trotha abtreten, der Verstärkung anforderte, und mit aller Härte gegen die Aufständischen vorging. Nach der Schlacht am Waterberg im August 1904 wurden die Herero in die Sandwüste Omaheke getrieben, wo sie zu Tausenden verdursteten. Von den 80 000 Herero überlebten

M 5 **Kolonialprodukte**
Sie wurden in so genannten „Kolonialwarenläden" vertrieben.

nur etwa 15 000 diesen Völkermord, während auf deutscher Seite 1500 Soldaten ums Leben kamen.

### Die deutsche Kolonialbilanz

Nach dem Völkermord enteignete eine kaiserliche Verordnung die Herero. Ihr gesamtes Land ging in den Besitz des Deutschen Reichs über und wurde günstig an deutsche Siedler verkauft. Die einst freien Eingeborenen arbeiteten nun als Lohnarbeiter auf deutschen Farmen oder beim Straßen- und Eisenbahnbau.

Zu den Kriegsgewinnlern zählten die Gesellschaften, die in Südwestafrika Land verkauften, Reedereien, welche die Transporte nach Afrika durchführten und die weißen Siedler. Kräftige Gewinne strichen auch die Rüstungsfabrikanten ein, die Militärmaterial geliefert hatten. Für das Deutsche Reich blieb Südwestafrika jedoch ein Zuschussgeschäft, woran auch die ersehnten Diamantenfunde nichts änderten, die seit 1908 im Küstengebiet des Südens gemacht wurden. Denn allein der Kampf gegen die Herero und Nama hatte Kosten in Höhe von 585 Millionen Mark verschlungen.

Sozialdemokraten und Liberale kritisierten in Berlin das deutsche Vorgehen in Südwestafrika und die hohen Kosten, die die Kolonie verursachte. Dennoch unterstützten viele Deutsche die Kolonialpolitik ihrer Regierung, denn für sie waren Kolonien längst zu einem nationalen Prestigeobjekt geworden. Entsprechend wuchs das Interesse der Bürger an „Kolonialwaren", die aus aller Welt importiert wurden. Überall entstanden Läden, die Produkte wie Kaffee, Tee, Kakao, Südfrüchte oder Kokosfett – das „Palmin" – anboten.

Das vermeintlich „exotische" Leben der Eingeborenen in den Kolonien stellten Bücher und Wanderausstellungen dar, während neu gegründete „Völkerkundemuseen" die Kultur der Afrikaner in großen Schausammlungen präsentierten – oft mit geraubten Objekten!

M 6 **Deutsche „Schutztruppe" in Südwestafrika**
Maschinengewehrstellung der Kolonialtruppe, die etwa 15 000 Mann umfasste

**M 7 „Ein Platz an der Sonne"**

*Bernhard von Bülow, Staatssekretär im Auswärtigen Amt und von 1900 bis 1909 Reichskanzler, hielt am 6. Dezember 1897 folgende Rede im Reichstag:*

Die Zeiten, wo der Deutsche dem einen seiner Nachbarn die Erde überließ, dem anderen das Meer und sich selbst den Himmel reservierte, wo die reine Doktrin thront –
[Heiterkeit – Bravo]
diese Zeiten sind vorüber. Wir betrachten es als eine unserer vornehmsten Aufgaben, gerade in Ostasien die Interessen unserer Schifffahrt, unseres Handels und unserer Industrie zu fördern und zu pflegen. […]
Wir müssen verlangen, dass der deutsche Missionar und der deutsche Unternehmer, die deutschen Waren, die deutsche Flagge und das deutsche Schiff in China geradeso geachtet werden, wie diejenigen anderer Mächte.
[Lebhaftes Bravo.]
Wir sind endlich gern bereit in Ostasien den Interessen anderer Großmächte Rechnung zu tragen, in der sicheren Voraussicht, dass unsere eigenen Interessen gleichfalls die ihnen gebührende Würdigung finden.
[Bravo!]
Mit einem Worte: Wir wollen niemand in den Schatten stellen, aber wir verlangen auch unseren Platz an der Sonne.
[Bravo!]
In Ostasien wie in Westindien werden wir bestrebt sein, getreu den Überlieferungen der deutschen Politik, ohne unnötige Schärfe, aber auch ohne Schwäche unsere Rechte und unsere Interessen zu wahren.
[Lebhafter Beifall.]

Stenografische Berichte über die Verhandlungen des Reichstags, Bd. 1, Berlin 1898, S. 60, zit. nach: Geschichte in Quellen und Darstellung, Bd. 8, Stuttgart 2000, S. 269 f.

**M 8 „Hochseilakrobatik"**
Zeitgenössische Karikatur

**M 9** **Ende des Hereroaufstands**
Überlebende des 1904 ausgebrochenen Hereroaufstands auf dem Marsch in die Zwangsarbeit. Dem Völkermord fielen etwa 80% der Herero zum Opfer. Ihr Land wurde enteignet und an deutsche Siedler und Firmen verkauft, Fotografie, um 1907.

**M 10** **Aufstand der Hereros**

*a) In der Darstellung des deutschen Generalstabs über den Aufstand der Hereros hieß es 1904:*

Keine Mühen, keine Entbehrungen wurden gescheut um dem Feinde den letzten Rest seiner Widerstandskraft zu rauben; wie ein halb zu Tode gehetztes Wild war er von Wasserstelle zu Wasserstelle gescheucht, bis er schließlich willenlos ein Opfer der Natur seines eigenen Landes wurde. Die wasserlose Omaheke sollte vollenden, was die deutschen Waffen begonnen hatten: die Vernichtung des Hererovolkes […].
Das Röcheln der Sterbenden und das Wutgeschrei des Wahnsinnes […] sie verhallten in der erhabenen Stille der Unendlichkeit! Das Strafgericht hatte sein Ende gefunden. Die Hereros hatten aufgehört ein selbstständiger Volksstamm zu sein.

Die Kämpfe der deutschen Truppen in Südwestafrika, Berlin 1906, S. 211–218.

*b) Stellungnahme des Auswärtigen Amtes zu Entschädigungsforderungen der Hereros von 2004:*

Die Auseinandersetzung zwischen der damaligen deutschen Kolonialverwaltung und den Hereros im Jahre 1904 ist ein besonders dunkles Kapitel unserer bilateralen Beziehungen. Es ist heute anerkannt, dass viele Handlungen der Kolonialmächte, darunter auch die Art der Niederschlagung des Herero-Aufstandes, nicht zu rechtfertigen waren. […]
Die Bundesrepublik Deutschland wird ihrer besonderen historischen Verantwortung gegenüber Namibia vor allem durch die im Verhältnis zur Größe der namibischen Bevölkerung sehr umfangreiche und außergewöhnlich intensive entwicklungspolitische Zusammenarbeit gerecht. […].

Aus einem Schreiben des Auswärtigen Amtes, 2004.

## Aufgaben

1. Stelle dar, warum Deutschland erst relativ spät Kolonialpolitik betrieb.
   → Text
2. a) Stelle die Argumente zusammen, mit denen Bernhard von Bülow den Anspruch auf einen „Platz an der Sonne" begründete.
   b) Wie deutest du deren Reaktion der Abgeordneten auf die Aussagen Bülows?
   → M7
3. Erläutere die einzelnen Elemente der Karikatur und erschließe ihre Absicht.
   → M8
4. a) Informiere dich über den Herero-Aufstand.
   b) Überlege, ob der Aufstand gegen die Kolonialherrschaft und ob das Vorgehen gegen den Aufstand gerechtfertigt war.
   → Text, M9
5. a) Welche Einstellung gegenüber den Hereros wird im Bericht von 1904 deutlich? Begründe dies am Text.
   b) Welche Beurteilung der damaligen Ereignisse ist aus der Stellungnahme von 2004 ersichtlich?
   → M10

**M 1 1967 – Das Denkmal wird gestürzt**
Fotografie, Hamburg 1967 (www.afrika-hamburg.de)

**M 3 1922 – Das Denkmal wird errichtet**
Fotografie, Hamburg 1922 (www.afrika-hamburg.de)

## M 2 Ein Denkmal wird gestürzt

*In seinem 2001 veröffentlichten Roman „Rot" lässt der Romanautor Uwe Timm eine Person über Protestaktionen Hamburger Studenten Ende der 60er Jahre berichten:*

Krause erzählte von dem Denkmal, ein Gouverneur in Deutsch-Ostafrika, ein so genannter Afrikaforscher, das hieß, einer, der mit dem Gewehr forschte. Und den Schwarzen deutsche Mores lehren wollte, nicht mit Zuckerbrot, sondern mit der Peitsche. Wir haben diesen Bronze-Wissmann damals umgerissen, in Hamburg, vor der Universität.

Der stand mit Tropenhelm und Uniform auf einem Sockel. Unter ihm ein Askari, ein schwarzer Soldat, der einen sterbenden Löwen mit der deutschen Fahne zudeckte. Das Bild des deutschen Kolonialherren. [...]

Dann wurde Wissmann mit einem Seil umgerissen. Polizei kam, nahm einige der Studenten fest. Die Zeitungen schäumten: studentisches Pack, Kulturbarbaren, irrenärztlich untersuchen lassen. Das Denkmalamt hat Wissmann wieder aufgestellt. Wir haben ihn wieder umgerissen. So wäre das weitergegangen, hätten das Denkmalamt und die Univerwaltung nicht resigniert. Einige bekamen eine Anzeige wegen Sachbeschädigung, Erregung öffentlichen Ärgernisses. Wir waren unserer Zeit voraus. Jetzt will doch keiner mehr an die glorreiche deutsche Kolonialzeit erinnert werden. Heute würden sie das Denkmal von Amts wegen abtragen lassen, still und heimlich.

So ändern sich die Zeiten. Und die moralischen Wertungen.

Uwe Timm, Rot, München 2004, Seite 301.

**M 4 Das Wissmann-Denkmal auf der Überseebrücke**
Entwurf von 2004 von Jokinen
(www.afrika-hamburg.de)

## Recherche im Internet – Streit um ein Denkmal

Die Zeit des Imperialismus ist vorbei, und Deutschland besitzt keine Kolonien mehr. Aber es gibt noch Spuren, die an die damalige Zeit erinnern, und es stellt sich die Frage: Wie soll mit der Hinterlassenschaft der Kolonialzeit umgegangen werden? Ein Beispiel dafür ist ein Denkmal für den früheren Gouverneur von Deutsch-Ostafrika Hermann von Wissmann. Zunächst zu seinen Ehren errichtet, stieß es später auf heftige Kritik.

Mithilfe des Internets lässt sich der Streit um sein Denkmal nachvollziehen, indem geeignete Seiten ausgewertet werden und die dort gefundenen Informationen ergänzt und kritisch betrachtet werden. Wichtig ist es dabei, die Seriosität der jeweiligen Seite zu überprüfen.

## Fragen an Internetseiten

**1. Beschreibung der Internetseite**

a) Wer hat die jeweilige Internetseite erstellt?
b) Wer ist der Adressat der jeweiligen Seite?
c) Wird die Herkunft der gezeigten Materialien genannt?
d) Geben die Seiten Auskunft darüber, welche Absicht der Präsentation zugrunde liegt?

**2. Informationsgehalt der Internetseite**

a) Was erfährst du über Hermann von Wissmann ?
b) Welche Informationen erhältst du über das Denkmal?
c) Welche Fragen bleiben auf den Seiten offen?
d) Welche Informationen aus anderen Informationsquellen, z.B. Lexika, sind auf den Seiten nicht enthalten?

**3. Art der Darstellung**

a) Wie ist die Seite gestaltet?
b) In welchem Verhältnis stehen Text und Bild zueinander?
c) Enthält die Seite eine Stellungnahme zu Wissmann und zum Umgang mit dem Denkmal? Worin besteht sie?
d) Legt die Seite den Nutzern durch die Art der Gestaltung eine bestimmte Sichtweise nahe? (Begründung!)

**4. Ergebnis der Recherche**

a) Schildere den Lebensweg Hermann von Wissmanns.
b) Stelle die Geschichte des Denkmals stichpunktartig zusammen.
c) Wie sollte deiner Meinung nach mit dem Denkmal umgegangen werden?

**5. Beurteilung der Internetseite**

a) Ist die Seite deiner Meinung nach informativ?
b) Wird die Darstellung auf den Internetseiten deiner Meinung nach der Problematik gerecht?

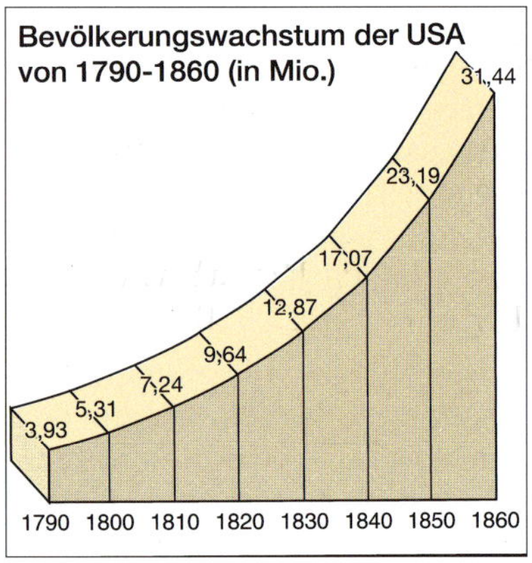


M 1

# Die USA als Kolonialmacht

## Die Besiedlung des Westens

Die USA gelten heute als führende Weltmacht, doch wurden die Grundlagen dafür bereits im 19. Jh. gelegt. Nach Erkämpfung der Unabhängigkeit erschlossen die Amerikaner den Westen und besiedelten ihn in mehreren Wellen. Zunächst erkundeten Jäger und Fallensteller die unwegsamen Gebiete. Ihnen folgten Farmer und Viehzüchter, später Handwerker, Kaufleute, Ärzte und Rechtsanwälte.

Eine steigende Geburtenrate und eine hohe Zahl von Einwanderern führten zu einem raschen Bevölkerungsanstieg. Die Immigranten kamen vor allem aus Europa und erhofften sich in ihrer neuen Heimat mehr politische Freiheit und wirtschaftlichen Wohlstand.

Mit der Besiedlung wurde das Land auch durch die Eisenbahn verkehrstechnisch erschlossen. 1869 verband die Union-Central-Pacific Bahn bereits Chicago mit San Francisco. Das Staatsgebiet der USA vergrößerte sich ständig und umfasste schließlich die ganze Breite des Kontinents von der Atlantikküste bis zum Pazifik.

## Die Indianer

Das Vordringen der Siedler vertrieb die indianischen Ureinwohner aus ihrem angestammten Lebensraum. Zwar schloss die Regierung Verträge mit den Indianern, doch hat sie alle 371 Verträge gebrochen, oft nach kurzer Zeit. Die Indianer lieferten den US-Truppen zwar erbitterte Kämpfe – so bei Little Big Horn 1876 – doch schmolz ihr Gebiet immer mehr zusammen. Nach dem Massaker bei Wounded Knee 1890 erlosch der Widerstand der Indianer, die man in wirtschaftlich kaum nutzbare Reservate abdrängte. Ihre früheren Siedlungsgebiete wurden – wie etwa Oklahoma 1889 – zu neuen Bundesstaaten.

M 2

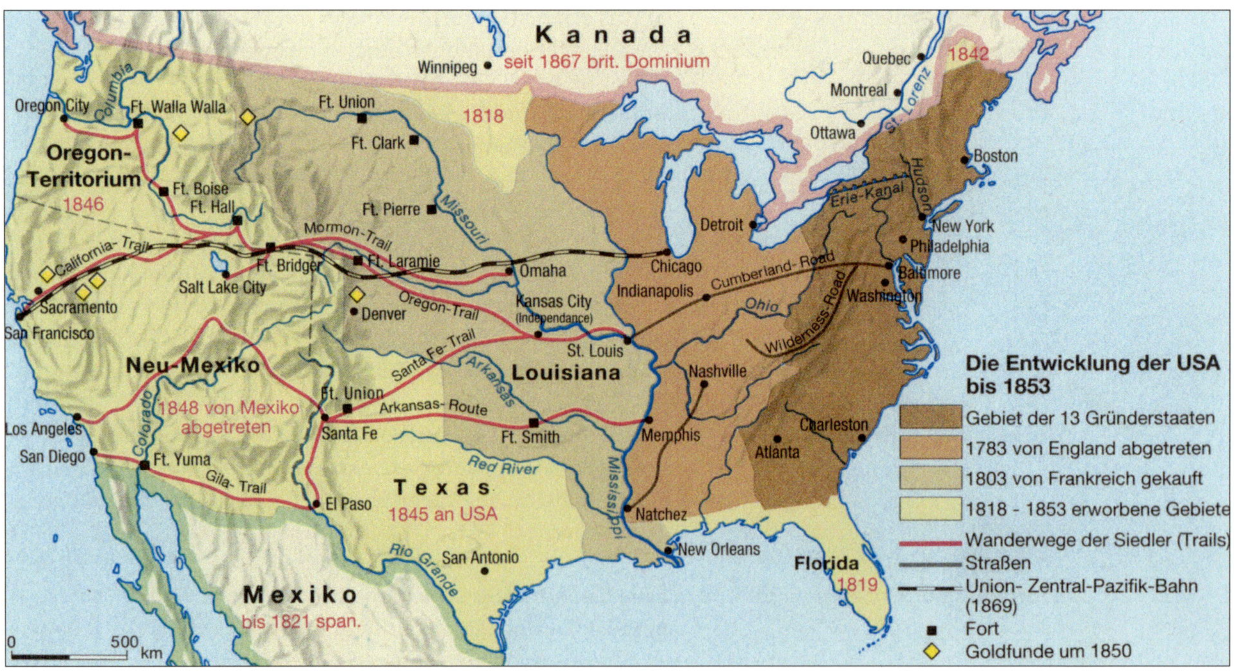

M 3 New Yorker Slum um 1900

## Der Aufstieg zur führenden Industrienation

Im 19. Jh. entwickelten sich die USA zu einem Industriestaat. Es entstanden Industrieregionen mit riesigen Städten und große Konzerne begannen den Markt zu beherrschen. Um 1900 waren die USA in der Lage mit allen Industrienationen Europas zu konkurrieren.

Mitten im Überfluss lebten etwa 10–20 Millionen Amerikaner in bitterer Armut als Opfer des technischen Fortschritts. Die Arbeitslosgkeit erreichte zeitweise schwindelnde Höhen und in den Großstädten entstanden Elendsquartiere - die Slums.

## Auf zu neuen Grenzen

1823 verkündete Präsident Monroe seine „Monroe-Doktrin“. Sie proklamierte „Amerika den Amerikanern“ und richtete sich gegen Übergriffe aus Europa. Umgekehrt verzichteten die USA auf eine Einmischung in europäische Angelegenheiten. Ende des 19. Jh. änderte sich die Politik der USA, die nun auch international nach Einfluss und Macht strebten. Ihr erstes Ausgreifen erfolgte auf Kuba. 1898 entrissen sie die Insel den Spaniern, die auch Puerto Rico, Guam und die Philippinen an die USA abtreten mussten. Kuba blieb, obwohl 1902 nominell unabhängig, in völliger Abhängigkeit. Damit waren die USA endgültig in den Kreis der führenden imperialistischen Staaten eingetreten und galten als Weltmacht.

Im Unterschied zu europäischen Mächten begnügten sich die USA mit wirtschaftlicher Vorherrschaft. Wo sich Widerstand regte, wie auf den Philippinen, wurde er jedoch rücksichtslos unterdrückt. Durch den Bau des Panama-Kanals und der Aktivität der United-Fruit-Company beherrschten die USA nach 1900 praktisch ganz Mittelamerika. Gestützt auf Flottenstützpunkte in der Karibik und im Pazifik, besaß Amerika die politische und wirtschaftliche Basis, um seine imperialistischen Ziele durchzusetzen.

M 4

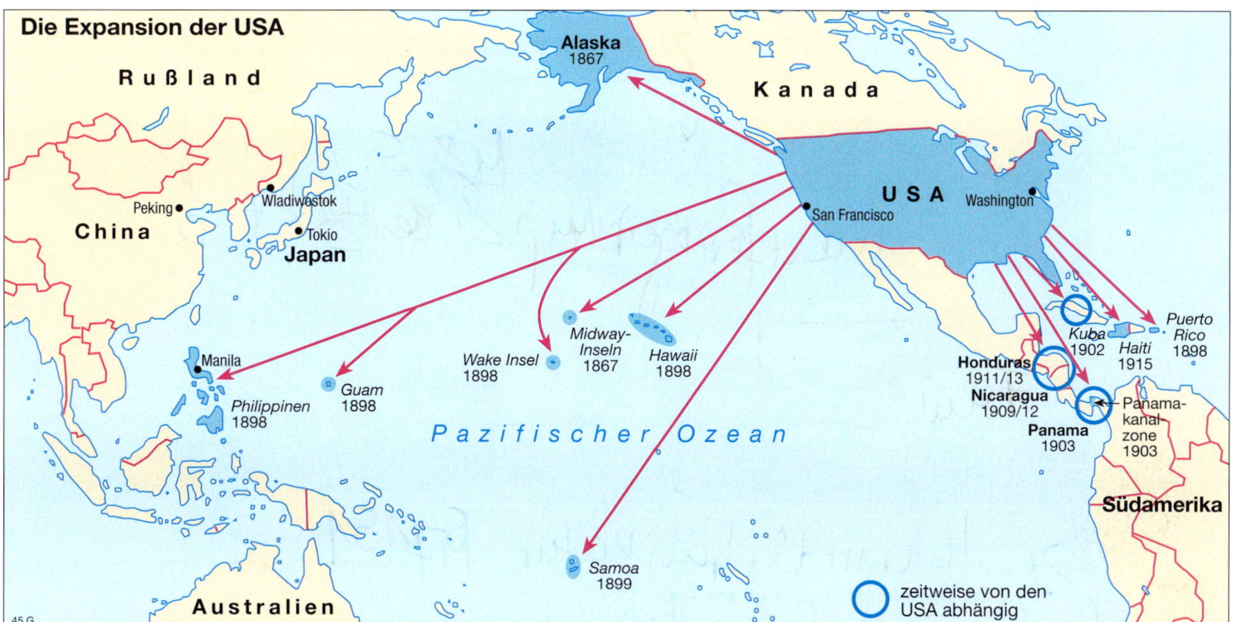

**M 5** **Monroe-Doktrin (1823)**

*US-Präsident James Monroe (1817–1825) in einer Botschaft an den Kongress zur Nichteinmischung europäischer Staaten in der „Neuen Welt":*

Es ist ein Grundsatz, in welchem die Rechte und Interessen der Vereinigten Staaten inbegriffen sind: dass die amerikanischen Kontinente infolge des freien und unabhängigen Standes, den sie angenommen haben und behaupten, hinfort nicht als Gegenstände für künftige Kolonisation durch irgendwelche europäischen Mächte zu betrachten sind. [...]
Wir haben niemals an den Kriegen der europäischen Mächte teilgenommen, soweit sie diese allein angingen, und es verträgt sich nicht mit unserer Politik, daran teilzunehmen. [...]
Mit den Vorgängen auf dieser Halbkugel sind wir notwendigerweise unmittelbarer verbunden aus Ursachen, die allen aufgeklärten und unparteiischen Beobachtern klar sein müssen. Das politische System der Allianzmächte [gemeint ist die „Heilige Allianz" der europäischen Monarchen] ist von dem Amerikas in dieser Beziehung in seinem Wesen verschieden. Der Unterschied rührt davon her, dass sie in ihren Regierungsformen von uns verschieden sind. [...]
Wir sind deshalb den freundlichen Beziehungen, die zwischen den Vereinigten Staaten und jenen Mächten bestehen, die aufrichtige Erklärung schuldig, dass wir irgendwelchen Versuch von ihrer Seite, ihr System auf irgendeinen Teil dieser Halbkugel auszudehnen, als gefährlich für unseren Frieden und unsere Sicherheit betrachten würden.
In die bestehenden Kolonien oder Dependenzen [Niederlassungen] irgendeiner europäischen Macht haben wir nicht eingegriffen und werden wir nicht eingreifen, aber bei den Regierungen, die ihre Unabhängigkeit erklärt und behauptet und deren Unabhängigkeit wir nach vieler Überlegung und aus gerechten Gründen anerkannt haben, könnten wir irgendwelche Dazwischenkunft, um sie zu unterdrücken oder irgendwie sonst ihr Schicksal zu bestimmen, von Seiten irgendeiner europäischen Macht in keinem anderen Licht sehen als in dem einer Bekundung unfreundlicher Gesinnung gegen die Vereinigten Staaten.

US-Präsident J. Monroe in einer Botschaft an den Kongress, zit. nach: F. Wagner, USA, Geburt und Aufstieg der neuen Welt, München 1947, S. 176.

**M 6** **„Raus aus dem Fett und ab ins Feuer!"**
Die junge Frau repräsentiert Kuba, amerikanische Karikatur von 1898.

**M 7 Der Weltpolizist**

Amerikanische Karikatur zur Politik von Präsident Theodore Roosevelt, 1905

arbitration = Schiedsvertrag

**M 8 „Weltpolizist Amerika"**

*Aus der Jahresbotschaft von Präsident Roosevelt an den Kongress vom 6. Dezember 1904:*

Jedes Land, dessen Volk sich korrekt verhält, kann auf unsere herzliche Freundschaft rechnen. Wenn eine Nation zeigt, dass sie im Stande ist mit vernünftiger Effizienz und Anstand in politischen und sozialen Angelegenheiten zu handeln, wenn sie die Ordnung aufrechterhält und ihren Schuldverpflichtungen nachkommt, braucht sie keine Einmischung von Seiten der Vereinigten Staaten zu fürchten. Chronische Rechtsverletzungen oder Unfähigkeit, die auf eine allgemeine Auflösung der Grundsätze der zivilisierten Gesellschaft hinauslaufen, mag in Amerika, ebenso wie anderswo, letzten Endes die Intervention einer zivilisierten Nation notwendig machen. In der westlichen Hemisphäre kann das Festhalten der Vereinigten Staaten an der Monroedoktrin diese, wenn auch widerstrebend, dazu zwingen, in offensichtlichen Fällen von Rechtsbruch und Unfähigkeit die Rolle einer internationalen Polizeimacht zu übernehmen.

Wolfgang J. Mommsen, Imperialismus. Seine geistigen, politischen und wirtschaftlichen Grundlagen, Hamburg 1977, S. 21/7.

## Aufgaben

1. a) Stelle dar, wie die Ausdehnung der USA verlief.
   b) Erläutere, warum die USA kein koloniales Weltreich wie Großbritannien errichteten.
   → Text, M2
2. Fasse die Monroe-Doktrin in einem Satz zusammen.
   → M5
3. a) Beschreibe, in welcher Situation sich Kuba befand, indem du die einzelnen Elemente der Karikatur – die Frauengestalt, die Pfanne und das Feuer – deutest.
   b) Kann die Karikatur als Aufforderung an die USA verstanden werden, in Cuba militärisch einzugreifen? Begründe.
   → M6
4. a) Erläutere, warum die USA als Weltpolizist dargestellt werden.
   b) Wie wird diese Rolle in der Karikatur beurteilt? Achte auf die Art der Darstellung.
   → M7
5. a) Fasse die Position Roosevelts in einem Satz zusammen.
   b) Vergleiche die Position Roosevelts mit der Monroe-Doktrin.
   → M8, M5
6. Die USA greifen gegenwärtig im Irak und Afghanistan ein. Ist das nach deiner Meinung vom Geist der Monroe-Doktrin gedeckt?

# Sklavenfrage und Bürgerkrieg

## Die Sklavenfrage

Die Frage der Sklaverei entwickelte sich im 19. Jahrhundert zunehmend zum zentralen innenpolitischen Problem der USA. Während 1804 in den Staaten des Nordens die Sklaverei beseitigt worden war, beruhte die Bewirtschaftung der Baumwollplantagen in den Südstaaten auf Sklavenarbeit Gleichzeitig wuchs die wirtschaftliche Bedeutung des Baumwollexports.

M 1 **Sklavenmarkt um 1850**
Versteigerung schwarzer Sklaven in den Südstaaten (Richmond, Virginia), zeitgenössische Abbildung

Die wachsenden Spannungen legte zunächst der Missouri-Kompromiss von 1820 bei, der Sklaverei nur in neuen Territorien südlich des 36. Breitengrades erlaubte. Dieser Ausgleich war aber nicht von Dauer. Als Abraham Lincoln 1860 Präsident wurde und die Sklaverei abschaffen wollte, führte dies zur „Sezession", d.h. zur Abspaltung der Südstaaten, die unter Berufung auf die Rechte der Einzelstaaten die „Konföderierten Staaten von Amerika" gründeten. Als Folge brach ein Bürgerkrieg zwischen Nord- und Südstaaten aus.

## Der Bürgerkrieg

Bei der militärischen Auseinandersetzung ging es nicht nur um die Abschaffung der Sklaverei, sondern auch darum, ob das Recht des Bundesstaates Vorrang vor dem der Einzelstaaten haben sollte.

Gegen die überlegene Wirtschaftskraft des Nordens hatten die Südstaaten wenig Chancen. Der erste totale Krieg der Geschichte forderte über 600 000 Opfer, verwüstete das Land und vernichtete die Existenzgrundlage des Südens. Während der Bürgerkrieg dem Norden zu einem rasanten industriellen Aufschwung verhalf, bedeutete er für den Süden den völligen wirtschaftlichen und politischen Zusammenbruch. 1865 verbot die Union die Sklaverei durch einen Verfassungszusatz, doch war dies nur eine scheinbare Lösung, da Sondergesetze die Schwarzen weiterhin benachteiligten.

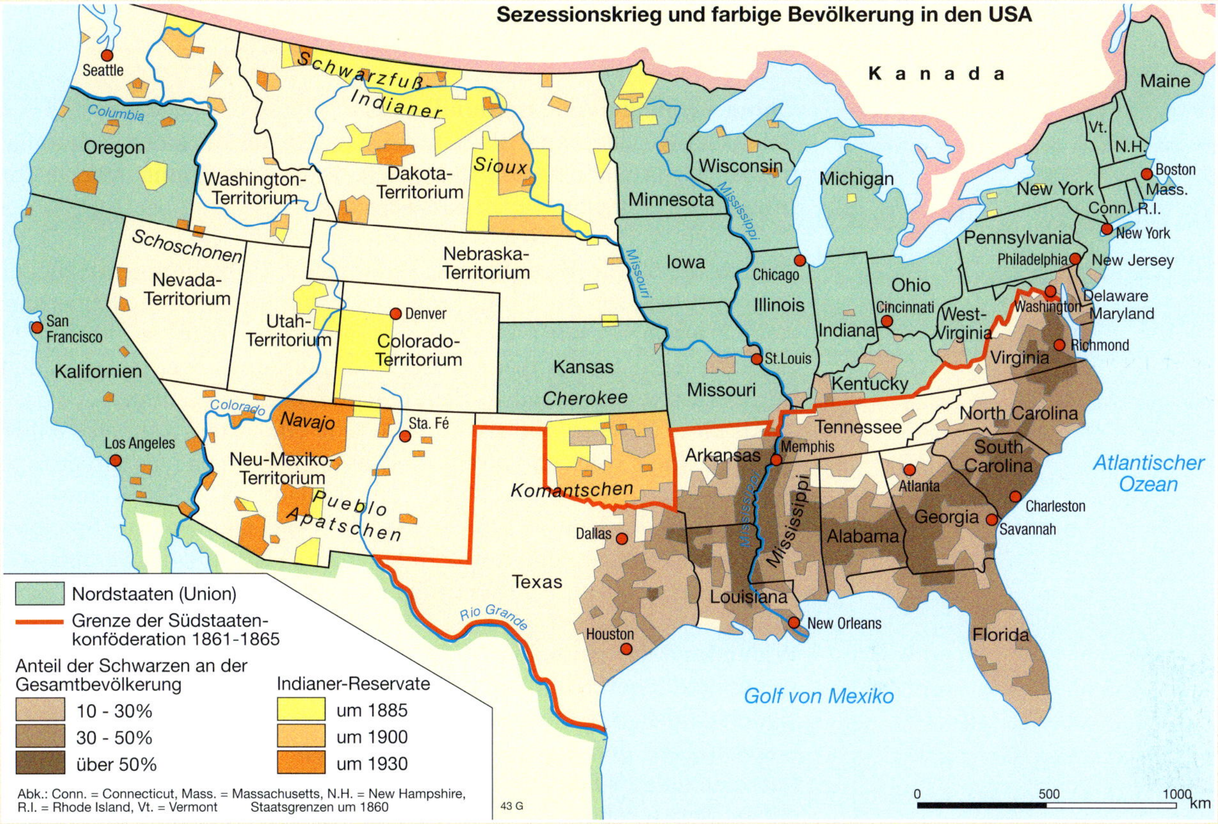


M 2

## Aufgaben

1. a) Erläutere, weshalb es zwischen den Nord- und den Südstaaten im Hinblick auf die Sklavenfrage Konflikte gab.
   b) In welchen Staaten war der Anteil der farbigen Bevölkerung am höchsten?
   → Text, M2
2. a) Stelle in Gründzügen dar, wie der amerikanische Bürgerkrieg verlief.
   b) Nenne die Bundesstaaten, die sich im Bürgerkrieg der Union beziehungsweise der Konföderation anschlossen.
   → Text, M2
3. a) Sammle Informationen über die Lage der farbigen Bevölkerung in den USA heute.
   b) Informiere dich, ob es heute noch Sklaverei gibt.
   → Lexikon oder Internet
4. a) Arbeite mit der Karte. In welchen Bundesstaaten befanden sich jeweils um 1885, um 1900 und um 1930 die Indianer-Resertate?
   b) Welche generellen Ausssagen zu Größe und Anzahl der Reservate sind anhand der Karte möglich?
   c) Informiere dich über die Situation der Indianer in den USA heute.
   → M2, Lexikon oder Internet

# China und die europäischen Mächte

## China – Spielball des Imperialismus

Bei ihrem Wettlauf um Kolonien richtete sich der Blick der imperialistischen Großmächte auch auf Asien. Besonders China weckte ihr Interesse, das in einer tiefen Krise steckte.

Die Schwäche des „Reichs der Mitte" hatte mehrere Ursachen. Dazu zählten die starke Bevölkerungszunahme, die Ablehnung westlicher Neuerungen sowie Aufstände gegen die korrupte kaiserliche Regierung. Anders als Japan hatte China es versäumt, das Land rechtzeitig zu modernisieren. So stand es nun nach jahrtausendelanger Isolation den hochgerüsteten imperialistischen Mächten hilflos gegenüber.

Als diese Chinas militärische Schwäche erkannten, nutzten sie ihre Überlegenheit rücksichtslos aus. Durch erzwungene Pachtverträge sicherten sie sich Küstengebiete – Deutschland z.B. 1898 Kiautschou – und teilten das Land in Interessensphären auf. China wurde Spielball der internationalen Politik, was 1894 Japan zu einem Krieg veranlasste. Es siegte mühelos und entriss China Formosa und andere Gebiete.

## Widerstand der chinesischen Bevölkerung

In der ländlichen Bevölkerung entwickelte sich allmählich eine breite Widerstandsbewegung, deren Mitglieder sich als „Faustkämpfer der Gerechtigkeit und Eintracht" bezeichneten. Das Ausland nannte sie kurz „Boxer". Es handelte sich dabei ursprünglich um einen im 18. Jh. entstandenen religiösen Geheimbund, der besonders auf dem Lande verankert war.

Die Boxer wandten sich gegen den ausländischen Einfluss, besonders jedoch gegen die christlichen Missionare, deren Wirken die religiösen Gefühle der chinesischen Bevölkerung verletzte und das Leben in den Dorfgemeinschaften störte. Hinzu kam, dass viele Chinesen durch die Einfuhr maschinell gefertigter Waren und die wachsende

**M 1 China wird aufgeteilt**
Großmächte teilen den chinesischen Kuchen, französische Karikatur, 1898

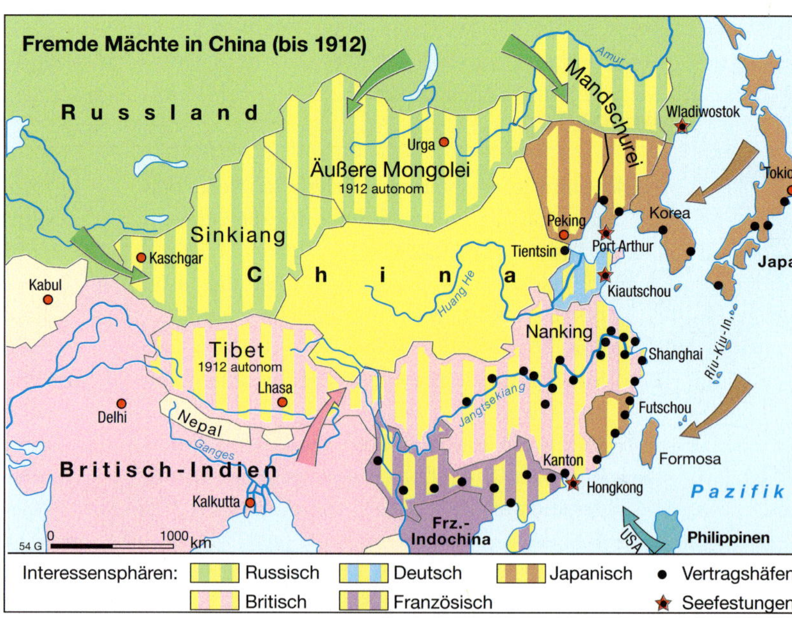

**M 3 Der Boxeraufstand aus Sicht der Chinesen**
Ein chinesischer Bilderbogen vermittelt einen Eindruck von einer Schlacht zwischen Boxern und Truppen der imperialistischen Mächte am 6. August 1900. Die Übersetzung des Bildtextes lautet: „Die Heere stießen aufeinander, es gab ein allgemeines Gefecht ... Die Boxer fingen europäische Soldaten, führten sie vor Mandarine [hohe Beamte] und verlangten eine Belohnung."

Konkurrenz der einheimischen Industrie ihre Arbeit verloren. Diese Situation schürte die Unruhe und führte zur Verwüstung christlicher Kirchen und zur Zerstörung von Eisenbahn- und Industrieanlagen.

**M 4 Sun Yat-sen (1866–1925)**
Der erste Präsident der Republik China gilt den chinesischen Kommunisten noch heute als „Pionier der Revolution".

## Der Boxeraufstand

Im Jahr 1900 entlud sich der Hass auf die Fremden im Boxeraufstand. Die Aufständischen eroberten die Hauptstadt Peking, belagerten das Gesandtschaftsviertel und töteten chinesische Christen. Als sie schließlich den deutschen Gesandten Clemens von Ketteler ermordeten und sich die kaiserliche Regierung mit den Boxern solidarisierte, reagierten die Großmächte. Sie sahen ihre Interessen in China gefährdet und nahmen den Vorfall zum Anlass eine internationale Interventionstruppe von 63 000 Soldaten zu entsenden. Kontingente stellten Großbritannien, Deutschland, Frankreich, Italien, Japan, Österreich-Ungarn, Russland und die USA.

Nach heftigen Kämpfen befreite das Expeditionsheer die in Peking eingeschlossenen Europäer und eroberte die Hauptstadt. Die Bestimmungen des Friedensvertrags waren hart und für China demütigend. Es musste seine Märkte dem internationalen Handel öffnen, alle Flüsse und Häfen freigeben und eine hohe Kriegsentschädigung zahlen.

## Das Ende des Kaiserreichs

Das alles erschütterte das chinesische Kaiserreich. Unruhen verschärften die Lage und führten schließlich am 10. Oktober 1911 zum Sturz der Monarchie. Am 1. Januar 1912 rief Sun Yat-sen die Republik China aus.

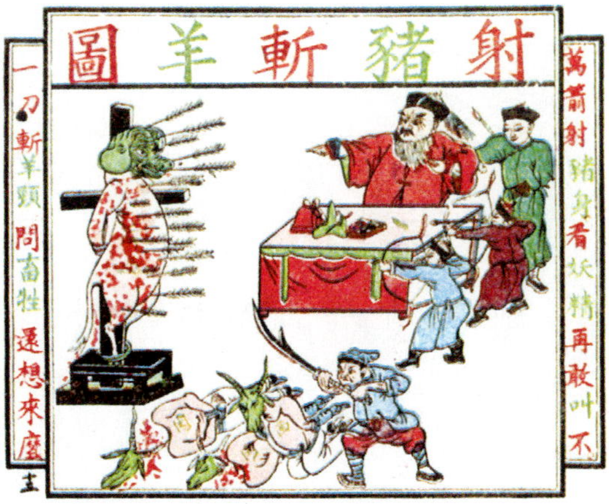


**M 5 Chinesisches Propagandabild**
Das Bild zeigt, wie ein Christ in Gestalt eines Schweins und zwei als Ziegen dargestellte Fremde hingerichtet werden (Propagandabild von 1891).

**M 6 Imperialistische Mächte in China**
Europäer lassen sich nach dem Einmarsch der Interventionsarmee in China mit hingerichteten Boxern fotografieren, Foto vom Sommer 1900.

## M 7 Wiederstand der Boxer

*In einem Aufruf der Boxer vom April 1900 an ihre Landsleute heißt es:*

Fremde sind gekommen und haben durch ihre Lehre viele zu ihrem römischen oder protestantischen Glauben verleitet ... Der Telegraf und die Eisenbahnen sind eingerichtet worden, man hat Gewehr- und Geschützfabriken angelegt und diese Anstalten verursachen den fremden Teufeln eine Freude voller Bosheit; ebenso ist es mit den Lokomotiven, den Ballons und den elektrischen Lampen, Erfindungen, die diese fremden Teufel für vorzüglich halten ... China aber betrachtet sie doch als Barbaren, die Gott verdammen wolle. Geister und Genien steigen vom Himmel herab, um sie zu vernichten.

nach: Deutscher Geschichtskalender für 1900, Bd. 2, hrsg. von Karl Wippermann, Leipzig 1901, S. 356.

## M 8 Politische Ziele der USA in China

*In einem Rundschreiben verkündete der amerikanische Staatssekretär des Äußeren, John Hay, im Jahr 1899 die „Politik der offenen Tür" in China:*

Die Vereinigten Staaten haben das ernste Bestreben, allen Grund für Spannungen zu beseitigen, und wünschen zugleich, dem Handel aller Nationen die unbezweifelhaften Vorteile zu sichern, welche aus einer formellen Anerkennung der dort „Interessensphären" beanspruchenden Mächte entstehen würden. Sie wünschen, dass alle Nationen vollständige Gleichheit bei der Behandlung ihres Handels und ihrer Schifffahrt innerhalb solcher Sphären genießen sollen.

zitiert nach: Geschichte in Quellen, Das bürgerliche Zeitalter 1815–1914, München 1980, S. 599.

## M 9 „Hunnenrede" Kaiser Wilhelms II.

*Wie andere Großmächte entsandte auch Deutschland ein Expeditionskorps zur Niederschlagung des Boxeraufstands in China. Bei dessen Verabschiedung in Bremerhaven hielt Wilhelm II. am 27. Juli 1900 folgende Rede:*

Eine große Aufgabe harrt eurer. Ihr sollt das schwere Unrecht, das geschehen ist, sühnen. Die Chinesen haben das Völkerrecht umgeworfen; sie haben den Pflichten des Gastrechts Hohn gesprochen ... Ihr wisst es wohl, ihr sollt fechten gegen einen verschlagenen, tapferen und grausamen Feind. Kommt ihr vor den Feind, so wird derselbe geschlagen! Pardon wird nicht gegeben! Gefangene werden nicht gemacht! Wer euch in die Hände fällt, sei euch verfallen! Wie vor tausend Jahren die Hunnen unter ihrem König Etzel sich einen Namen gemacht, der sie noch jetzt in Überlieferung und Märchen gewaltig erscheinen lässt, so möge der Name Deutscher in China auf 1000 Jahre durch euch in einer Weise bestätigt werden, dass niemals wieder ein Chinese es wagt, einen Deutschen auch nur scheel anzusehen!

zitiert nach: Geschichte in Quellen, Das bürgerliche Zeitalter 1815–1914, München 1980, S. 588 f., gekürzt

**M 10** **Abgeordnete des chinesischen Parlaments,** Foto von 1912 nach Ausrufung der Republik

## M 11 Anfänge der Revolution

*Aus einer Rede, die Sun Yat-sen 1907 in Tokio vor 5000 chinesischen Revolutionären hielt:*

Wir erstreben die politische Revolution, weil wir nicht wollen, dass ein einziger Mensch alle Vorteile allein genieße ...
Die Sicherung der Möglichkeit der Selbstverwaltung für die chinesische Rasse; die Errichtung einer republikanischen Regierung; die Verwirklichung des sozialistischen Staates – da haben Sie ein nach allen Seiten abgeschlossenes Programm, dem nichts fehlt. Seine Verwirklichung wird das Glück von 400 Millionen Chinesen bedeuten.

Sun Yat-sen, Aufzeichnungen eines chinesischen Revolutionärs, hrsg. von Karl August Wittfogel, Wien/Berlin 1927, S. 61.

## M 12 Das Ende der Monarchie in China

*Aus dem Abdankungsedikt der Kaiserinwitwe und Regentin Lung-yü vom 12. Februar 1912:*

Der Handel stockt und die Soldaten liegen im Felde. Und jeder weitere Tag Ungewissheit in der Frage der Staatsform bedeutet einen weiteren Tag Unruhe für das Volk. Nun ist die Volksstimmung des ganzen Reiches überwiegend der Republik zugeneigt. In den südlichen und mittleren Provinzen hat man diesen Gedanken zuerst angeregt und im Norden haben ihn die Generäle später auch befürwortet. Wie können Wir es da über Uns bringen, die Frage nach dem Wunsch eines Millionenvolkes beiseite zu schieben! Daher geben hiermit Wir und der Kaiser [er war noch ein unmündiges Kind] die Herrschergewalt an das ganze Land und entscheiden uns für die Republik als künftige Staatsform. Wir aber und der Kaiser wollen Uns zurückziehen, um unser Leben in Zufriedenheit zu verbringen, Uns für alle Zeit der ehrerbietigen Behandlung durch das Volk zu erfreuen.

zitiert nach: Geschichte in Quellen, Das bürgerliche Zeitalter 1815–1914, München 1980, S. 679 f., gekürzt

## Aufgaben

1. Erkläre das Interesse der imperialistischen Mächte an China. → Text, M2
2. Welche Ursachen hatte Chinas innenpolitische Krise? Nenne einige Gründe. → Text
3. Erläutere die Karikatur zu Chinas politischer Lage. Welche Staaten repräsentieren die dargestellten Personen? → M1, Text
4. Nimm zum Boxeraufstand aus verschiedenen Perspektiven Stellung, z.B. aus der Perspektive der Kaiserfamilie, eines arbeitslos gewordenen chinesischen Arbeiters und eines in China tätigen ausländischen Unternehmers. → Text, M3, M7
5. Welche Grundhaltung gegenüber nichteuropäischen Völkern kommt in der Rede Wilhelms II. zum Ausdruck? → M9
6. Erkläre das Interesse der USA an einer „Politik der offenen Tür". → M8
7. Schreibe eine Kurzbiografie über das Leben von Sun Yat-sen. → Lexikon, Internet

**M 1** **Das Attentat von Sarajewo**
Verhaftung des Attentäters, Foto vom 28.06.1914

**M 2** **Russland schützt Serbien**
In einer russischen Zeitung erschienene Abbildung vom Juli 1914

# Der Weg in den Ersten Weltkrieg

**Der Erste Weltkrieg – die „Urkatastrophe des 20. Jahrhunderts“**
Der Erste Weltkrieg gilt als Ereignis von weltgeschichtlicher Bedeutung: Mit ihm endete das „alte Europa“ und er bildete den Auftakt zu Kriegen und Konflikten, die das 20. Jahrhundert erschütterten. Deshalb hat der amerikanische Historiker und Diplomat George F. Kennan den Ersten Weltkrieg die „Urkatastrophe des 20. Jahrhunderts“ genannt. Wie kam es dazu und wer war daran schuld?

**Ein Attentat als Auslöser**
Am 28. Juni 1914 erschoss ein serbischer Attentäter den österreichischen Thronfolger Franz Ferdinand und seine Frau Sophie während ihrer Fahrt durch die bosnische Hauptstadt Sarajewo. Dies Gebiet bildete seit 1908 einen Teil Österreich-Ungarns, was auf den Widerstand anderer Mächte und der serbischen Bevölkerung stieß. Der Plan Franz Ferdinands, den Slawen im Habsburgerreich mehr Selbstständigkeit zu gewähren, hatte unter Nationalisten Serbiens Hass hervorgerufen: Sie träumten von einem eigenen Großreich und bekämpften den Vielvölkerstaat. Das Attentat von Sarajewo bot der österreichischen Regierung zwar einen Anlass gegen Serbien vorzugehen, doch schien sich zunächst nur eine der üblichen politischen Krisen anzubahnen. Im Juli 1914 verschärfte sich aber die politische Lage.

**Die Julikrise**
In Wien herrschte zunächst keine einheitliche Meinung über die weitere Vorgehensweise. Während die militärische Führung ein sofortiges gewaltsames Eingreifen befürwortete, befürchteten manche Politiker eine Einmischung Russlands, das eigene Interessen auf dem Balkan verfolgte. Es unterstützte panslawistische Bestrebungen mit dem Ziel, ein slawisches Großreich unter russischer Vorherrschaft zu errichten. Vieles hing davon ab, ob Österreich-Ungarn Rückendeckung von Deutschland erhalten würde.

Da das Deutsche Reich Russlands militärische Stärke fürchtete und ein Interesse an der Erhaltung der Habsburger Monarchie als einzigem Bündnispartner hatte, sagte Wilhelm II. dem österreichischen Kaiser Franz Josef am 6. Juli unbedingte Bündnistreue zu.

Dieser so genannte „Blankoscheck“ ermutigte die Regierung in Wien, Serbien am 23. Juli ein Ultimatum zu überreichen, das auf 48 Stunden befristet war. Es forderte unter anderem, dass Österreich an der Verfolgung, Verhaftung und Bestrafung der Attentäter beteiligt sein sollte. Dies hätte einen Eingriff in die inneren Angelegenheiten Serbiens und eine Verletzung seiner Souveränität bedeutet und war daher unannehmbar.

Großbritannien versuchte den Konflikt zu entschärfen, machte aber deutlich, dass es im Kriegsfall an der Seite Russlands und Frankreichs stehen würde. Trotz dieser Versuche bestanden die Spannungen fort und verschärften sich weiter. Schließlich erklärte Österreich-Ungarn am 28. Juli 1914 Serbien den Krieg. Die Versuche der deutschen Regierung, den Bündnispartner zu bremsen, kamen zu spät. Bereits am 29. Juli begann Russland mit der Mobilmachung. Letzte Versuche Kaiser

Wilhelms, durch persönliche Telegramme an die mit ihm verwandten Herrscher Englands und Russlands eine Lokalisierung des Kriegs zu erreichen, blieben erfolglos. Der Mechanismus der Bündnisse setzte sich in Bewegung, die Militärmaschine rollte. Binnen weniger Tage, ja Stunden, befanden sich die europäischen Mächte im Krieg.

### Wer war schuld am Ersten Weltkrieg?

Die Frage, wer für den Ausbruch des Ersten Weltkriegs verantwortlich sei, war bereits 1914 umstritten und erregte in der Folgezeit immer wieder die Gemüter. Die Antworten reichten von eindeutigen Schuldzuweisungen an einzelne Staaten bis hin zu der Aussage, alle Mächte seien mehr oder weniger unbeabsichtigt in den Krieg hineingeraten. Entscheidend für eine Beurteilung ist, wie man das Verhalten der einzelnen Staaten in der Julikrise bewertet.

M 3

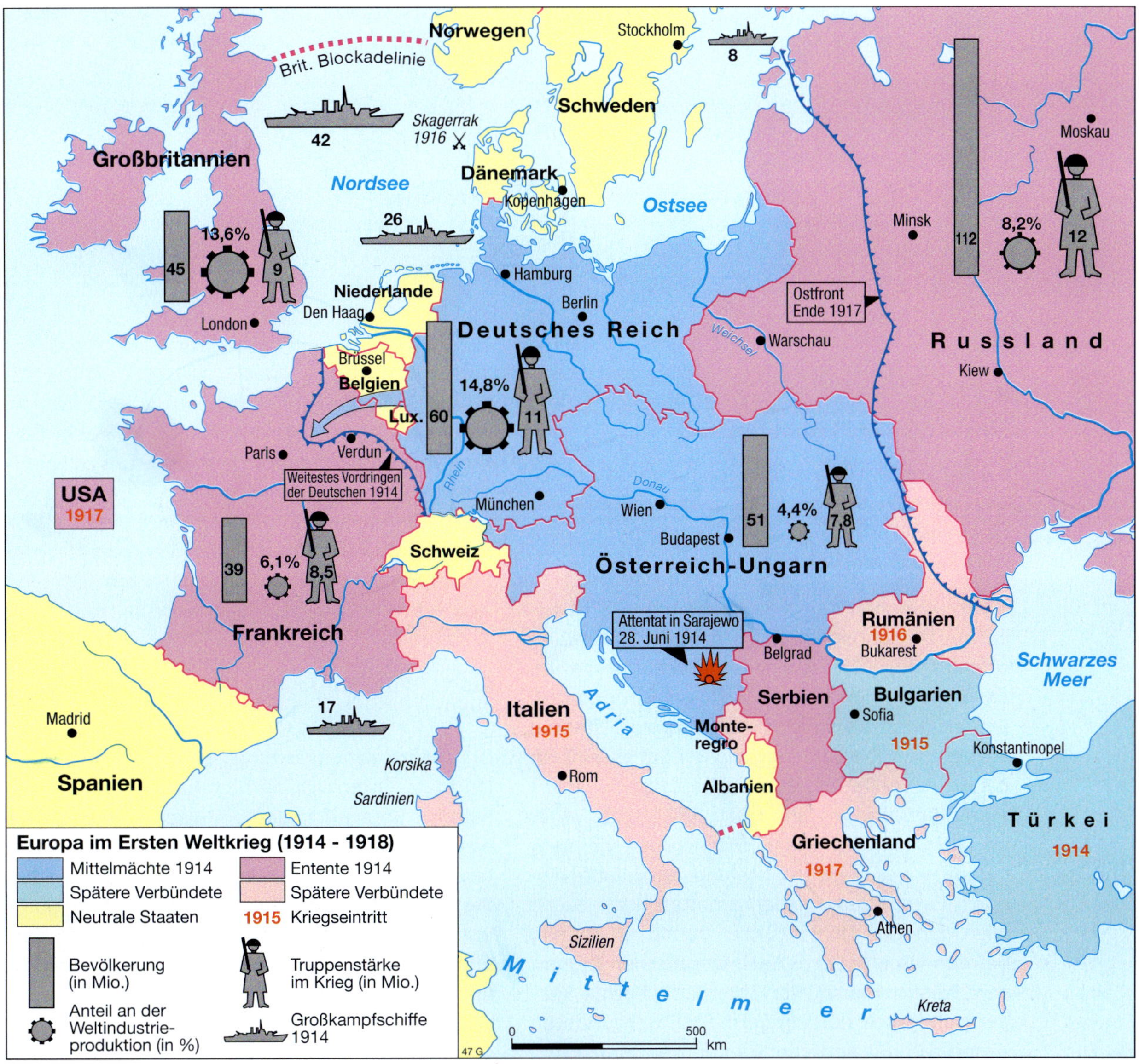

**M 4 „Die europäische Verwirrung“**
Amerikanische Karikatur von 1914

**M 5 Kriegsschuldkontroverse**

*a) Die Frage nach den Ursachen für den Ausbruch des Ersten Weltkriegs ist von 1914 bis heute unter Historikern heftig umstritten. Der deutsche Historiker Eduard Meyer schrieb 1916:*

Nicht wir haben den Krieg begonnen. Es ist bewusste Unwahrheit und die gröbste Entstellung offenkundiger Tatsachen, wenn behauptet wird, das Deutsche Reich habe jemals daran gedacht, Eroberungen zu machen und fremde Staaten anzugreifen. Zur Widerlegung genügt es, einfach darauf zu verweisen, dass das Deutsche Reich seit seiner Begründung im Jahre 1871 trotz einer gewaltigen militärischen Macht oder vielmehr gerade wegen derselben dreiundvierzig Jahre hindurch Europa den Frieden erhalten hat – zuerst allen, dann seit 1879 im festen Bunde mit der eng befreundeten österreichisch-ungarischen Monarchie. Peinlich haben wir nicht nur die Rechte, sondern alle auch nur einigermaßen begründeten Ansprüche der anderen Staaten geachtet; ruhig haben wir allen Kriegstreibereien in Frankreich, Russland, England zugeschaut, ohne uns zu Feindseligkeiten hinreißen zu lassen, vielmehr immer von neuem versucht, durch Verhandlungen, durch Förderung des internationalen Verkehrs […] die Stimmung bei den Nachbarn zu bessern

Eduard Meyer, Weltgeschichte und Weltkrieg, Stuttgart / Berlin 1916, S. 174 f.

*b) Der britische Diplomat Harold Nicolson schrieb 1930:*

Die größte Verantwortung fällt auf Serbien, Russland und Österreich. Serbien hat absichtlich Verhältnisse unterstützt, die, wie es genau wusste, eine österreichische Intervention unvermeidlich machten. Österreich hat sich bei der Vorbereitung zur Bestrafung Serbiens einen Mangel an Mäßigung und Aufrichtigkeit zu Schulden kommen lassen. Russland hat einen lokalen Vorgang zur Förderung seiner panslawistischen Ambitionen ausgenutzt.

Harold Nicolson, Die Verschwörung der Diplomaten, Aus Sir Arthur Nicolsons Leben 1849–1928, Frankfurt 1930, S. 432.

*c) Der deutsche Historiker Immanuel Geiß 1967:*

*Der größte Teil der Verantwortung liegt bei der Macht, die zumindest den lokalen Krieg wollte. Diese Macht war eindeutig das Deutsche Reich. Es mag gewiss keinen Weltkrieg unter allen Umständen gewollt haben, aber es drängte ein zögerndes und seiner selbst nicht sicheres Österreich zum Krieg gegen Serbien. Deutschland war außerdem die einzige Macht, die einem Kontinentalkrieg kühl entgegensah, den es glaubte gewinnen zu können, solange England neutral blieb. Österreich wollte natürlich den lokalen Krieg, fürchtete aber den Kontinentalkrieg. Seine Führung hoffte, die deutsche Rückendeckung allein schon würde ausreichen, um Russland von der Intervention zum Schutz Serbiens abzuschrecken.*

Immanuel Geiß, Die Kriegsschuldfrage – Das Ende eines Tabus, in: Aus Politik und Zeitgeschichte, B 25/1967, S. 24.

*d) Der amerikanische Historiker Gordon Craig schrieb 1979:*

Scheint auf den letzten Seiten die Verantwortung Österreich-Ungarns und Deutschlands für den Kriegsausbruch in Europa betont zu werden, so sollte doch nicht vergessen werden, dass dieser Vorwurf auch die anderen Mächte trifft. Der Vorfall, der die endgültige Krise auslöste, war ein von Beauftragten der serbischen Regierung geplantes Verbrechen; die aggressive Politik der Serben erfolgte zumindest teilweise aufgrund der Ermutigung durch die Russen; der Wagemut der Russen, die provokative Politik der Serben zu fördern, war teilweise auf das Versäumnis der britischen und der französischen Regierungen zurückzuführen, ihnen adäquate Beschränkungen aufzuerlegen; und die Gründe für dieses Versäumnis lagen in denselben Ängsten, die die Urteilsfähigkeit der deutschen und der österreichischen Regierung beeinträchtigten. Wie auch immer über die relative Schuld der Mächte entschieden werden mag, es ist eindeutig, dass keine der Mächte die volle Verantwortung für den Krieg trägt und dass keine von ihnen völlig schuldlos ist.

Gordon Alexander Craig, Die Geschichte Europas 1815–1980, München 1979, S. 350.

*e) Der Historiker W. J. Mommsen schrieb 2004:*

Unbestreitbar ist, dass die deutsche politische Leitung unter dem Einfluss der von höchsten militärischen Kreisen vorgetragenen Ansicht stand, dass die sich fortlaufend verschlechternde militärische Gesamtsituation der Mittelmächte am besten durch einen Präventivkrieg gegen Frankreich und Russland stabilisiert würde, solange ein solcher noch mit Aussicht auf einen militärischen Sieg geführt werden könne. Demgemäß hatte die Reichsleitung den allseits erwarteten österreichisch-ungarischen Waffengang gegen Serbien zum Anlass für eine groß angelegte diplomatische Offensive nehmen wollen, die bei einem günstigen Ausgang zum Zerfall des Bündnisses Frankreichs mit dem zarischen Russland unter Hinzutreten Großbritanniens, dessen endgültige Verfestigung sich abzuzeichnen schien, führen würde, im ungünstigen Falle hingegen den europäischen Krieg auslösen würde, […] der nach Ansicht der Militärs zum damaligen Zeitpunkt noch siegreich für die Mittelmächte entschieden werden könne.

Wolfgang J. Mommsen, Der Erste Weltkrieg, Frankfurt/Main 2004, S. 38 f.

## Aufgaben

1. Erläutere den Zusammenhang zwischen dem Attentat vom 28. Juni 1914 in Sarajewo und dem Ausbruch des Ersten Weltkriegs.
   → Text
2. a) Untersuche anhand der Karte zum Ersten Weltkrieg das Kräfteverhältnis zwischen den Mittelmächten und der Entente.
   b) Welche Rückschlüsse lassen sich aus dem Ergebnis über den Ausgang des Krieges ableiten?
   → M3
3. a) Erläutere die Aussage der amerikanischen Karikatur von 1914.
   b) Mit welcher Berechtigung nimmt der Karikaturist eine derartige Wertung vor? → M4
4. a) Fasse die Argumente eines jeden Autors hinsichtlich der Kriegschuldfrage zusammen.
   b) Wo stimmst du einzelnen Aussagen zu, wo nicht? Begründe!
   c) Welche Rolle spielen der Zeitpunkt der Veröffentlichung und die Nationalität des Verfassers?
   → M4

M 1 **„Burgfrieden"**
Österreichische Postkarte von 1914 mit den Portraits der verbündeten Kaiser Wilhelm II. und Franz Joseph I.

M 2 **Soldatenabschied**
Fotografie, 1914

# Krieg in Europa

### Kriegsbegeisterung und „Burgfrieden"

Nach Kriegsausbruch erfasste eine Woge nationaler Begeisterung ganz Europa. Alle Völker empfanden die Auseinandersetzung als Verteidigungskrieg und glaubten, ihr Land trüge keine Schuld an seinem Ausbruch. Sogar die Arbeiterparteien, die die Politik der Regierungen heftig kritisiert und Frieden und internationale Verständigung gefordert hatten, schlossen sich den nationalen Kriegsanstrengungen an. Auch die deutschen Sozialdemokraten stimmten im Reichstag der Bewilligung von Kriegskrediten zur Finanzierung des Krieges zu. Die Bereitschaft, angesichts der gefährlichen Lage auf innenpolitische Auseinandersetzungen zu verzichten, wurde als „Burgfrieden" bezeichnet.

### Vom Bewegungskrieg zum Stellungskrieg im Westen

Der vom preußischen Generalfeldmarschall Schlieffen entwickelte Plan sah vor, Frankreich innerhalb weniger Wochen rasch zu besiegen, bevor englische Truppen zur Unterstütung der französischen Armee eintreffen konnten. Nach Niederwerfung der Gegner im Westen sollten die Truppen die schwachen Kräfte an der Ostgrenze verstärken und gemeinsam mit der österreichischen Armee Russland in die Knie zwingen. Zur Durchführung dieses Plans war es erforderlich, dass die deutschen Streitkräfte durch das neutrale Belgien und Luxemburg nach Frankreich vorstießen.

Für Deutschland verlief der Krieg anfangs nach Plan. Der deutsche Angriff im Westen kam jedoch in der Schlacht an der Marne Anfang September 1914, also bereits nach vier Wochen, zum Stehen. Die Front erstarrte von der Nordsee bis zur Schweizer Grenze und veränderte sich in den folgenden Jahren nicht wesentlich. Beide Seiten hatten sich in einem System von Schützengräben verschanzt, die jeden Vorstoß vereitelten. Der Bewegungskrieg war zum Stellungskrieg geworden.

### Deutsche Erfolge im Osten

Im Osten gelang es der deutschen Armee unter den Generälen Hindenburg und Ludendorff, die Russen bei Tannenberg zu schlagen und die Front zu stabilisieren. Die österreichisch-ungarische Armee war jedoch durch Niederlagen so geschwächt, dass sie zunehmend deutscher Unterstützung bedurfte. Auch hier kam es in der Folgezeit zu keinen großen Veränderungen.

### Der Seekrieg

Die überlegene britische Flotte sperrte den Ausgang der Nordsee und den Ärmelkanal und schnitt die Mittelmächte von überseeischem Nachschub ab. Die deutsche Hochseeflotte, in die man große Hoffnungen gesetzt hatte, griff nur einmal, im Mai 1916, ins Kriegsgeschehen ein. In der Schlacht am Skagerrak vor der dänischen Küste fügte sie der englischen Flotte zwar erhebliche Verluste zu, konnte die englische Blockade jedoch nicht durchbrechen. Die Hoffnung der deutschen Generäle ruhte nun trotz der damit verbundenen politischen Risiken auf dem uneingeschränkten Einsatz von Unterseebooten. Vom militärischen Standpunkt aus war der Krieg für Deutschland und

M 3 **An der Front**
Mit Gasmasken ausgerüstete Soldaten einer deutschen Munitionskolonne, Fotografie 1918

seine Verbündeten bereits 1914 kaum noch zu gewinnen. Auf der anderen Seite fehlten aber auch den anderen Staaten die Mittel für einen entscheidenden Erfolg.

### Kriegserfahrung an der Front

Im August 1914 hatten sich viele junge Männer freiwillig zum „Dienst für das Vaterland" gemeldet; Bilder und Berichte dokumentieren diese allgemeine Kriegsbegeisterung. Als die Soldaten an die Front kamen, trugen hohe Verluste und das Grauen des Kriegs zur Ernüchterung bei. Die jeden Tag lauernde tödliche Bedrohung sowie Hunger und Erschöpfung bestimmten den Alltag des Frontsoldaten. Die Stäbe hinter den Linien litten hingegen keinen Mangel und verloren zunehmend den Bezug zur Realität des einfachen Soldaten.

Versuche, Bewegung in den Stellungskrieg der Westfront zu bringen, blieben erfolglos. Sie scheiterten unter großen Verlusten in Minensperren und Drahtverhauen und unter dem Maschinengewehrfeuer aus tief gestaffelten Grabensystemen. Auch der Einsatz immer stärkerer Artillerie brachte keine Entscheidung in diesen Materialschlachten.

In der Schlacht von Verdun Anfang 1916 versuchte die deutsche Heeresleitung dem Krieg eine entscheidende Wende zu geben: die Franzosen sollten durch Konzentration der Angriffe auf einen Punkt „weißbluten". Granaten aus tausenden Geschützen verwandelten das Kampfgebiet in eine Mondlandschaft, etwa 700 000 Deutsche und Franzosen fanden den Tod. Doch führte die „Hölle von Verdun" zu keinem Ergebnis und wurde zum Symbol für die Sinnlosigkeit des Kriegs.

### Ein moderner Krieg

Technik und Wissenschaft fanden im Ersten Weltkrieg ein blutiges Experimentierfeld. Dies unterschied ihn von früheren Kriegen. Der Einsatz von Giftgas erhöhte die Zahl der Opfer, führte aber keine Entscheidung herbei. Als wirksamer erwiesen sich gegen Kriegsende gepanzerte Raupenfahrzeuge, so genannte Tanks, die Schutz vor Infanteriefeuer boten und Frontdurchbrüche ermöglichten.

M 4 **Schlachtfeld bei Verdun**
Fotografie, Februar 1916

Erstmals fand der Krieg auch in der Luft statt. Aufklärungsflugzeuge lieferten Bilder vom Kriegsgeschehen, Jagdmaschinen kämpften um die Lufthoheit, Bomber unterstützen den Angriff der Truppen. Gegen Kriegsende wuchs die technische Überlegenheit von Deutschlands Gegnern: Besonders Tanks und die alliierte Luftüberlegenheit setzten den Deutschen zu.

M 5

**M 6**

**Feldpostkarte – Vorderseite**
von 1916

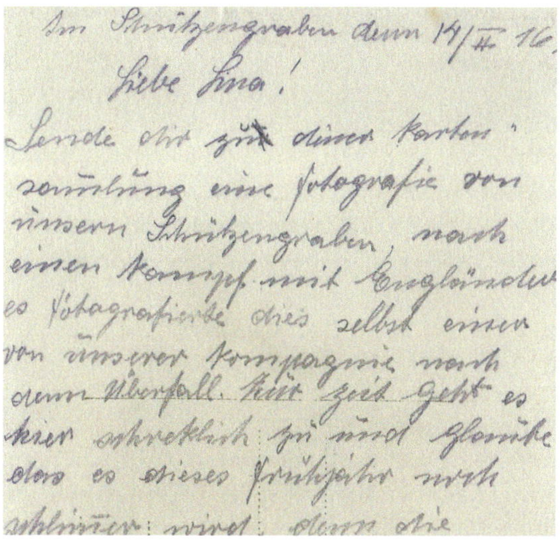

Im Schützengraben denn 14/II 16.
Liebe Lina!
Sende dir zu deiner Karten-
samlung eine fotografie von
unsern Schützengraben, nach
einen Kampf mit Engländer
es fotografierte dies selbst einer
von unserer Kompagnie nach
dem Überfall. Zur zeit Geht es
hier schreklich zu und Glaube
das es dieses frühjahr noch
schlimmer wird denn die

**Feldpostkarte – Rückseite (Ausschnitt)**

*Folgender Text ist auf der Rückseite zu lesen:*

Im Schützengraben den[n] 14/II 16.
Liebe Lina!
Sende dir zu deiner Kartensammlung eine Fotografie von unsern Schützengraben, nach einem Kampf mit Engländern, es fotografierte dies selbst einer von unserer Kompagnie nach dem Überfall. Zur zeit geht es hier schreklich zu und glaube das es dieses Frühjahr noch schlimmer wird, denn die entscheidung fällt mal hier in Frankreich. Unsere Artillerie schießt zur zeit so stark das der boden wankt, nathürlich bleiben Sie uns auch nichts schuldig.
Grüße dich sowie deine lben Eltern frdlch
Gruß an Emil wenn du Ihm schreibst
Hans G.

## Aufgaben

1. a) Erkläre den Schlieffen-Plan.
   b) Überlege, welche völkerrechtlichen Probleme dieser Plan beinhaltete.
   → Text
2. Erarbeite mithilfe der Karte:
   a) Welche Staatengruppen standen sich bei Kriegsbeginn gegenüber?
   b) Wie entwickelte sich der Krieg an der Ostfront Deutschlands?
   c) Wie stellte sich die Kriegssituation in Südosteuropa dar?
   d) Wie entwickelte sich der Krieg an der Westfront Deutschlands? Erläutere dabei die Begriffe „Bewegungskrieg" und „Stellungskrieg".
   e) Welche Gebiete waren vom Kriegsgeschehen besonders betroffen?
   → M5
3. a) Versuche die Schrift auf der Feldpostkarte zu entziffern.
   b) Überlege, warum Soldaten solche Feldpostkarten nach Hause schickten.
   c) Erwäge anhand der vorliegenden Beispiels, welche Informationen solche Karten enthielten und welche nicht.
   d) Beurteile, wie aufschlussreich solche Karten als historische Quellen sind. Bedenke auch, dass die Karten, bevor sie abgesandt wurden, kontrolliert werden konnten.
   → Text, M5

M 1 **Soldatenfriedhof Reillon in Lothringen**
Auf dem 1920 errichteten Friedhof liegen über 4000 französische und deutsche Soldaten aus dem 1. Weltkrieg begraben. Später wurden hier auch Gefallene des 2. Weltkriegs beigesetzt. Die hellen Grabsteine im Vordergrund kennzeichnen deutsche Gräber, die Kreuze im Hintergrund um die französische Fahne sind Gräber gefallener Franzosen.

## Kriegserinnerung – Friedensmahnung?

**Stätten der Erinnerung – Soldatenfriedhöfe**
Nach dem Ersten Weltkrieg mit seiner unvorstellbaren Zahl an Toten erwachte bei der Bevölkerung aller beteiligten Staaten der Wunsch, an die gefallenen Soldaten zu erinnern. Dies geschah auf zweierlei Weise: Auf den Schlachtfeldern des Weltkriegs legte man riesige Soldatenfriedhöfe an, während in den Städten und Dörfern der Kriegsnationen Denkmäler und Gedenktafeln an die Toten erinnerten.

Die Gefallenenfriedhöfe auf den Schlachtfeldern unterschieden sich nur wenig voneinander. Endlose Felder mit gleichförmigen Gräbern reihten sich aneinander. Ein Soldatengrab sollte wie das-andere aussehen und so die Gleichheit im Tod symbolisieren. So entstand der Eindruck, dass aus dem Heer der Lebenden nun ein Heer der Toten geworden war. Der Gefallene blieb auch nach seinem Tod Soldat, Teil einer militärischen Formation und kein Individuum.

In allen Ländern räumte man den Gefallenen ein ewiges Ruherecht ein und machte die Pflege der Soldatenfriedhöfe zu einer staatlichen Aufgabe. Indem der Soldatentod zur öffentlichen Angelegenheit erklärt wurde, erhielt er zugleich einen höheren Rang als der zivile Tod.

Auf den Soldatenfriedhöfen wurden zentrale Monumente errichtet, doch vermied man es, an das Grauen des Kriegs und die tausendfachen Qualen der sterbenden Soldaten zu erinnern. So wurden die Soldatenfriedhöfe zu Erinnerungsstätten, die militärischen Geist atmeten, und weniger gegen kriegerische Gewalt aufriefen.

**M 2** **Ehrenmal von Ernst Barlach**
aufgestellt 1929 im Magdeburger Dom. Das damals als „Verhöhnung" angesehene Denkmal wurde von den Nazis entfernt und nach dem 2. Weltkrieg wieder aufgestellt.

**M 3** **Kriegerdenkmal in Erlangen**
Das Monument wurde 1930 errichtet. Es zeigt einen Krieger, dessen rechte Hand auf einem zerbrochenen Schwert ruht. Die Linke ist an einen Steinblock gefesselt. Auf einem der Blöcke ist ein Vers von Goethe eingemeißelt: „Allen Gefahren zum Trutz sich erhalten." Die amerikanischen Besatzer ließen die Statue nach 1945 zerstören.

**Dokumentation**
Macht eine Exkursion und sucht „euer" Kriegerdenkmal auf:
- Fotografiert es oder zeichnet es ab und haltet Größe, Anordnung und Inhalt der Inschriften fest.
- Zählt die Namen der Gefallenen.
- Beschreibt den Ort, an dem sich das Denkmal befindet.
- Notiert den Zeitraum, auf den sich das Denkmal bezieht, sowie Angaben zum Auftraggeber.

### Stätten des Erinnerns – Kriegerdenkmäler

Neben den Kriegerfriedhöfen entstanden seit Mitte der zwanziger Jahre in fast allen Orten Denkmäler für die Gefallenen des Krieges. Manchmal waren es einfache Gedenktafeln mit den Namen der toten Soldaten, manchmal aufwändige Monumente, an denen jährlich Gedenkfeiern und Kranzniederlegungen stattfanden. In jedem Fall sollte die Einnerung an die Toten des Krieges wachgehalten werden.

Zur Symbolfigur des Weltkriegs wurde der einfache Soldat. Sein Tod auf dem Schlachtfeld sollte nicht vergebens gewesen sein und so stand auch hier eher der Gedanke der Heldenverehrung und der Idealisierung vom „Tod für das Vaterland" im Vordergrund. Umstritten waren daher Werke wie das von Ernst Barlach (links oben), die eine andere Sichtweise vermittelten.

## Aufgaben

1. Hältst du Soldatenfriedhöfe oder Kriegerdenkmäler für eine angemessene Art der Erinnerung? Begründe deine Meinung.
2. Was sollte das Erlanger Kriegerdenkmal dem Betrachter sagen? Überlege, warum die amerikanischen Besatzungsbehörden nach dem Zweiten Weltkrieg die Statue zerstören ließen. → M3
3. Was wollte Barlach mit seinem Kriegerdenkmal aussagen? Erkläre, warum es bei Teilen der Bevölkerung auf Widerstand stieß. → M2
4. Gibt es in deinem Heimatort ein Denkmal für die Gefallenen des Ersten Weltkriegs? Untersuche, welche Botschaft es vermitteln will.

# Kriegswende und Kriegsende

M 1 **Nachricht vom Soldatentod**
Zeitgenössische Lithografie von Käthe Kollwitz

## Krieg an der „Heimatfront"

In Deutschland war niemand auf einen mehrjährigen Krieg vorbereitet. So musste die Wirtschaft rasch auf Kriegsproduktion umgestellt werden. Da die meisten Männer an der Front kämpften, mussten Frauen, Jugendliche und Invaliden an ihre Stelle treten. Ungelernt oder nur rasch angelernt hielten sie die Produktion am Laufen. Die Herstellung kriegswichtiger Güter beeinträchtigte die Produktion von Lebensmitteln. Sie wurden zusehends rationiert, sodass die Bevölkerung Hunger litt. Besonders in den Städten entstanden Schwarzmärkte, deren hohe Preise sich nur Wohlhabende leisten konnten.

Bei schlechten Ernten wie 1916 bildeten minderwertige Futterrüben oft die Grundlage der Ernährung. Ersatzstoffe wie Kunsthonig sollten dem Mangel abhelfen. Aus Brennnesseln wurden Stoffe hergestellt, Stahlfedern ersetzten bei Fahrrädern den Gummireifen.

Der Staat forderte die Bevölkerung auch auf, Edelmetalle zur Finanzierung des Krieges zu spenden, sogar Kirchenglocken wurden eingeschmolzen. So bestimmte die Kriegssituation das zivile Leben: Es entstand eine „Heimatfront".

M 2 **Kartoffel-Verkauf**
am Alexanderplatz in Berlin, zeitgenössische Fotografie

## Die Diktatur der Obersten Heeresleitung (OHL)

Trotz der schwierigen Situation hielten die Parteien den „Burgfrieden" ein. Doch die politischen Verhältnisse in Deutschland änderten sich, da die Oberste Heeresleitung unter den Generälen Hindenburg und Ludendorff immer mehr Vollmachten erlangte. Schließlich übten die beiden Militärs eine fast diktatorische Macht aus. Sowohl der Kaiser als auch der Reichstag verloren angesichts der Notsituation des Krieges an Einfluss.

**M 3 „Feindbilder"**
Aufruf zum Eintritt in die US-Army, zeitgenössisches amerikanisches Plakat

## 1917 – Wendejahr des Krieges

Anfang 1917 schien der Krieg einen toten Punkt erreicht zu haben, denn keine Macht konnte auf einen entscheidenden Sieg hoffen. Die englische Blockade hatte zu wachsender Not in Deutschland und zu Versorgungsschwierigkeiten an der Front geführt. Das veranlasste die Oberste Heeresleitung den uneingeschränkten U-Boot-Krieg wieder aufzunehmen. Bereits 1915 hatten deutsche U-Boote den britischen Dampfer „Lusitania" im Atlantik versenkt. Nur weil Deutschland auf einen weiteren U-Boot-Einsatz verzichtete, traten die USA damals nicht in den Krieg ein. Die neuerliche Ankündigung führte im April 1917 jedoch zum Kriegseintritt der USA. Damit stand ein Land von gewaltiger Wirtschaftskraft auf Seiten der Alliierten.

Nach der russischen Oktoberrevolution von 1917 drängten die neuen kommunistischen Machthaber auf einen schnellen Frieden, um die inneren Probleme besser bewältigen zu können. Russland schied somit aus der Entente aus und schloss mit den Mittelmächten den „Frieden von Brest-Litowsk", in dem es große Gebiete abtreten musste.

## Bemühungen um Frieden

Allmählich geriet der „Burgfriede" im Deutschen Reich ins Wanken. Die Hungersnot im Winter 1916/17 verstärkte die Kriegsmüdigkeit und Friedenssehnsucht. Die Krise wurde offenbar, als der Zentrumsabgeordnete Matthias Erzberger seine Zweifel an der Wirksamkeit des U-Boot-Krieges äußerte und das Zentrum, die Liberalen und die SPD in einer Friedensresolution forderten, Deutschland solle seine Bereitschaft zu einem Verständigungsfrieden bekunden. Diese Friedensbemühungen blieben ebenso erfolglos wie die des Papstes Benedikt XV. und des neuen österreichischen Kaisers Karl I., der dem 1916 verstorbenen Franz Joseph auf den Thron gefolgt war.

## Dem Zusammenbruch entgegen

Am 8. Januar 1918 entwarf der amerikanische Präsident Woodrow Wilson in 14 Punkten ein politisches Programm, das eine stabile demokratische Weltordnung garantieren sollte. Dennoch setzte Deutschland den Krieg fort, doch brachten die militärischen Offensiven keine Entscheidung. Vielmehr führte die wachsende Überlegenheit der Alliierten, die von den USA mit Kriegsmaterial und Soldaten unterstützt wurden, an allen Fronten zum Scheitern. Ab Juli 1918 zeigte sich eine nachhaltige Erschöpfung des Heers und die Oberste Heeresleitung gestand endlich Deutschlands Niederlage ein. Sie drängte die Regierung zum sofortigen Waffenstillstand.

Im Oktober 1918 war es zu einer Verfassungsänderung gekommen, die das deutsche Kaiserreich zur parlamentarischen Monarchie machte. Der neue liberale Reichskanzler Max von Baden übermittelte dem amerikanischen Präsidenten unverzüglich das deutsche Waffenstillstandsgesuch. Hierin erkannte er Wilsons Friedensprogramm als Verhandlungsgrundlage an.

Als die Seekriegsleitung am 28. Oktober 1918 der Hochseeflotte den Befehl zum Auslaufen gab, führte das zur Meuterei der Matrosen. Sie weitete sich schnell zu einer Revolution aus, die ganz Deutschland erfasste, und wenig später zum Ende der Monarchie führte.

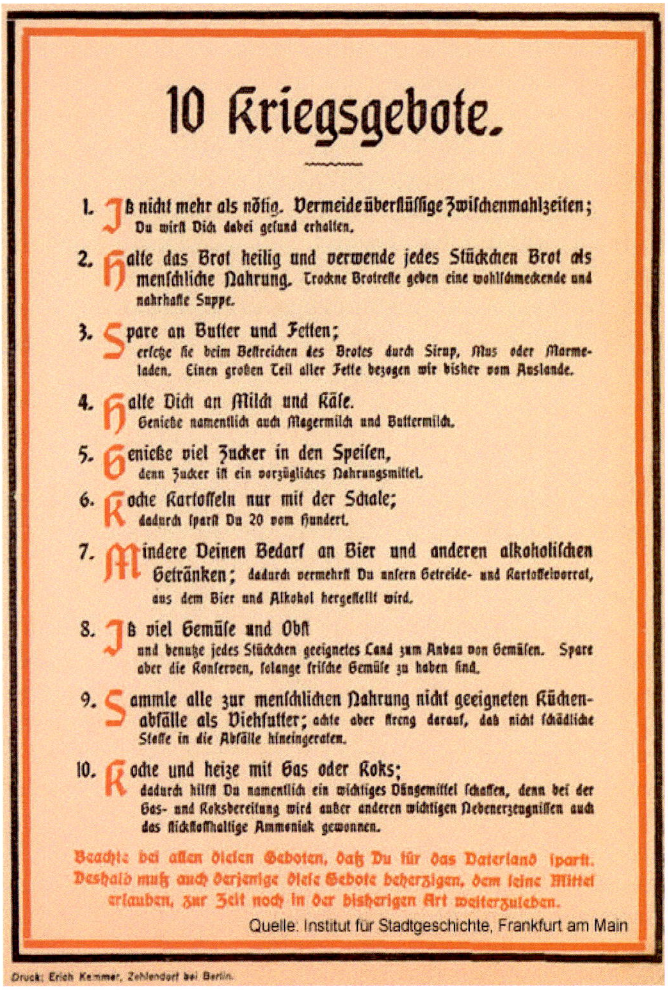

# 10 Kriegsgebote.

1. Iß nicht mehr als nötig. Vermeide überflüssige Zwischenmahlzeiten; Du wirst Dich dabei gesund erhalten.
2. Halte das Brot heilig und verwende jedes Stückchen Brot als menschliche Nahrung. Trockne Brotreste geben eine wohlschmeckende und nahrhafte Suppe.
3. Spare an Butter und Fetten; ersetze sie beim Bestreichen des Brotes durch Sirup, Mus oder Marmeladen. Einen großen Teil aller Fette bezogen wir bisher vom Auslande.
4. Halte Dich an Milch und Käse. Genieße namentlich auch Magermilch und Buttermilch.
5. Genieße viel Zucker in den Speisen, denn Zucker ist ein vorzügliches Nahrungsmittel.
6. Koche Kartoffeln nur mit der Schale; dadurch sparst Du 20 vom Hundert.
7. Mindere Deinen Bedarf an Bier und anderen alkoholischen Getränken; dadurch vermehrst Du unsern Getreide- und Kartoffelvorrat, aus dem Bier und Alkohol hergestellt wird.
8. Iß viel Gemüse und Obst und benutze jedes Stückchen geeignetes Land zum Anbau von Gemüsen. Spare aber die Konserven, solange frische Gemüse zu haben sind.
9. Sammle alle zur menschlichen Nahrung nicht geeigneten Küchenabfälle als Viehfutter; achte aber streng darauf, daß nicht schädliche Stoffe in die Abfälle hineingeraten.
10. Koche und heize mit Gas oder Koks; dadurch hilfst Du namentlich ein wichtiges Düngemittel schaffen, denn bei der Gas- und Koksbereitung wird außer anderen wichtigen Nebenerzeugnissen auch das stickstoffhaltige Ammoniak gewonnen.

Beachte bei allen diesen Geboten, daß Du für das Vaterland sparst. Deshalb muß auch derjenige diese Gebote beherzigen, dem seine Mittel erlauben, zur Zeit noch in der bisherigen Art weiterzuleben.

Quelle: Institut für Stadtgeschichte, Frankfurt am Main

Druck: Erich Kemmer, Zehlendorf bei Berlin.

M 4 **Aufruf,** Frankfurt 1915

## M 5 Hungerjahr 1916

*Aus einem Flugblatt aus dem Kriegsjahr 1916:*

Was kommen musste, ist eingetreten: Der Hunger! In Leipzig, in Berlin, in Charlottenburg, in Braunschweig, in Magdeburg, in Koblenz und Osnabrück, an vielen anderen Orten gibt es Krawalle der hungernden Menge vor den Läden mit Lebensmitteln.

Und die Regierung des Belagerungszustandes hat auf den Hungerschrei der Massen nur die Antwort: Verschärften Belagerungszustand, Polizeisäbel und Militärpatrouillen.

Herr von Bethmann-Hollweg [der Reichskanzler] klagt England des Verbrechens an, den Hunger in Deutschland verschuldet zu haben […]

Indessen, die deutsche Regierung hätte wissen müssen, dass es so kommen musste: der Krieg gegen Russland, Frankreich und England musste zur Absperrung Deutschlands führen. […]

Der Krieg, der Völkermord ist das Verbrechen, der Aushungerungsplan nur eine Folge dieses Verbrechens.

Die bösen Feinde haben uns „eingekreist", plärrten die Kriegsmacher. Warum habt ihr eine Politik gemacht, die zur Einkreisung führte? Ist die einfachste Gegenfrage. […]

Auf das Verbrechen der Anzettelung des Weltkrieges wurde ein weiteres gehäuft: die Regierung tat nichts, um dieser Hungersnot zu begegnen. Warum geschah nichts? Weil den Regierungssippen, Kapitalisten, Junkern, Lebensmittelwucherern der Hunger der Massen nicht wehe tut, sondern zur Bereicherung dient. Weil, wenn man von Anfang an den Kampf gegen Hunger und Not durch ernsthafte Maßnahmen aufgenommen hätte, den verblendeten Massen der furchtbare Ernst der Lage klar geworden wäre. Dann wäre aber die Kriegsbegeisterung alsbald verraucht.

Deshalb hat man die Volksmassen mit Siegestriumphgeheul betäubt und sie gleichzeitig den agrarischen und kapitalistischen Lebensmittelwucherern ausgeliefert. […]

Jetzt vertröstet man uns auf die kommende Ernte: alle Not werde ein Ende haben, wenn die neue Frucht da ist – auch das ist bewusster Schwindel. Die einfache Rechnung sagt: in zweiundzwanzig Kriegsmonaten wurden zwei Ernten verzehrt, außerdem die großen Vorräte an Viehfutter, Zucker und anderen Produkten, die zu Kriegsbeginn im Lande lagerten; ferner alles, was in den besetzten Gebieten, in Belgien, in Nordfrankreich, Polen, Litauen, Kurland, Serbien an Lebensmitteln „requiriert" wurde. Jetzt gibt es nichts mehr. Die besetzten Gebiete sind kahl gefressen, die Menschen sterben bereits Hungers in Polen und in Serbien. […]

Was soll werden?

Man kann noch ein halbes Jahr, vielleicht ein ganzes Jahr Krieg führen, indem man die Menschen langsam verhungern lässt. Dann wird aber die künftige Generation geopfert. Zu den furchtbaren Opfern an Toten und Krüppeln der Schlachtfelder kommen weitere Opfer an Kindern und Frauen, die infolge des Mangels dem Siechtum verfallen.

Ernst Drahn / Susanne Leonhard, Unterirdische Literatur im revolutionären Deutschland während des Weltkrieges. Berlin 1920, S. 52–54.

**M 6** **„Verlorene Generation"**

*Der englische Historiker Keegan schreibt über die Verluste im Ersten Weltkrieg:*

Der Streifen britischer Soldatenfriedhöfe, der sich von der Kanalküste bis zur Somme und darüber hinaus erstreckt, bildet zugleich eine idealisierte Gedenkstätte für alle auf den Schlachtfeldern des Großen Krieges Gefallenen, derer nicht gedacht wird. Ihre Zahl ist gewaltig. Zu den Gefallenen des Britischen Empire und Frankreichs kommen 1,5 Millionen des Habsburgerreiches, 2 Millionen Deutsche, 1,7 Millionen Russen, 460 000 Italiener und viele Hunderttausende Türken, die nie gezählt wurden. Im Verhältnis zur Zahl derjenigen, die sich freiwillig meldeten oder eingezogen wurden, könnte die Zahl der Opfer erträglich erscheinen. Für Deutschland waren es 3,5 Prozent aller im Heer Dienenden.

Berechnet man den prozentualen Anteil der jüngeren Jahrgänge, dann überschreiten die Zahlen bei weitem das, was emotional verkraftet werden konnte. Zwischen 1914 und 1918 war die männliche Sterbeziffer in Großbritannien sieben- bis acht Mal, in Frankreich (wo 17 Prozent des Heeres fielen) zehn Mal so hoch wie in Friedenszeiten. Die Verluste bei den jüngsten Altersgruppen in Deutschland waren ähnlich hoch: Zwischen 1870 und 1899 wurden etwa 16 Millionen Knaben geboren; nahezu alle wurden im Krieg eingezogen und rund 13 Prozent fielen. Nimmt man die Zahlen für diejenigen Gruppen, die aufgrund ihres Alters sofort zum Heer eingezogen wurden, so ergeben sich – wie in Frankreich und Großbritannien – noch höhere Verluste. Die Jahrgänge 1892–1895, das heißt die jungen Männer, die bei Kriegsausbruch 19 bis 22 Jahre alt waren, wurden um 35–37 Prozent reduziert. Es fiel also jeder Dritte.

Kein Wunder, dass man im Deutschland der Nachkriegszeit von einer „verlorenen Generation" sprach, dass deren Eltern durch den gemeinsamen Schmerz verbunden waren, dass die Überlebenden das Gefühl hatten, auf unerklärliche Weise dem Tod entronnen zu sein, und oft eine Spur von Schuld, manchmal Wut und Rachegelüste empfanden. Solche Gefühle lagen britischen und französischen Kriegsteilnehmern fern, die lediglich hofften, dass die Schrecken des Stellungskrieges sich nicht wiederholen würden, solange sie oder ihre Söhne lebten.

Sie gärten jedoch in den Köpfen vieler Deutscher, vor allem in dem „Frontsoldaten" Adolf Hitler, der im September 1922 in München eine Rachedrohung ausstieß, die den Boden für einen zweiten Weltkrieg bereitete.

John Keegan, Der Erste Weltkrieg. Eine europäische Tragödie, Reinbek 2004, S. 586 f., Deutsch von Heidi u. Karl Nicolai.

## Aufgaben

1. a) Erkläre den Begriff „Heimatfront".
   b) Was war die Oberste Heeresleitung, und welche Rolle spielte sie in Deutschland?
   → Text
2. Erläutere, warum 1917 als Wendejahr des Krieges bezeichnet wird.
   → Text
3. a) Welche der im Aufruf aus Frankfurt genannten Regeln sind angesichts der Situation im Krieg brauchbar, welche sind es nicht?
   b) Beurteile die Wirkung, die der Aufruf vermutlich auf die Bevölkerung hatte.
   → M4
4. a) Welche politischen Forderungen werden im Flugblatt erhoben?
   b) Überlege, bei wem diese Forderungen auf Zustimmung gestoßen sind.
   → M5
5. a) Stelle zusammen, wie hoch die Zahl der Toten in den einzelnen Ländern war.
   b) Welche Altergruppe war von den Verlusten besonders betroffen?
   c) Erläutere den Begriff „verlorene Generation".
   → M6

**M 1** **Rechts: deutsche und französische Kriegspostkarte, 1914**

**M 2** **Unten: englische, deutsche und französische Kriegspostkarte**

M 3 **„Horrors of War" – die verheerenden Folgen des Gaskriegs**
So sah die Realität an der Front aus, Gemälde des Amerikaners John Singer Sargent, 1918/19.

M 4 **Heldentod auf hoher See**

## Völkerkrieg – Völkerverhetzung

Erstmals in der Geschichte begleiteten und unterstützten Massenmedien einen Krieg auf breiter Front. Die Kriegspropaganda lenkte in allen Ländern die öffentliche Meinung und stachelte Menschen zu Hass und Menschenverachtung an. Widerstand und Durchhaltewillen der Bevölkerung sollten dadurch gestärkt, das Töten gerechtfertigt und die Leiden glorifiziert werden.

Den Feind stellte die Kriegspropaganda oft als entmenschtes Ungeheuer dar und machte ihn zum Massenschlächter. Manchmal gab sie den Gegner aber auch der Lächerlichkeit preis und beschrieb den Krieg als Kinderspiel, das leicht zu gewinnen sei. Da sich das jämmerliche Sterben Hunderttausender Frontsoldaten aber nicht leugnen ließ, wurde der Soldatentod zum „Heldentod" verklärt.

Anfangs, als die Kriegsbegeisterung noch hohe Wellen schlug, mag die Bevölkerung dieser Propaganda geglaubt haben. Später, als Hunger, Leid und Not zu Ernüchterung führten, ließen sich wohl nur noch wenige davon einfangen.

Der Hass, den die Kriegspropaganda säte, wirkte vielfach weiter. Er behinderte eine Friedenspolitik nach Kriegsende und wirkte sich hemmend auf die Völkerverständigung aus.

## Aufgaben

1. Welche Ziele verfolgten die Regierungen mit der Kriegspropaganda?
2. a) Wie beurteilst du die Wirkung der Kriegspropaganda auf die Bevölkerung?
   b) Wie mag eine Familie, die den Tod des Sohns oder Familienvaters zu beklagen hatte, auf die Propaganda reagiert haben?
3. a) Erläutere die Aussage der abgebildeten Kriegspostkarten.
   b) Wie beurteilst du ihre Wirkung?
   → M1, M2, M4
4. Ist dir Kriegspropaganda aus heutiger Zeit bekannt? Berichte darüber!

Reichsgründung (1871)

Zeitalter des Imperialismus >>>

Außenpolitik unter Reichskanzler Bismarck (1871 – 1890)

Wilhelm II, Deutscher Kaiser (seit 1888) >>>

1870 | 1875 | 1880 | 1885 | 1890

| Grundwissen: Zeit | Grundwissen: Begriffe | Grundwissen: Begriffe |
|---|---|---|
| 1815 Wiener Kongress<br>1817 Wartburgfest<br>1832 Hambacher Fest<br>1848/49 Revolution in Deutschland<br>1849 Ablehnung der Kaiserkrone durch den preußischen König Friedrich Wilhelm IV. | Deutscher Bund<br>Restauration<br>Legitimität<br>Liberalismus<br>Karlsbader Beschlüsse<br>Märzereignisse<br>Nationalversammlung<br>Reichsverfassung | Arbeit mit Geschichtskarten |
| 1862 Bismarck preußischer Ministerpräsident<br>1866 Deutscher Krieg<br>1870/71 Deutsch-Französischer Krieg<br>1871 Reichsgründung<br>1878 Sozialistengesetz<br>1888 Regierungsantritt Kaiser Wilhelms II.<br>1890 Entlassung Bismarcks | Nationalstaat<br>Kulturkampf<br>Reichstag<br>Militarismus<br>Sozialgesetzgebung<br>Entente cordiale<br>Rückversicherungsvertrag | Umgang mit Historienbildern |
| 1769 Erfindung der Dampfmaschine durch James Watt<br>um 1780 und 1830 Beginn der Industrialisierung in England und Deutschland<br>1834 Deutscher Zollverein<br>1835 Erste deutsche Eisenbahn<br>1848 Kommunistisches Manifest | Industrielle Revolution<br>Unternehmer<br>Gewerkschaften<br>Kommunismus<br>Proletariat<br>Soziale Frage<br>Arbeiterparteien | Umgang mit Statistiken und Diagrammen |
| **1880–1914 Imperialismus**<br>**1914–1918 Erster Weltkrieg**<br>**1917 Russische Oktoberrevolution**<br>**1917 Kriegseintritt der USA**<br>**1918 Wilsons 14 Punkte** | **Imperialismus**<br>**Kolonialismus**<br>**Nationalismus**<br>**Mittelmächte**<br>**Entente**<br>**Kriegsschuldfrage** | **Umgang mit Internet** |

Deutsche Flottenpolitik

Aufstand der Hereros (1904/1905)

Entente Cordiale (1904)

Attentat in Sarajewo (28.06.1914)

Russische Revolution (1917)

Erster Weltkrieg (1914 – 1918)

1900 | 1905 | 1910 | 1915 | 1920

## Zusammenfassung

Obwohl bereits seit dem Zeitalter der Entdeckungen europäische Staaten in anderen Erdteilen Handelstationen errichtet hatten und die neuen Gebiete zum Teil wirtschaftlich und militärisch kontrollierten, setzte erst im 19. Jahrhundert ein beschleunigter Wettlauf nach eigener Machtentfaltung in fremden Gebieten ein.

Nationales Sendungsbewusstsein spielte hierbei ebenso eine entscheidende Rolle wie das Gefühl eigener kultureller, zivilisatorischer und technischer Überlegenheit.

Zwar wurde die Weitergabe mancher Errungenschaften an die eroberten und kontrollierten Gebiete als Geschenk der überlegenen Zivilisation dargestellt, es dominierten aber meist das Interesse an wirtschaftlicher Ausbeutung der Kolonien und Unterdrückung der einheimischen Bevölkerung. Der Wettlauf um neue Gebiete führte zunehmend zu Spannungen zwischen den beteiligten Mächten.

Neben den etablierten Kolonialmächten wie etwa Spanien, England und Frankreich traten auch Deutschland, Italien, Japan und die USA als junge Staaten in den Wettbewerb um Macht, Prestige sowie militärische und wirtschaftliche Vorteile ein.

Die imperialistischen Bestrebungen der Großmächte und die daraus resultierenden Spannungen trugen einen wesentlichen Teil zum Ausbruch des Ersten Weltkrieges bei. Die Kolonien spielten im Verlauf des Krieges nur eine untergeordnete Rolle.

Ein Attentat und darauf folgende diplomatische Verwicklungen waren die Auslöser für die „Urkatastrophe" des 20. Jahrhunderts. Der Krieg zeigte die Verwendung moderner technischer Kampfmittel und bezog die Zivilbevölkerung in ungeahntem Maße in das Kriegsgeschehen mit ein. Etwa zehn Millionen Menschen wurden zu Opfern des Krieges.

Am Ende stand der Zerfall des alten europäischen Staatensystems und der Verlust einer ganzen Generation. Die Folgen des Krieges bestimmten die politischen und wirtschaftlichen Entwicklungen für Jahrzehnte.

**Allgemeiner Deutscher Arbeiterverein** (ADAV). 1863 in Leipzig gegründete politische Arbeiterpartei, aus der die Sozialdemokratische Partei Deutschlands (SPD) hervorging. Allgemeines Wahlrecht und Beteiligung der Arbeiter an der Produktion waren die wichtigsten Punkte des von Ferdinand Lassalle (1825–1864) entworfenen Programms.

**Alliierte.** Die bei Ausbruch des Ersten Weltkriegs gegen die → Mittelmächte verbündeten Staaten Frankreich, Großbritannien und Russland, zu denen später weitere hinzutraten. Für die Gegner der Mittelmächte ist auch die Bezeichnung Entente gebräuchlich.

**Arbeiterbewegung.** Die mit der → Industriellen Revolution verbundenen sozialen Probleme schufen unter den Arbeitern das Gefühl der Zusammengehörigkeit. Sie entwickelten vielfach ein gesellschaftliches → Klassenbewusstsein und organisierten sich Ende des 19. Jh. in Arbeiterparteien und Gewerkschaften zur Durchsetzung ihrer Interessen.

**Bauernbefreiung.** Reformen des 18. und 19. Jh., durch welche die Bauern aus der Leibeigenschaft und Erbuntertänigkeit befreit wurden und die Grundherrschaft endete.

**Biedermeier.** Bezeichnung für die bürgerliche Lebensform zwischen 1815 und 1848 (Vormärz). Enttäuscht von der → Restauration, die ihn aus der Politik verdrängte, zog sich der Bürger ins Privatleben zurück, um hier Erfüllung zu suchen.

**Binnenwanderung.** Wanderbewegung größerer Bevölkerungsteile innerhalb eines Staates. Sie wird zumeist ausgelöst durch die Suche nach besseren Arbeits- und Lebensbedingungen oder auch durch kriegerische Ereignisse. In Deutschland setzte um 1870 mit fortschreitender Industrialisierung eine Binnenwanderung vom Land in die Stadt und vom Osten in den industriellen Westen ein.

**Bourgeoisie** (frz. bourgeois = Bürger). Im 19. Jh. abwertende Bezeichnung für das Besitz- u. Bildungsbürgertum. Der Marxismus definiert sie als herrschende → Klasse der → kapitalistischen Gesellschaft im Gegensatz zur Arbeiterklasse.

**Boxer(aufstand).** Fremdenfeindlicher chinesischer Geheimbund, nach seiner Selbstbezeichnung „Fäuste der Rechtlichkeit und Eintracht" im Westen auch Boxer genannt. Der 1900 ausgebrochene Boxeraufstand, der sich gegen den ausländischen Einfluss richtete, führte zum militärischen Eingreifen der europäischen Großmächte in China.

**Bundesrat.** Oberstes Regierungsorgan im → Norddeutschen Bund bzw. seit 1871 im Deutschen Reich. Er setzte sich aus Vertretern der verbündeten Regierungen bzw. der Bundesfürsten zusammen. Den Vorsitz führte der Bundeskanzler (seit 1871 Reichskanzler), den der König von Preußen, später der deutsche Kaiser, ernannte. Im Lauf der Jahre trat der Bundesrat in der öffentlichen Wahrnehmung immer stärker hinter dem → Reichstag zurück.

**Bundesstaat.** Zusammenschluss selbstständiger Staaten zu einem Gesamtstaat, wobei die Gliedstaaten einen Teil ihrer Hoheitsrechte auf den Gesamtstaat übertragen (z.B. Deutschland, USA, Schweiz). Dieses Gestaltungsprinzip nennt man Föderalismus.

**Burschenschaft.** 1815 in Jena gegründete studentische Verbindung, die sich zu einer rasch ausbreitenden Bewegung an den Universitäten entwickelte. Sie forderte neben einer Studienreform die staatliche Einigung Deutschlands und verkündete ihre liberalen Ziele 1817 auf dem Wartburgfest. Die → Karlsbader Beschlüsse führten 1820 zum Verbot der B., die insgeheim jedoch fortbestand. Nach der Reichsgündung 1871 setzten sich konservative Strömungen in der B. durch.

**Depression.** Phase eines Abschwungs der Wirtschaftskonjunktur, zumeist verbunden mit Überproduktion, mangelnder Konkurrenzfähigkeit, Geldentwertung und Arbeitslosigkeit.

**Deutscher Bund.** 1815 auf dem Wiener Kongress gegründeter loser Staatenbund, dem 34 souveräne Fürsten, 4 Freie Städte sowie 3 ausländische Staaten angehörten. Einziges Organ war der Bundestag (Bundesversammlung) in Frankfurt/M., wo die Gesandten unter Vorsitz Österreichs tagten. Er zerbrach 1866 am preußisch-österreichischen → Dualismus.

**Deutscher Zollverein.** 1834 unter Preußens Führung gegründete Vereinigung 18 deutscher Staaten, der nach und nach alle Staaten Deutschlands (außer Österreich) beitraten. Ziel war die Schaffung eines einheitlichen deutschen Wirtschaftsraums ohne Binnenzölle.

**Dollarimperialismus.** Bestrebungen der USA ihre wirtschaftliche Überlegenheit zur Kontrolle unterentwickelter Staaten zu benutzen. Im Gegensatz zur militärischen Intervention durchdringt das amerikanische Kapital die gesamte Wirtschaft und sorgt für politische und ökonomische Abhängigkeit vom amerikanischen Kapitalgeber.

**Dreiklassenwahlrecht.** Von 1849–1918 gültiges Wahlrecht in Preußen für die Wahl zum Abgeordnetenhaus. Nach der Höhe ihrer Steuerleistung wurden die Wähler in jedem Wahlbezirk in 3 Klassen eingeteilt, die jeweils 1/3 des Steueraufkommens erbrachten. Jede Klasse konnte über Wahlmänner die gleiche Zahl von Abgeordneten wählen. Die wenigen Höchstbesteuerten in Preußen stellten somit die gleiche Zahl von Abgeordneten, wie die große Masse der Bürger mit geringem Steuereinkommen.

**Dualismus.** Konkurrenz zweier Mächte um die Vorherrschaft. Bezeichnung auch für den machtpolitischen Gegensatz zwischen Österreich und Preußen um die Vorherrschaft in Deutschland seit dem 18. Jh.

**Emanzipation.** In der Aufklärung wurzelnde Bewegung, welche die rechtliche und gesellschaftliche Gleichstellung aller Bürger anstrebte. Dazu zählen → Bauernbefreiung, → Judenemanzipation oder Frauenemanzipation (→ Frauenrechtsbewegung).

**Emser Depesche.** Nach Vertreibung der Königin Isabella von Spanien schlug die spanische Regierung einen Prinzen aus dem Haus der Hohenzollern als Thronkandidat vor. Da Frankreich eine Stärkung der preußischen Machtposition fürchtete, verlangte es einen Thronverzicht. Als dieser erfolgte, erhob Frankreich zusätzliche Forderungen, die der französische Botschafter dem in Bad Ems weilenden preußischen König Wilhelm I. vortrug. Die ablehnende Haltung des Königs wurde Bismarck in dem als „Emser Depesche" bekannt gewordenen Telegramm übermittelt. Bismarck veröffentlichte diese Depesche in einer derart verkürzten und verschärften Form, dass Frankreich sie als Beleidigung empfand. Dies führte 1870 zur Kriegserklärung an Deutschland.

**Entente cordiale** (frz. = herzliches Einvernehmen). 1904 zwischen Großbritannien und Frankreich geschlossenes Bündnis, das 1907 um Russland erweitert wurde.

**Feudalismus** (lat. feudum = Lehen). Das Herrschaftssystem des mittelalterlichen Lehnswesens, das stellenweise bis zur frühen Neuzeit reichte. Der Marxismus dehnte den Begriff auf jedes Gesellschaftssystem aus, das durch adligen Grundbesitz und die damit verbundenen Herrschaftsrechte und Standesprivilegien gekennzeichnet ist. Er betrachtet den Feudalismus als Entwicklungsstufe zwischen der antiken Sklavenhaltergesellschaft und dem modernen → Kapitalismus.

**Frauenrechtsbewegung.** Organisierter Kampf der Frauen für politische und soziale Gleichberechtigung. Während der Französischen Revolution setzten erste Reformbestrebungen ein, die sich seit der → Industriellen Revolution im 19. Jh. verstärkten. Die Hauptforderungen zielten auf die Erlangung der vollen politischen und bürgerlichen Rechte sowie auf Zugang zu allen Berufen und Bildungsinstituten. 1865 wurde der „Allgemeine Deutsche Frauenverein" gegründet, 1897 entstand der „Internationale Frauenbund" als übernationale Organisation. Die Umwälzungen des Ersten Weltkriegs förderten die soziale und politische Integration der Frauen, doch ist ihre volle Gleichberechtigung bis heute nicht verwirklicht.

**Gewaltenteilung.** Teilung der Staatsgewalt in eine gesetzgebende (legislative), gesetzesvollziehende (exekutive) und rechtsprechende (judikative) Gewalt. Sie entspringt der Aufklärung und soll einen Missbrauch staatlicher Macht verhindern. Dem Prinzip der Gewaltenteilung entsprechen die voneinander unabhängigen Verfassungsorgane Parlament, Regierung und Gerichte.

**Gewerbefreiheit.** In vorindustrieller Zeit unterlag das Gewerbe einer Preis- und Produktionskontrolle durch die Zünfte. Dieser Zunftzwang wurde im 19. Jh. aufgehoben und die Gewerbefreiheit eingeführt. Jeder konnte nunmehr einen Gewerbebetrieb mit beliebigen Produkten eröffnen.

**Gewerkschaften.** Zusammenschlüsse von Arbeitnehmern zur Wahrung ihrer wirtschaftlichen Interessen. In England organisierten sich Arbeiter erstmals Ende des 18. Jh. (Trade Unions), in Deutschland entstanden seit 1848 zahlreiche lokale Arbeiterverbände. Nach 1890 (Aufhebung des → Sozialistengesetzes) entwickelten sich die Gewerkschaften zu breiten Massenorganisationen.

**Gleichgewicht der Kräfte.** Ein grundlegendes Konzept insbesondere der britischen Politik („Balance of Power"). Es verfolgt das Ziel, die Macht der europäischen Staaten so auszubalancieren, dass keiner von ihnen die Vorherrschaft (Hegemonie) erlangt. Im Zuge dieser Politik wird jeweils die schwächere Staatengruppe gegenüber den stärkeren Mächten unterstützt.

**Großdeutsch.** In der Frankfurter Nationalversammlung 1848/49 bildeten sich zwei Richtungen hinsichtlich Österreichs Zugehörigkeit zu einem deutschen Nationalstaat. Während die eine Gruppe die Einbeziehung Österreichs befürwortete (großdeutsche Lösung), lehnte die andere dies ab (kleindeutsche Lösung). Die Anhänger der kleindeutschen Lösung setzten sich schließlich durch.

**Gründerzeit.** Im engeren Sinn die Jahre 1871–73, in denen die Milliarden der französischen Kriegsentschädigung extreme Spekulationen bewirkten und schließlich zu Kursstürzen und Firmenpleiten führten (Gründerkrach). Weiterhin die der Reichsgründung 1871 folgenden zwei Jahrzehnte, die im Zeichen von Wirtschaftswachstum und industriellem Aufschwung standen .

**Heilige Allianz.** 1815 veröffentlichte Erklärung der Monarchen von Russland, Österreich und Preußen, der sich später zahlreiche europäische Fürsten anschlossen. Ziel der Allianz sollte eine Politik sein, welche die Prinzipien der christlichen Religion und des Friedens verfolgte. Tatsächlich diente sie der Unterdrückung nationaler und liberaler Bewegungen und wurde – obwohl politisch weit gehend folgenlos – zum Symbol der → Reaktion.

**Ideologie.** Ein vielschichtiges Denkmodell, das gesellschaftliche Verhältnisse und historische Entwicklungen deutet und mit dem Anspruch auf allgemeine Gültigkeit propagiert. Da sie aktuelle Zustände oder angestrebte Veränderungen rechtfertigen will, verfolgt sie bestimmte Interessen. Ihre Argumentation ist daher einseitig oder verzerrt.

**Imperialismus.** Das Streben eines Staates seine Herrschaft auf andere Länder und Völker auszudehnen. Als Machtmittel dienen Eroberungen oder wirtschaftliche Beherrschung aufgrund ökonomischer Überlegenheit. Als Epoche des Imperialismus gilt besonders die Zeit von 1880–1914, in der die Großmächte ihre Kolonialreiche ausbauten und die Welt in Einflusssphären aufteilten.

**Industrielle Revolution.** Einschneidender wirtschaftlicher und gesellschaftlicher Umwälzungsprozess, ausgelöst durch die um 1760 in England einsetzende Industrialisierung. Sie erreichte um 1840 Deutschland und breitete sich später weltweit aus. Zu ihren Voraussetzungen zählte vor allem der Einsatz von Maschinen, was neue industrielle Produktionsweisen nach sich zog (Massenfabrikation, Arbeitsteilung, Fabriken). Besonders in ihrer Anfangsphase war sie mit sozialer Verelendung verbunden, zugleich entstanden neue → Klassengegensätze aufgrund sozialer Probleme der Arbeiterschaft (→ Soziale Frage).

**Judenemanzipation.** Befreiung der jüdischen Bevölkerung aus ihrer rechtlichen Ungleichheit und gesellschaftlichen Diskriminierung. Sie setzte besonders in der Aufklärung ein, doch erst die Französische Revolution brachte den Juden in Frankreich das volle Bürgerrecht (1791). Obwohl auch andere Länder Reformen einleiteten (Preußen 1812), erfolgte die völlige Gleichberechtigung in den meisten Staaten erst nach 1850. Die gesellschaftliche Diskriminierung wirkte zumeist fort.

**Julirevolution.** Erhebung der Pariser Bevölkerung im Juli 1830, ausgelöst durch eine Politik der → Restauration durch den Bourbonenkönig Karl X. Sie führte zum Sturz des Monarchen sowie zu revolutionären Erhebungen in anderen europäischen Staaten.

**Kapitalismus.** Wirtschaftssystem, bei dem das Kapital unternehmerisch eingesetzt wird um hohe Gewinne zu erzielen. Angebot und Nachfrage bestimmen den Verkaufspreis, der Staat enthält sich jeder Einflussnahme. Für den Marxismus ist der Kapitalismus ein System profitorientierten Eigentums, das die Lohnarbeiter ausbeutet und ihre Verelendung bewirkt. Zentrale Bedeutung hat daher das Produktivkapital, das alle Produktionsmittel wie Maschinen oder Produktionsstätten umfasst. Sie gehören Privatpersonen – Unternehmern bzw. „Kapitalisten" –, denen die Lohnarbeiter – das → Proletariat – gegenüberstehen. Nur der → Klassenkampf kann nach Marx ihre Ausbeutung beenden.

**Karlsbader Beschlüsse.** Die auf den Karlsbader Ministerkonferenzen 1819 beschlossenen Maßnahmen gegen nationale und → liberale Bewegungen. Anlass war die Ermordung des reaktionären Dichters von Kotzebue. An den Beschlüssen, die auf Initiative Metternichs zu Stande kamen, wirkten Österreich, Preußen sowie acht weitere deutsche Staaten mit.

**Kartell.** Zusammenschluss rechtlich selbstständig bleibender Unternehmen mit dem Ziel den Markt zu beherrschen. Die Kartellabsprachen beziehen sich auf Preise, Absatzhöchstmengen oder die Aufteilung von Absatzgebieten.

**Klassen(kampf).** Gesellschaftliche Gruppen innerhalb einer Sozialordnung, deren Stellung durch Vermögen, Bildungsgrad und gesellschaftliches Bewusstsein gekennzeichnet ist. Die folgenreichste Klassentheorie entwickelte der Marxismus. Hiernach beutet die herrschende Klasse der → Bourgeoisie die Klasse der Arbeiter – das → Proletariat – aus, weil sie über die Produktionsmittel (→ Kapitalismus) verfügt. Daraus resultiert ein Klassenkampf, der schließlich zur Revolution führt und mit dem „Sieg des Proletariats" endet („Diktatur des Proletariats"). Nach Überführung der Produktionsmittel in Gemeineigentum entsteht allmählich die klassenlose Gesellschaft des → Kommunismus.

**Kleindeutsch** (s. Großdeutsch)

**Kolonialismus.** Eroberung zumeist überseeischer Gebiete durch einen militärisch überlegenen Staat. Der neuzeitliche K. beginnt im 16. Jh. und verfolgt vor allem militärische und wirtschaftliche Ziele.

**Kommune.** In engerer Bedeutung der Pariser Gemeinderat, der während der Französischen Revolution radikaldemokratische Positionen vertrat. Weiterhin die 1871 gewählte revolutionäre Stadtregierung von Paris, die sozialistische Ziele verfolgte.

**Kommunismus.** Von Marx und Engels begründete → Ideologie, die im „Kommunistischen Manifest" 1848 zusammengefasst wurde. Er enthält die Vorstellung einer klassenlosen Gesellschaft, in der das Privateigentum abgeschafft ist und die Produktionsmittel in Gemeineigentum überführt worden sind. Im 20. Jh. bezeichnet der K. vor allem eine Gesellschaftsform, die erstmals durch die Oktoberrevolution 1917 in der Sowjetunion errichtet wurde und durch die Diktatur der Kommunistischen Partei gekennzeichnet war.

**Konservatismus.** Geistige und politische Haltung, die auf Bewahrung überlieferter Werte abzielt. Reformen werden nicht abgelehnt, wohl aber Neuerungen, die auf unüberprüfbaren Theorien oder → Ideologien beruhen. Er entstand in der Auseinandersetzung mit den Ideen der Französischen Revolution und wurde im 19. Jh. zum Verbündeten der → Restauration gegen den → Liberalismus.

**Konstitutionelle Monarchie.** Regierungsform, in der die Gewalt des Monarchen an eine → Verfassung (Konstitution) gebunden ist, die eine Mitwirkung der Volksvertretung bei der Gesetzgebung vorsieht.

**Konzern.** Zusammenfassung rechtlich selbstständig bleibender Unternehmen unter einer einheitlichen Konzernleitung. Die Unternehmen sind durch gegenseitige Kapitalbeteiligungen miteinander verflochten. Ziel sind Rationalisierung, höhere Rentabilität und Konkurrenzvorteile.

**Kriegsschuldfrage.** Die Frage nach der Verantwortung für den Ausbruch des 1. Weltkriegs. Sie erhielt politische Bedeutung durch Artikel 231 des Versailler Vertrags, der Deutschland die alleinige Kriegsschuld aufbürdete. Mit der alliierten Behauptung, Deutschland habe den Krieg geplant und vorsätzlich herbeigeführt, wurden die geforderten Reparationen begründet (Haftpflicht). Die deutsche Regierung lehnte diese Behauptung ab und unterzeichnete den Versailler Vertrag nur unter Protest. Während der Weimarer Republik war die Kriegsschuldfrage Gegenstand leidenschaftlicher Erörterungen mit dem Ziel einer Revision des „Diktats von Versailles". Erst nach dem 2. Weltkrieg gelangte die Geschichtswissenschaft zu einer differenzieteren Betrachtung, wobei die Rolle

Deutschlands überwiegend negativ eingeschätzt wurde. Eine eindeutige Zumessung der Schuldlast ist bis heute nicht gelungen und die Kriegsschuldfrage in der Forschung nach wie vor umstritten.

**Kulturkampf.** Die von Bismarck geführte Auseinandersetzung zwischen dem preußischen Staat und der katholischen Kirche 1871–87. Bismarck sah in der Zentrumspartei – der politischen Vertretung des deutschen Katholizismus – einen Gegner der kleindeutschen Reichslösung. Er befürchtete, dass die Katholiken die Vorherrschaft des protestantischen Preußens bekämpfen würden, und suchte dem mit Unterdrückungsmaßnahmen zu begegnen (Kanzelparagraf, Jesuitengesetz, Maigesetze, Zivilehegesetz, Klostergesetz usw.). Da sich der Kulturkampf zu einer schweren Niederlage für Bismarck entwickelte, kam es nach 1878 zu einem Ausgleich und 1887 zum förmlichen Ende des Kulturkampfs.

**Legitimität.** Nach diesem Prinzip sollten auf dem → Wiener Kongress nur solche Herrscher als rechtmäßig (legitim) anerkannt werden, die sich auf althergebrachte Rechte einer königlichen oder fürstlichen Familie berufen konnten.

**Liberalismus.** In der Aufklärung wurzelnde politische Bewegung, die im 19. Jh. Bedeutung erlangte. Im Zentrum steht das Recht des Einzelnen auf freie Entfaltung gegenüber staatlicher Bevormundung. Zu seinen Forderungen zählen Glaubens- und Meinungsfreiheit, Sicherung der bürgerlichen Grundrechte sowie Beteiligung an politischen Entscheidungen. Der wirtschaftliche Liberalismus fordert einen freien Wettbewerb ohne staatliche Eingriffe und Zollschranken.

**Marxismus.** Bezeichnung für die von Karl Marx und Friedrich Engels im 19. Jh. begründete Theorie des wissenschaftlichen → Sozialismus. Zentrale Grundlage ist der „Historische Materialismus", der von der Notwendigkeit einer sozialistischen Gesellschaftsordnung ausgeht, die das Ergebnis der sozialen und wirtschaftlichen Entwicklung ist (→ Klassenkampf, → Kommunismus). Ferner die „Kritik der politischen Ökonomie", in der Marx die kapitalistischen Produktionsweisen und ihre Auswirkungen auf die gesellschaftlichen Verhältnisse untersucht (→ Kapitalismus).

**Menschen- und Bürgerrechte.** In der Aufklärung entstandene Überzeugung, wonach jeder Mensch unantastbare Rechte besitzt, die der Staat achten und schützen muss. Hierzu zählen das Recht auf Gleichheit, Unversehrtheit, Eigentum, Meinungs- und Glaubensfreiheit, Widerstand gegen Unterdrückung. Diese Rechte wurden erstmals in die amerikanische Unabhängigkeitserklärung (1776) und die französische Verfassung von 1791 aufgenommen und sind seitdem Bestandteil vieler Verfassungen.

**Mittelmächte.** Die im Ersten Weltkrieg verbündeten Staaten Deutsches Reich und Österreich-Ungarn, später auch die hinzugetretenen Verbündeten Osmanisches Reich und Bulgarien.

**Monroe-Doktrin.** Die 1832 von Präsident Monroe dargelegten Grundsätze der amerikanischen Außenpolitik. Im Zentrum steht die strikte Trennung amerikanischer und europäischer Angelegenheiten und die Abwehr jeder Einmischung europäischer Mächte auf dem amerikanischen Kontinent.

**Nationalismus.** Meist negativ besetzter Begriff für ein übersteigertes Nationalgefühl und die Überbewertung der eigenen Nation.

**Nationalstaat.** Als Merkmal einer Nation gelten gemeinsame Abstammung, Sprache, Kultur und Geschichte sowie das Zusammengehörigkeitsgefühl der in einem Gebiet zusammenlebenden Menschen. Die Begriffe „Nation" und „Volk" sind nicht eindeutig voneinander abzugrenzen und werden häufig synonym gebraucht. Ein Nationalgefühl entwickelte sich bereits im Mittelalter, vor allem in den westeuropäischen Staaten (England, Frankreich, Spanien). Im 19. Jh. verstärkte sich diese Tendenz, besonders bei jenen Völkern, die keine politische Unabhängigkeit erlangt hatten (z.B. Polen, Südslawen, Griechen) oder aufgrund ihrer Geschichte in zahlreiche Einzelstaaten zersplittert waren (z.B. Deutschland, Italien). Sie erhoben die Forderung nach einem Nationalstaat, der ein politisch geeintes Volk umfassen sollte.

**Nationalversammlung.** Gewählte Volksversammlung einer Nation, die vor allem zur Ausarbeitung einer → Verfassung zusammentritt. So z.B. die französische Nationalversammlung 1789–92 oder die Frankfurter Nationalversammlung 1848–49.

**Norddeutscher Bund.** Der 1867 durch Bismarck geschaffene Bundesstaat, dem Preußen und alle nördlich des Main gelegenen Staaten angehörten. Die Regierungsgewalt lag beim → Bundesrat der verbündeten Regierungen, dessen Präsidium beim König von Preußen. Bismarck war Bundeskanzler. Die Gesetzgebung lag beim Bundesrat und → Reichstag, der in allgemeinen Wahlen direkt gewählt wurde. Diese Verfassung war Grundlage der Reichsverfassung von 1871.

**Panslawismus.** Bestrebungen nach einem Zusammenschluss aller Slawen. Die Bewegung erhielt nach dem Prager Slawenkongreß 1848 politische Stoßkraft, zugleich erhob Russland einen Führungsanspruch innerhalb der slawischen Völker. Der P. führte zu starken Spannungen mit Österreich-Ungarn, dessen Staatsgebiet beträchtliche slawische Bevölkerungsteile umfasste.

**Parlament.** In demokratischen Staaten die aus freien Wahlen hervorgegangene Volksvertretung. Sie entscheidet als oberstes Staatsorgan über die Gesetze und kontrolliert die Regierung (→ Gewaltenteilung).

**Partei.** Organisierter Zusammenschluss politisch gleichgesinnter Bürger, die Einfluss auf die Gestaltung des Staats nehmen wollen. Die modernen Parteien entwickelten sich Anfang des 19. Jh. aus lockeren Vereinigungen angesehener Persönlichkeiten (Honoratioren-Parteien). Getragen von der Arbeiterbewegung bildeten die sozialistischen Parteien erstmals den Typ der Massenpartei, dem später häufig auch katholisch-konfessionelle Parteien (Zentrum) entsprachen. Mit der Durchsetzung des Parlamentarismus erhielten die Parteien im 20. Jh. staatstragende Bedeutung.

**Pauperismus** (lat. pauper = arm). Um 1840 entstandener Begriff für die anhaltende Armut großer Bevölkerungsschichten. Aufgrund dieser Massenarmut können die Menschen kaum den notdürftigsten Lebensunterhalt erwerben oder sind auf Unterstützung angewiesen.

**Politik der offenen Tür.** Der Begriff hängt eng mit dem → Dollarimperialismus zusammen. Da die USA ihre imperialistischen Ziele vorwiegend auf dem Wege wirtschaftlicher Durchdringung zu verwirklichen suchten, mussten sie entsprechende Voraussetzungen schaffen. Sie strebten daher die Öffnung der ausländischen Märkte und einen gleichberechtigten Zugang an.

**Proletariat.** Im antiken Rom die unterste Bevölkerungsschicht ohne Besitz. Im 19. Jh. ein durch den Marxismus geprägter Begriff für die im → Kapitalismus entstandene Klasse der abhängigen Lohnarbeiter. Nach Marx hat der Proletarier allein seine Arbeitskraft zu verkaufen und ist daher von der → Bourgeoisie abhängig, die die Produktionsmittel besitzt und ihn ausbeutet. Erst der → Klassenkampf und die „Proletarische Revolution" können die Unterdrückung beenden.

**Reichstag.** Die Volksvertretung im → Norddeutschen Bund (1867–71) und im Deutschen Reich (1871–1918), die aus allgemeinen, gleichen und geheimen Wahlen hervorging. Frauen besaßen kein Wahlrecht. Der Reichstag übte gemeinsam mit dem → Bundesrat die Gesetzgebung aus. Auf Beschluss des Bundesrats und mit Zustimmung des Kaisers konnte er jederzeit aufgelöst werden. Auf die Regierungsbildung hatte der Reichstag keinen Einfluss, da der Reichskanzler ohne seine Mitwirkung vom Kaiser ernannt oder entlassen wurde. Erst kurz vor Ende des 1. Weltkriegs erfolgte unter dem Eindruck der → Vierzehn Punkte von US-Präsident Wilson der Übergang zum parlamentarischen Regierungssystem (Oktoberverfassung, 28.10.1918). Wegen der 1918 ausbrechenden Novemberrevolution blieb diese Verfassungsreform jedoch ohne Auswirkungen.

**Reaktion.** Bezeichnung für politische Bestrebungen, alle durch die Französische Revolution ausgelösten fortschrittlichen Entwicklungen zurückzudrängen (→ Liberalismus). In Deutschland ist dies besonders die Zeit von 1819–30 und 1850–58. Eine fortschrittsfeindliche Haltung, die überholte Verhältnisse verteidigt, bezeichnet man als „reaktionär".

**Restauration.** Bemühungen frühere Zustände wiederherzustellen. Der Begriff wird auf die Epoche zwischen 1815–1848 angewandt und umfasst die Bestrebungen der Politik, den vor der Französischen Revolution geltenden Ordnungsprinzipien erneut Geltung zu verschaffen.

**Revolution.** Gewaltsamer Umsturz der bestehenden Ordnung, der zu tief greifenden politischen und gesellschaftlichen Veränderungen führt. Sie wird von breiten Bevölkerungsschichten getragen im Gegensatz zum Staatsstreich oder Putsch, wo nur eine neue Führungsgruppe die Macht an sich reißt. Typische Beispiele sind die Französische Revolution 1789 und die Russische Revolution 1917.

**Romantik.** Von Deutschland ausgehende geistesgeschichtliche Bewegung, die etwa von 1790–1830 währte. Charakteristisch ist die Betonung des Gefühls, die Suche nach dem Träumerischen, Geheimnisvollen und Unendlichen. Die Natur und die verklärte Welt des Mittelalters standen daher häufig im Zentrum von Künstlern der Romantik, besonders in der Malerei, Literatur und Musik. Die Rückbesinnung auf die Volksdichtung schuf zahlreiche Märchen, Lieder und Gedichte im Geist der Romantik.

**Rückversicherungsvertrag.** 1887 zwischen dem Deutschen Reich und Russland abgeschlossener geheimer Vertrag. Er verpflichtete den jeweiligen Vertragspartner zur Neutralität, falls Deutschland von Frankreich oder Russland von Österreich angegriffen würde. Im Rahmen des von Bismarck entworfenen Bündnissystems sollte der Vertrag Frankreich isolieren und einen deutschen Zweifrontenkrieg verhindern.

**Sezessionskrieg.** Amerikanischer Bürgerkrieg, verursacht durch den Gegensatz zwischen Nord- und Südstaaten in der Sklavenfrage. Der Konflikt begann 1861 nach Austritt (Sezession) der Südstaaten aus der Union und endete 1865 mit dem Sieg der Nordstaaten.

**Soziale Frage.** Bezeichnung für die ungelösten sozialen Probleme der Arbeiter im 19. Jh., die aufgrund der Industrialisierung (→ Industrielle Revolution) entstanden waren. Hierzu zählten: Verelendung aufgrund niedriger Löhne und hoher Arbeitslosigkeit, extrem lange Arbeitszeiten und unzumutbare Arbeitsbedingungen, menschenunwürdige Wohnverhältnisse, schwere Frauen- und Kinderarbeit. Hinzu kam die fehlende Absicherung bei Krankheit, Arbeitsunfällen, Invalidität und im Alter. Versuche zur Lösung der Sozialen Frage kamen von einzelnen Unternehmern, der Kirche, vor allem jedoch durch die vom Staat seit 1883 eingeleitete Sozialgesetzgebung. Die Arbeiter selbst bemühten sich im Rahmen von Gewerkschaften und Arbeiterparteien um eine Durchsetzung ihrer Interessen und schufen verschiedene Selbsthilfeorganisationen.

**Sozialismus.** Im 19. Jh. entstandene politische Bewegung, die bestehende gesellschaftliche Verhältnisse mit dem Ziel sozialer Gleichheit und Gerechtigkeit verändern will. Im Marxismus ist er das Übergangsstadium vom → Kapitalismus zum → Kommunismus. Seit Ende des 19. Jh. bildeten sich gemäßigte und radikale sozialistische Richtungen, deren Ziele von einer Reform der kapitalistischen Wirtschaftsweise bis zum Umsturz der auf ihr bestehenden Gesellschaftsordnung reichen (→ Klassenkampf).

**Sozialistengesetz.** Ein von Bismarck 1878 erlassenes Gesetz, das sich gegen die Sozialdemokratie richtete. Es verbot alle sozialdemokratischen, sozialistischen oder kommunistischen Vereine, Versammlungen und Schriften und bedrohte „Agitatoren" mit Ausweisung aus dem Bezirk. Ziel war die Zerschlagung der sozialdemokratischen Organisationen und Gewerkschaften, wobei die sozialdemokratische Reichstagsfraktion bestehen blieb. Das bis 1890 währende Gesetz erwies sich als Fehlschlag, denn Sozialdemokratie ging aus dieser Zeit gestärkt hervor.

**Stände.** Gesellschaftliche Gruppen, die sich voneinander durch Herkunft, Beruf, Bildung und eigene Rechte abgrenzen. Im Mittelalter unterschied man drei Stände: Geistlichkeit, Adel, Bauern und Bürger. Seit der Französischen Revolution und den Reformen des 19. Jh. verschwand diese Ständeordnung als gesellschaftliches Grundprinzip. Für die Arbeiterschaft kam im 19. Jh. die Bezeichnung „Vierter Stand" auf. Von einem Ständestaat spricht man, wenn in einem Staat die Vertreter bestimmter Stände an der Herrschaft beteiligt sind.

**Stellungskrieg.** Bei Ausbruch des 1. Weltkiegs wollte die deutsche Generalität mehrere Armeen in einer weiträumigen Zangenbewegung auf Paris vorrücken lassen. Die starken Truppenverbände Frankreichs vereitelten jedoch diesen Plan und es kam 1915 zu einer Erstarrung der Westfront. Die gegnerischen Armeen gruben sich in Schützengräben ein, sodass Geländegewinne angesichts der stark befestigten Stellungen kaum noch möglich waren.

**Streik.** Die planmäßige Niederlegung der Arbeit durch eine größere Zahl von Arbeitnehmern, um höhere Löhne oder bessere Arbeitsbedingungen vom Unternehmer zu erzwingen. Im 19. Jh. führten Arbeitsniederlegungen von Industriearbeitern zur Gründung von Gewerkschaften und der Streik wurde zum wichtigsten Mittel gewerkschaftlichen Forderungen Nachdruck zu verleihen. In Deutschland waren Streiks bis 1918 verboten und strafbar. Heute ist das Streikrecht in vielen Ländern anerkannt und ein wichtiger Bestandteil des demokratischen Rechtsstaats.

**Trust.** Durch Fusion ehemals rechtlich selbstständiger Unternehmen entstandene Kapitalgesellschaft. Er ist eine straffere Form des → Konzerns mit dem Ziel ausschließlicher Marktbeherrschung.

**Unternehmer.** Wer einen Gewerbebetrieb leitet und selbstständig nach außen vertritt, wird als Unternehmer bezeichnet. Dies trifft bereits auf die Verleger, Handwerksmeister oder Manufakturbesitzer der vorindustriellen Zeit zu. Während der → Industriellen Revolution erlangten die Unternehmer als Leiter der entstehenden Industriebetriebe zunehmende Bedeutung, da sie die Wirtschaft entscheidend prägten und das Schicksal großer Bevölkerungsteile mitbestimmten. Ursprünglich war der Unternehmer zugleich Eigentümer des Kapitals („Kapitalist") und damit Träger des Unternehmerrisikos. Später fielen Kapitalbesitz und leitende Tätigkeit häufig auseinander. Es entstanden Kapitalgesellschaften (z.B. Aktiengesellschaften), deren Kapital bei den Aktionären liegt, während die Leitungsfunktion von angestellten „Managern" wahrgenommen wird.

**Verfassung** (Konstitution). Die politische Grundordnung eines Staates, die alle Regelungen über die Staatsform, die Herrschaftsausübung und die Bildung und Aufgaben der Staatsorgane enthält. Eine demokratische Verfassung wird durch eine verfassunggebende Versammlung (→ Nationalversammlung) entworfen und direkt dem Volk oder aber seinen gewählten Vertretern (Parlament) zur Abstimmung vorgelegt. Sie enthält das Prinzip der → Gewaltenteilung und das Mitbestimmungsrecht des Volkes.

**Vierzehn Punkte.** Von US-Präsident Woodrow Wilson am 8.1.1918 formulierte Grundsätze einer Friedensordnung nach dem 1. Weltkrieg. Sie sollten die Krieg führenden Staaten zu einem maßvollen Frieden veranlassen, der auf demokratischen Prinzipien basierte und vor allem das Selbstbestimmungsrecht der Völker beachtete. Wilson vermochte jedoch die „Vierzehn Punkte" gegenüber seinen Verbündeten nicht voll durchzusetzen und war zu erheblichen Kompromissen gezwungen. Vor allem bei der Frage der Reparationen, beim Selbstbestimmungsrecht der Völker und bei territorialen Veränderungen.

**Vormärz.** Die Zeit vom Wiener Kongress 1815 bis zur deutschen Revolution vom März 1848. Kennzeichnend für diese Epoche sind äußerer Friede und innenpolitische Ruhe, erzwungen durch die Beschränkung von Bürgerrechten (→ Karlsbader Beschlüsse). Dennoch entwickelte sich im Vormärz eine liberale, demokratische und nationale Bewegung, getragen von einem Bürgertum, das schließlich politische Mitsprache beanspruchte.

**Wiener Kongress.** Konferenz europäischer Fürsten und Staatsmänner zur Beratung der politischen Neuordnung Europas nach Napoleons Sturz (1814/15). Den Vorsitz führte der österreichische Außenminister Fürst Metternich. Die Teilnehmer des Wiener Kongresses verfolgten die Prinzipien der → Restauration und → Legitimität. An die Stelle des untergegangenen Heiligen Römischen Reichs trat künftig der → Deutsche Bund. Österreich konnte seine Vormachtstellung in Oberitalien und auf dem Balkan behaupten, wuchs aber als Vielvölkerstaat aus Deutschland heraus; Preußen gewann große Gebiete in Westfalen und im Rheinland; Russland verleibte sich den größten Teil Polens ein (Kongresspolen); Frankreich konnte trotz seiner Krieg stiftenden Rolle unter Napoleon seinen vorrevolutionären Besitzstand wahren; Großbritannien festigte seine Stellung als bedeutende Handels- und Kolonialmacht und er-reichte sein Ziel, das → „Gleichgewicht der Kräfte" auf dem europäischen Kontinent wahren.

**a**kg-images, Berlin:
6 u.li., 7 u.li., 8 M1 + M2, 10 M4, 15 M2, 16 M3, 20 M5, 32 M2, 35 M10, 36 M1, 41 u., 42 M1, 46 M6, 48 M1, 58 M4, 64 M1, 66 M4, 72 M1, 73 M3, 79 M4 + M5, 82 o. + u., 87 M7, 99 M3, 116 M2, 117 M3 + M4, 118 M5, 120 M9, 123 M3, 124 M1, 126 M5, 130 u.re., 152 M1, 158 M1, 163 M4
Altonaer Museum, Hamburg:
172 M1 o.
Archiv der sozialen Demokratie der Friedrich-Ebert-Stiftung, Bonn:
116 M1
Art Institute of Chicago:
113 M6
artur architekturbilder GmbH, Köln:
82/83 (T. Riehle)

**B**aumgärtner, U., Puchheim:
112 M8, 213 M6 (2)
Bayerische Staatsbibliothek, München:
92 M4, 96 M7
Bildagentur-Online, Burgkunstadt:
125 M2
Bildarchiv Preußischer Kulturbesitz, Berlin:
6 u.r., 19 M2, 21 M6, 23 M2 + M3, 24 M4 - M6, 26 M1, 28 M3, 41 o., 28 M3, 41 o., 51 M3, 52 M4, 56 M1, 57 M3, 61 M2, 62 M4,
69 M3, 78 M2, 83 Mi., 85 M2, 86 M5, 110 M1, 112 M3, 114 M7, 125 M3, 132 M1, 138 M5, 141 M2, 142 M3 re., 168 M1
Bismarck-Museum, Friedrichsruh/C. Carstensen, Hamburg:
40 o., 48 M2
Blase, D., Metelen:
105 M3
Bridgeman/Giraudon, London:
122 M1, 122 M2 (Art Resource N.Y.)

**C**artoon's Magazine, Chicago 1914:
160 M4
Creativ Team Friedel & Bertsch, Heilbronn:
6 o., 18 M1

**D**eutsches Historisches Museum, Berlin:
56 M2 (A. Psille), 111 M2 (A. Psille), 173 M4
Deutsches Museum, München:
83 o., 88 M9, 94 M2 + M3, 95 M5
Dietz Verlag, Berlin:
35 M8

**É**ditions Balland, Paris:
172 M2 re.

**F**1 ONLINE, Frankfurt:
6/7 (Pallaske)
F.A.Z.:
158 M2 (Gregori Ingleright)

**G**ebel, K., Braunschweig:
79 M3
Generallandesarchiv Karlsruhe:
37 M3
Germanisches Nationalmuseum, Nürnberg:
17 M5

**H**eimatmuseum Neuruppin/Hesse:
33 M3 + M4
Heinemann Publishers, Oxford:
85 M3 (R. Stewart)
Historisches Archiv Krupp, Essen:
100 M5, 102 M9, 118 M6
Historisches Museum der Stadt Wien:
7 u.re., 9 M3

**I**FA-Bilderteam, Ottobrunn:
40/41 (R. Elsen)
Imperial War Museum, London:
173 M3
Institut für Stadtgeschichte, Frankfurt/M.:
170 M4

**J**okinen, Hamburg:
130 Mi.re., 146 M1, M3 + M4

**K**arl Ernst Osthaus-Museum, Hagen:
91 M2
Kharbine/Tapabor:
119 M7
Kunstverlag Peda, Passau:
167 M2

**L**andesarchiv Berlin:
65 M3
Langner, P., Hemmingen:
59 M6
Lebeck, R., Hamburg:
172 M2 li.
Lukan, W., Wien:
162 M1, 172 M2 Mi.

**M**annesmann Demag, Duisburg:
91 M3
Mary Evans Picture Library, London:
83 u., 101 M6 - M8, 144 M8, 154 M14
mauritius-images, Mittenwald:
40 u. + 44 M3 (Rossenbach)
Museen der Stadt Dresden/Städische Galerie:
34 M5 (F. Zadnicek)
Museum am Burghof, Lörrach:
37 M2
Museum der Stadt Nürnberg:
72 M2
Museum of the City of New York:
127 M8

**N**ational Portrait Gallery, London:
136 M1
Nehru Memorial Museum and Library, Neu Delhi:
130 o.re., 137 M3

**S**ächsische Landesbibliothek, Dresden - Deutsch Fotothek:
32 M1 (A. Rous), 104 M1 + M2, 107 M8
Schröder, T., Braunschweig:
Schutzumschlag Hintergrund
Simplicissimus 1897:
67 M7 (J.B. Engl)
Simplicissimus 1908:
70 M4 (O. Gulbransson)
Staatsarchiv Windhuk:
145 M5
Stadtarchiv Bremen:
142 M3 li. (Sig.7,1025-0576)
Stadtarchiv Nürnberg:
76 M7 +M8
Städtisches Museum, Zwickau:
106 M5
Stadtmuseum Dresden:
105 M4
Stadtmuseum München:
78 M1
Straube Verlag, Erlangen:
169 M3
Swan Productions, CH-Baar:
157 M10

**T**he Granger Collection:
150 M6
Tonn, D., Bovenden:
38/39, 80/81, 128/129, 174/175

**u**llstein-bild, Berlin:
63 M5 (Kujath), 64 M2, 74 M5, 1112 M4, 130 o.li. + u.li., 143 M6,
49 M3 (Archiv Gerstenberg), 151 M7 (Archiv Gerstenberg), 162 M2, 163 M3, 168 M2
Union Deutsche Lebensmittelwerke GmbH, Hamburg:
143 M5
Universität Erlangen-Nürnberg/Handschriftensammlung:
167 M3

**V**erkehrsmuseum, Nürnberg:
94 M1
© VG Bild-Kunst, Bonn 2006:
70 M4, 110 M1, 168 M1
VISUM, Hamburg:
130/131 (G. Krewitt)
Volksbund Deutsche Kriegsgräberfürsorge e.V., Kassel:
166 M1 (W. Kammerer)

**W**erksarchiv Henkel, Düsseldorf:
98 M2
Wittmann, A., Langenhahn:
74 M4

alle übrigen Schaubilder und Karten:
Westermann Kartographie/Technisch Graphische Abteilung, Braunschweig